该书由中央高校基本科研业务费专项资金资助项目“新文化运动对文化强国的启蒙研究”（2014MS185）资助。

STUDY ON CHINA'S STATE GOVERNANCE MODERNIZATION

中国国家治理现代化研究

赵建春◎著

图书在版编目（CIP）数据

中国国家治理现代化研究/赵建春著. —北京：经济管理出版社，2017.11
ISBN 978-7-5096-5497-2

Ⅰ. ①中… Ⅱ. ①赵… Ⅲ. ①国家—行政管理—现代化管理—研究—中国
Ⅳ. ①D630.1

中国版本图书馆 CIP 数据核字（2017）第 275601 号

组稿编辑：申桂萍
责任编辑：赵亚荣
责任印制：黄章平
责任校对：董杉珊

出版发行：经济管理出版社
（北京市海淀区北蜂窝 8 号中雅大厦 A 座 11 层 100038）
网 址：www. E-mp. com. cn
电 话：（010）51915602
印 刷：北京晨旭印刷厂
经 销：新华书店
开 本：720mm×1000mm/16
印 张：14.25
字 数：240 千字
版 次：2017 年 11 月第 1 版 2017 年 11 月第 1 次印刷
书 号：ISBN 978-7-5096-5497-2
定 价：68.00 元

序 言

自中共十八届三中全会以来，“国家治理现代化”就一直是社会各界关注的热点话题。作为一种全新的治理模式，中国共产党推进国家治理现代化具有局部与整体相统一、改革与发展相协调、活跃与稳定相结合等显著特征。这些特征集中体现在经济建设、政治建设、文化建设、社会建设和生态文明建设五个方面，反映了中国共产党对“实现什么样的发展、怎样发展”这一重大战略问题的深入思考。

学术界着眼于国家治理现代化的内涵、立论根据、评价指标、现实障碍和实现路径等问题，进行了积极的探索和研究，并取得了丰硕的成果。理论工作者在“国家治理现代化”的研究领域中，同在其他研究领域中一样，深入贯彻执行了中共“五位一体”总体布局的指导思想，为推进中国特色社会主义事业贡献了宝贵的理论财富。

笔者有幸参与了许多关于“国家治理现代化”的主题研讨会，并围绕这一主题进行了一系列学术研究。研究涉及的范围较为广泛，但是一个核心的主题是不变的，那就是“中国国家治理现代化”的主题。

正如马克思主义这门学问是我们党推进中国特色社会主义事业的理论基础一样，中国特色的“国家治理现代化”理论这门学问同样是我们党在经济建设、政治建设、文化建设、社会建设和生态文明建设各项工作的指导方针和理论基础。要贯彻好党的“国家治理现代化”的理念，笔者认为应该把这一理念同国家具体发展中所面临的各个领域的问题结合起来。为此，我们需要很好地研究经济、政治、文化、社会和生态文明五个方面在治理现代化过程中所面临的一系列现实问题，从这些问题入手，阐明中国国家治理现代化的内涵、主要内容、实现路径等相关问题。

当然，笔者由于水平和能力的局限，在阐述上述五个方面的具体话题时，在阐述的广度和深度上难免挂一漏万，无法完整挖掘各个话题的本质和全貌，希望能够起到抛砖引玉的作用。

赵建春

2017 年 8 月

目 录

第一章　经济治理现代化研究 …… 001

第一节　中国特色社会主义经济发展路径的选择 …… 001
第二节　“一带一路”与中国国际经济治理权的关系 …… 020
第三节　进口自由化与中国企业创新活动的关系 …… 028
第四节　人民币汇率与企业行为之间的关系 …… 045
第五节　CEO 交流与企业全要素生产率的关系 …… 056

第二章　政治治理现代化研究 …… 081

第一节　中国特色社会主义理论体系的选择与构建 …… 081
第二节　当前政府推进社会治理现代化的阻碍因素与政策选择 …… 101
第三节　“两学一做”中“关键少数”的四种思维 …… 109

第三章　文化治理现代化研究 …… 120

第一节　中华文化“走出去”的路径 …… 120
第二节　马克思主义文化观的当代价值 …… 130
第三节　民族文化生态修复与民族农村经济发展联动 …… 137

第四章　生态文明治理现代化研究 …… 143

第一节　中国特色社会主义生态文明的形成和发展 …… 143
第二节　中国特色社会主义生态文明建设的必要性 …… 156
第三节　大力推进中国特色社会主义生态文明建设 …… 160

第五章　社会治理现代化研究 …………………………………… 165

第一节　“和谐”理念的当代价值 …………………………………… 165

第二节　价值观转型需要“活的灵魂” ……………………………… 170

第三节　知识群体人生价值实现存在的问题 ……………………… 177

参考文献 …………………………………………………………… 182

第一章 经济治理现代化研究

第一节 中国特色社会主义经济发展路径的选择

自从中国建立社会主义制度以来，中国共产党就展开了对适合中国国情的社会主义经济基本理论的研究与探索。在这一探索过程中，很多基本问题逐步得以廓清。如何理解社会主义市场经济理论和我国的经济体制改革？如何理解我国社会主义初级阶段的基本经济制度？如何理解我国社会主义初级阶段的分配制度？如何在新时期推动经济持续健康发展？只有搞清这些问题，才能深刻理解和把握中国特色社会主义经济的基本理论，不断地推进中国特色社会主义经济建设。

一、构建社会主义市场经济体制

（一）对过去高度集中的计划经济体制的反思

中华人民共和国成立之初，在中国共产党的领导和全国人民的共同努力建设下，我国国民经济取得了一定的发展。在此期间，我国的第一个五年计划得到了顺利实施，生产资料私有制的社会主义改造也全面展开，在多方面原因的促使下，我国逐步形成了高度集中的计划经济体制。

1. 选择高度集中的计划经济体制的原因

从理论的角度看，当时我国对马克思主义基本理论的理解存在一定的局限性和浅表性，错误地把计划经济看作社会主义与资本主义相区别的标志，这在理论上为我国建立高度集中的计划经济体制制造了错误的导向。

从现实的角度来看，一方面，苏联在相当长一段时间内实行的是高度集中的计划经济体制，在这一体制下，苏联的经济建设取得了举世瞩目的成就，在实践中体现出了明显的优越性。这对于我国经济体制的建立产生了直接的示范效应。另一方面，当时我国的经济发展水平落后，国民经济实力非常薄弱，现代化工业也很少。在这样的情况下，只有集中全国的经济力量才能更为有效、迅速地办一些现代化建设的大事，有利于我国经济建设在短时期内见成效，而高度集中的计划经济体制具有直接性、快速性和针对性。在当时的客观现实条件下，我国选择的计划经济体制发挥了一定的历史作用。20 世纪 50 年代，在我国资源和实力有限的条件下，计划经济体制帮助我们集中主要力量开展了 156 个重大项目，使我国的工业建设取得了长足的进步，为我国的社会主义工业化奠定了原始基础。我国独立的工业体系和国民经济体系在一定程度上而言，也是受惠于这一体制的运转而得以初步建立的。

2. 高度集中的计划经济体制的弊端

高度集中的计划经济体制随着实践的深入，弊端也不断地显露出来，主要体现为政企不分，条块分割，国家对企业统得过多、过死，权力过于集中造成效率低下，忽视商品生产、价值规律和市场机制的作用造成经济缺乏活力，分配中平均主义严重造成劳动主体的积极性下降。这样就使社会主义经济在很大程度上失去了活力和创造力，整个国民经济陷入僵滞状态。

3. 第一代领导集体对高度集中的计划经济体制的反思

第一代领导集体在利用计划经济体制的同时，也在不断反思如何建立更加符合中国国情的经济体制。毛泽东在《论十大关系》中提出，要发挥中央和地方两个积极性；强调处理好国家、生产单位和生产者个人之间的关系，不能只顾一头。他认为，应该给工厂一点权力、一点机动的余地、一点利益，不应该把什么东西都集中在中央和省市；提出各个生产单位都要有一个与统一性相联系的独立性，这样才能发展得更加活泼。[①] 陈云在中共八大上提出了“三个主体、三个补充”的思想，即在所有制结构、经济运行和市场结构三个方面，允许保留一部分个体经营、一部分产品自由生产、一定范围的自由市场，以此来弥补所有制过分单一、忽视市场机制的高度集中的计划经济体制的不足。诸如此类对经济体制的反思从不同侧面反映了第一代领导集体对如何建立更适合中国国情的特色经济体

① 中共中央文献研究室. 毛泽东文集（第 7 卷）［M］. 北京：人民出版社，1999：28-30.

制进行的思考。当然从现在来看，当时很多思想在后来的实施过程中，由于受到指导思想上的摇摆及偏离正确轨道和传统理论的影响，并未获得一以贯之的坚持和发展，但是这些创造性的思想为后来形成社会主义市场经济理论提供了很有价值的思想素材。

中共十一届三中全会以后，随着改革的不断深入，经济体制也随之得到了改革创新和完善，建立社会主义市场经济体制成为了我国经济体制改革的最终选择。

（二）社会主义市场经济理论的培育与创新

自中共十一届三中全会以来，随着改革实践的不断展开，党中央认真总结高度集中的计划经济体制下经济建设的经验和教训，从我国社会主义初级阶段的基本国情出发，对社会主义市场经济理论进行了不懈的探索。

1. 社会主义市场经济理论的形成

总体来说，市场经济理论的发展经历了以下三个阶段：

第一阶段：从计划经济一统天下到“计划经济为主，市场调节为辅”。改革开放之后，相当长的一段时期内，我国经济体制改革的核心问题是如何正确认识和处理社会主义与市场经济的关系问题。邓小平在改革开放之初就多次指出，我们原来对什么是社会主义、怎样建设社会主义的问题没有完全搞清楚，不是完全清醒的。他强调，过去我们一直在搞计划经济，但高度集中的计划体制把经济搞得太死，企业缺乏应有的活力，实践证明只搞计划经济会束缚生产力的发展。这就一针见血地道出了搞清楚什么是社会主义的问题是搞清楚计划和市场关系问题的关键所在，两个问题都搞清楚了，也就能捋顺社会主义与市场经济的关系。1979 年 11 月 26 日，邓小平同吉布尼等人谈话时，强调指出社会主义同样可以搞市场经济。① 1980 年 1 月 16 日，邓小平在《目前形势和任务》中的讲话中，提到了“计划调节和市场调节相结合”的观点。② 这些思想体现了在改革开放早期，邓小平同志在思考计划和市场两者之间的关系时就已经跳出了姓“社”、姓“资”的条条框框，从科学社会主义的本质精神出发，开始思考具有中国特色的社会主义市场经济理论。伴随着改革的不断深入，实践要求解放思想、转变观念，1981 年中共十一届六中全会《关于建国以来党的若干历史问题的决议》中，提出了“计

① 邓小平. 邓小平文选（第 2 卷）（第 2 版）［M］. 北京：人民出版社，1994：231-232.
② 邓小平. 邓小平文选（第 2 卷）（第 2 版）［M］. 北京：人民出版社，1994：247-248.

划经济为主、市场调节为辅”的方针。中共十二大进一步确认了这个提法。

第二阶段：从把计划经济同商品经济对立看待到提出“在公有制基础上有计划的商品经济”。1984 年 10 月，中共十二届三中全会通过的《中共中央关于经济体制改革的决定》首次提出“在公有制基础上有计划的商品经济”，这个提法突破了以往把计划经济与商品经济对立起来的思路，认可了商品经济的充分发展是社会主义经济发展不可逾越的阶段，这是社会主义经济理论的重大进步。邓小平针对这一理论创新给予了高度肯定，他把这种创新性认识看作是对“什么是社会主义经济”做出的新的解释，说出了马克思主义创始人没有说的新话，强调这是马克思主义的基本原理同中国实践相结合的政治经济学。

第三阶段：从把计划和市场视为社会基本制度范畴到确立建立社会主义市场经济体制的改革目标。中共十三大提出了社会主义有计划商品经济的体制，应该是“计划与市场内在统一的体制”，“计划和市场的作用范围都是覆盖全社会的”，新的运行机制总体上来说应当是“国家调节市场，市场引导企业”的机制。后来，又提出了“计划经济与市场调节相结合”。1987 年邓小平再次强调，计划和市场都是方法，只要对发展生产力有利，就可以利用。我们以前是学苏联的，搞计划经济。后来又讲计划为主，现在不要再讲这个了。[①] 1992 年邓小平在南方谈话中明确提出：“计划多一点还是市场多一点，不是社会主义与资本主义的本质区别。计划经济不等于社会主义，资本主义也有计划；市场经济不等于资本主义，社会主义也有市场。计划和市场都是经济手段。”[②] 在这一思想的基础上，江泽民在 1992 年 6 月中央党校省部级干部进修班上的讲话中第一次提出了使用“社会主义市场经济体制”作为建立新经济体制的建议，得到了邓小平的赞同。中共十四大明确把建立社会主义市场经济体制作为我国经济体制改革的目标。这一提法是我们党对马克思主义理论的重大突破，是邓小平关于社会主义市场经济理论探索的思想结晶。

中共十四届三中全会通过《中共中央关于建立社会主义市场经济体制若干问题的决定》，进一步明确了建立社会主义市场经济体制的基本框架。其基本内容是：建立现代企业制度、培育和发展市场体系、建立健全宏观调控体系、建立合

① 邓小平. 邓小平文选（第 3 卷）［M］. 北京：人民出版社，1993：203-204.

② 中共中央文献研究室. 十三大以来重要文献选编（下）［M］. 北京：人民出版社，1993：2069-2070.

理的个人收入分配和社会保障制度。党中央提出了把社会主义市场经济与社会主义基本制度相结合的思想，从理论上解决了社会主义与市场经济能否结合、如何结合的问题。

中共十六届三中全会对进一步完善社会主义市场经济体制提出了明确的目标和任务。中共十七大根据在新的历史时期要实现的经济发展目标，提出了在完善社会主义市场经济体制方面要取得重大进展的要求，从制度上更好地发挥市场在资源配置中的基础性作用，形成有利于科学发展的宏观调控体系。中共十八大报告明确指出，经济体制改革的核心问题是处理好政府和市场的关系，必须更加尊重市场规律，更好发挥政府作用。中共十八届三中全会进一步强调指出，经济体制改革是全面深化改革的重点。其核心问题是如何处理好政府和市场的关系，使市场在资源配置中起决定性作用以及更好地发挥政府作用。

2. 社会主义市场经济理论的内容

社会主义市场经济理论的形成，体现了随着改革实践的不断深入，我党在实践上不断地尝试新突破，理论上不断地进行新总结。这一理论的具体内容包括以下几个方面：第一，计划和市场不是划分社会制度的标志，计划经济不等于社会主义，市场经济也不等于资本主义。第二，计划和市场都是经济调节手段，对经济活动的调节各有所长，社会主义实行市场经济要把两者结合起来，扬长避短。第三，市场经济作为资源配置的一种方式本身不具有制度属性，但它和不同社会制度结合就要体现不同的制度属性。

社会主义市场经济理论的形成体现了我党在改革实践探索过程中进一步深入地把握科学社会主义的基本原则与内涵，坚持走有本国特色道路的结果，体现了我党在执政理念上的进一步成熟，展现了我党时刻把握实事求是原则、在实践中发现问题解决问题的魄力，使中国的改革真正落到了实处。

3. 社会主义市场经济理论仍需进一步创新完善落实

随着改革的不断深入，我国的经济发展从整体而言在朝着健康良性的方向发展，但也存在一些问题，集中体现在以下几个方面：从市场规则构建角度而言，主要是市场秩序不够规范，为谋取经济利益不择手段的现象比较突出，市场规则不够一致，部门保护主义和地方保护主义比较盛行；从市场流通角度而言，表现为生产要素市场发展滞后，既存在要素闲置现象又存在大量有效需求得不到满足的矛盾；从市场主体平等性角度而言，市场竞争机制没能充分形成，资源的最优化整合未能得到充分保障。这些问题归根结底都需要处理好政府与市场的关系，只有将政府与市场的关系捋顺了，才能从根本上解决以上这些问题，才能不断地在改革实践中促进我国社会主义市场经济体制朝着健康的方向迈进。

处理好政府与市场的关系，本质上就是要处理好谁应该在资源配置中起决定性作用，是选择政府这只“看得见的手”，还是选择市场这只“看不见的手”。培育良性的市场就是要实现资源配置最优化，提升资源的收益效率。人类社会的经济发展史告诉我们，市场配置资源是最有效率的资源组织方式，市场决定资源配置是市场经济的普遍规律。市场经济从本质上而言，就是要让市场在资源配置中起到决定性作用，我国发展中国特色社会主义市场经济，也就是要让市场在资源配置中发挥决定性作用。因此，我们需要理性认识市场和政府二者之间的关系以及各自应该扮演的角色和发挥的作用。发展社会主义市场经济，既要强调市场作用，也要体现政府作用，问题的核心在于将二者的职能加以科学区分。政府扮演的角色主要是确保经济宏观层面上的健康稳定运转，承担提供公共服务的职能，通过不断健全市场规则来促进市场主体的公平竞争，在维护公正的基础上，促进共同富裕，发挥市场监管职能，推动市场健康、稳定、持久发展。

（三）社会主义市场经济体制的特有属性

社会主义市场经济体制是社会主义基本制度与市场经济的结合，这种结合既要体现社会主义的制度特征又要体现市场经济的一般特征。因此，社会主义市场经济的基本特征也就是由社会主义的制度特征决定的，主要体现在以下三个层面：

（1）从所有制结构的层面上看，以公有制为主体、多种所有制经济共同发展，一切符合“三个有利于”标准的所有制形式都可以而且应该用来为社会主义服务。在保障公有制为主体的前提下，强调各市场主体身份平等，公有制企业与其他企业在市场经济中共同遵循市场游戏规则、平等竞争、共同发展，国有经济在国民经济中发挥主导作用。

（2）从分配制度的层面上看，以按劳分配为主体、多种分配方式并存。既要促进效率，尊重市场主体的积极性与创造性，合理拉开收入差距，又要保障社会公平性，防止两极分化，保障实现共同富裕的社会主义目标。

（3）从宏观调控的层面上看，坚持走科学发展、可持续发展的经济道路，一切都从人民的整体利益与长远利益的角度出发考虑问题，让市场在社会主义国家宏观调控下发挥对资源配置的决定性作用，更好地发挥计划和市场两种手段的长处，从而弥补由于二者自身缺陷所造成的副作用。

市场经济作为经济运转的一种机制其自身并不带有社会基本制度属性的色彩，因此只要是成熟的市场经济运行经验，我们都可以拿来借鉴，这一点没有资本主义和社会主义之分。但是，市场经济一旦与不同的社会制度相结合，就会体现不同社会制度所具有的基本特征。社会主义市场经济是市场经济与社会主义制度相结合的产物，这样就必然要体现社会主义制度的基本特征和要求。具体而言就是要坚持公有制的主体地位不动摇，坚持按劳分配的主体地位不动摇，坚持以实现共同富裕为终极目标的方向不动摇。这三点是社会主义市场经济区别于资本主义市场经济的根本标志，偏离这三个方面，社会主义市场经济就无从谈起了。坚持中国特色社会主义市场经济就是要坚持这三点不动摇，否则就会背离社会主义的方向。

中共十一届三中全会以来，改革开放 30 多年的实践经验告诉我们，中国的经济建设和发展只能走社会主义市场经济的道路，将社会主义制度同市场配置资源有机结合起来，既发挥社会主义制度的优越性，又发挥市场配置资源的有效性，从而保障我国的经济发展既保持健康正确的方向又彰显创造的生机与活力。

二、构建社会主义初级阶段的基本经济制度

（一）社会主义初级阶段基本经济制度的确立

中共十一届三中全会以来，我党根据我国处在社会主义初级阶段这样一个现实国情，对我国应该建立怎样的所有制结构、采用什么样的基本经济制度进行了一系列的摸索，随着改革实践的不断推进，对这些问题的思考也渐趋成熟，形成了一系列创新性认识，为构建适合我国基本国情的基本经济制度奠定了基础。

1. 社会主义初级阶段基本经济制度的形成

我国的所有制结构在这一摸索过程中，经历了从单一公有制的结构框架到以公有制为主体条件下多种所有制共同发展的结构框架的演变。在演变的过程中起到根本推动作用的力量来自于对非公有制经济在我国经济中扮演何种角色的追问。改革开放之前，由于对什么是社会主义以及我国处于什么样的发展阶段并未完全清楚了解，这就造成了我国在相当长一段时间内一味地青睐于纯而又纯的公有制经济，错误地把非公有制经济当作资本主义经济加以对待，并对其进行限制和排斥。改革开放之后，随着思想与实践的不断深入，中共十二大提出“劳动者

的个体经济是公有制经济必要的补充”。在个体经济得到精心培育的基础上，我国的经济发展也慢慢释放出了一些活力与创造力。中共十三大提出，把私营经济、中外合资合作经济、外商独资经济同个体经济一起作为公有制经济必要的和有益的补充。这样就进一步扩大了对非公有制经济的约束，使我国经济朝着健康的方向进一步迈进。中共十四大进一步明确提出，多种经济成分长期共同发展，不是权宜之计，而是一项长期的方针。这样就给社会传递了一个明确的信号，有利于我国经济持续、健康、创造性地发展。中共十五大明确提出，以公有制为主体、多种所有制经济共同发展，是我国社会主义初级阶段的一项基本经济制度，非公有制经济是我国社会主义市场经济的重要组成部分。这标志着我国社会主义初级阶段基本经济制度的确立，这是对我国基本国情理性把握的同时又坚持我国的社会主义性质不动摇而铸就的理论成果，这一理论成果体现了我党在所有制理论上既坚持马克思主义所有制理论的精神原则，同时又根据我国所处的发展阶段的现状，创造性地把握二者的有机结合，真正做到了与时俱进。

实践证明，要想构建一套合理的基本经济制度，就必须坚持从现实出发，考虑到我国的社会主义初级阶段的现实状况以及我国生产力还不够发达的问题，理性探索适合我国特色的所有制结构框架，而不能只是教条地理解科学社会主义的基本原则。

2. 社会主义初级阶段基本经济制度的合理性

我党在改革实践中摸索构建的以公有制为主体、多种所有制经济共同发展的基本经济制度是基于以下三个方面考量的结果。

首先，从经济的社会属性的角度来看，公有制作为社会主义经济制度的基础，决定了这种基本经济制度的性质必然是社会主义性质的，反映社会主义本质。因此，坚持中国特色社会主义初级阶段的基本经济制度不动摇，就要毫不动摇地坚持公有制经济的主体地位不动摇，这是确保我国社会的社会主义性质不变质、走的社会主义道路不迷路、实行社会主义制度不变向的根本指南。

其次，从经济的自然属性的角度来看，解放生产力、发展生产力是一切基本经济制度的价值取向，基于我国的现实国情考虑，我国还处在社会主义初级阶段，生产力发展水平还不够高，生产社会化的程度还不高，区域发展、行业发展都还很不平衡。在这种情况下，经济的自然属性必然要求在公有制为主体的条件下充分重视多种所有制经济的发展，从而满足解放生产力、发展生产力的自然需要。多种所有制经济共同发展并非权宜之计，也并不只是在实现我国现代化的过程中才需要的策略，在今后现代化实现之后，仍然会存在各种发展层次的生产力，仍然需要多种所有制经济共同发展，从而使二者实现健康互促互动的发展。

最后，一切符合"三个有利于"标准的所有制形式，都可以而且应该用来为发展社会主义服务。"三个有利于"标准是我党对马克思主义发展理论的重大贡献，这一标准跳出了以往理论的条条框框的束缚，使很多无谓的争论得到了搁置，从而选择了更务实、更具有可操作性的检验标准。将这一标准放在对所有制形式的考量上，我们就会清晰地得出更为客观理性的结论，这样就给不同所有制形式存在的合理性提供了更为简单明了的判断依据。

通过以上三个方面的梳理，我们可以看出，我国社会主义初级阶段基本经济制度的确立，既考虑到了经济发展的自然属性需要，同时也考虑到了经济发展过程中社会属性的需要，自然属性保障了经济按自身的规律前进运转，社会属性保障了经济在自然运转过程中不至于迷失方向而导致社会变质。同时"三个有利于"简单明了的标准，为多种所有制形式的存在提供了合法性论证。三者互融相通构成了中国社会主义初级阶段基本经济制度的特色所在。

3. 科学把握基本经济制度需要澄清三个基本问题

社会主义初级阶段的基本经济制度，是我党在改革实践中的一个创造，它的创造性体现于作为社会主义经济基础的公有制经济与非社会主义经济基础的非公有制经济共同存在于社会主义初级阶段基本经济制度范畴之内。这样我们就需要搞清楚一些问题：

（1）如何理解非公有制经济在社会主义初级阶段的基本经济制度中的存在？非公有制经济在社会主义初级阶段的基本经济制度中存在，根源于它能像公有制经济一样起到为社会主义经济发展创造价值的作用，因而属于社会主义初级阶段中国特色社会主义经济内容的一部分，但是其本身并不具有社会主义性质。非公有制经济和公有制经济作为非社会主义和社会主义两种不同性质的经济共同存在于社会主义初级阶段的基本经济制度中，这是中国特色社会主义经济的特色之处。非公有制经济属于基本经济制度的一部分，但并不具有社会主义性质。

（2）为什么不能搞私有化？主张搞私有化的人认为私有制是市场经济的制度基础，只有私有制才能培育和促进市场经济的持续发展，因此他们极力推崇私有化，排斥公有制。许多国家发展的探索轨迹告诉我们，私有化并不必然构成保障经济发展的动力，更不能认为只要私有化了一切经济问题都可以迎刃而解。俄罗斯的“休克疗法”就是私有化典型的反面教材，它造成了俄罗斯经济大幅衰退，经济秩序出现混乱，市场主体无所适从感加剧，贫富分化迅速增大，贫困率、失业率飙升，社会出现动荡，人民生活水平大幅下降。乌克兰在推行私有化改革的10年中，国民经济倒退了60%。阿根廷推行“经济私有化”，结果国民经济严重衰退，国家负债300多亿美元。与此相对比，改革开放30多年来，我国并没有推行“私有化”，而是从我国基本国情出发，一如既往地坚持以公有制为主体的基本经济制度，不但实现了中国经济的飞速发展，也为世界其他发展中国家探索特色发展道路提供了重要借鉴。

（3）为什么不能搞单一公有制？从历史教训来看：新中国成立之初，经过社会主义改造，我国确立了公有制经济，在建设初期的确发挥了一定的作用，但在随后的发展中，由于盲目追求“一大二公”“纯而又纯”，公有制经济比重超过99%，结果不但没有促进生产力的解放发展，反而导致了生产效率下降，经济发展滞后，人民生活贫困，整个经济呈现僵滞状态。1978年，我国国内生产总值只有3645亿元，农村有2.5亿贫困人口，城镇有上千万待业人员。这说明单一公有制严重阻碍了社会主义经济的健康发展。

从现实国情来看：我国仍处于并将长期处于社会主义初级阶段的基本国情没有变，我国是世界最大发展中国家的国际地位没有变。因此，现实国情要求不能搞单纯的公有制经济，必须坚持多种所有制经济共同发展的基本经济制度，从而激发经济活力，提高经济运行效率，促进整个国民经济的健康持续发展。

从“三个有利于”判断标准来看：邓小平指出，判断改革的标准，应该看它是否有利于发展社会主义社会的生产力、是否有利于增强社会主义国家的综合国力、是否有利于提高人民的生活水平。以公有制为主体、多种所有制经济共同发展的基本经济制度符合“三个有利于”的标准，有利于形成各种所有制经济竞争的局面，从而促进国民经济的发展，不断提升我国的经济发展水平。

综上所述，在社会主义初级阶段搞“单一公有制”只能是死路一条，单一公有制自身的局限性必然导致经济活动缺乏生机活力，使市场主体也缺乏积极性、主动性，整个国民经济呈现僵滞状态。同时，在社会主义初级阶段搞“私有化”也只能是死路一条，社会主义市场经济必然会变质成为资本主义市场经济，势必出现财富积聚在极少数人手中，从而导致贫富差距扩大，社会矛盾激化，社会主义制度也将面临变质的危险。

自中共十一届三中全会以来，我党带领全国人民在改革实践中，本着实事求是的态度，在理论上反对搞私有化的同时也反对搞单一公有制，在实践中打破了公有制一统天下的局面，发展多种所有制经济，既促进了经济发展的活力，同时也巩固和发展了公有制的主体地位，增强了国有经济的控制力。在新时期，我们依然要警惕这两种错误思想倾向，时刻准备同这两种思想倾向做斗争。

（二）毫不动摇地坚持公有制的主体地位

坚持公有制的主体地位，是坚持和完善社会主义初级阶段基本经济制度必须遵循的一条基本原则。社会主义初级阶段基本经济制度确立之后，伴随着改革实践的不断推进，我党对所有制问题的认识也进一步得到深化。中共十六大提出坚持和完善基本经济制度的原则：必须毫不动摇地巩固和发展公有制经济；必须毫不动摇地鼓励、支持和引导非公有制经济发展；坚持公有制为主体，促进非公有制经济发展，统一于社会主义现代化建设的进程中，不能把这两者对立起来。各种所有制经济完全可以在市场竞争中发挥各自优势，相互促进，共同发展。中共十七大在坚持两个"毫不动摇"思想的基础上，进一步提出"坚持平等保护物权，形成各种所有制经济平等竞争、相互促进新格局"，这就为我国所有制结构朝着不断优化的方向迈进奠定了基础。新时期，毫不动摇地坚持公有制的主体地位，需要我们从以下几个问题入手全面把握公有制经济的主体地位。

1. 公有制的主体地位是由什么决定的？

一方面，公有制的主体地位是由我国的社会主义性质决定的。我们知道，所有制是社会经济制度的核心和基石，决定了社会经济制度的性质，我国是社会主义国家，必然要求坚持公有制的主体地位不动摇。同时，公有制经济是实现人民群众的主人翁地位和保障全体社会成员共同致富的物质保证。从这个角度而言，坚持公有制的主体地位，也是为了更好地发挥社会主义制度的优越性。另一方面，公有制的主体地位是由公有制在国民经济中的作用决定的。公有制经济是我国社会主义现代化建设的支柱和国家进行宏观调控的主要物质基础。

由此可见，坚持公有制的主体地位是由我国的社会主义性质以及公有制在国民经济中的作用决定的，这一条不可动摇。无论是过去还是未来，我国对所有制结构的改革，都要以坚持公有制的主体地位为前提，发展多种所有制经济也要以确保公有制的主体地位为条件。

2. 如何全面认识公有制经济?

公有制经济包括国有经济和集体经济，同时还包括混合所有制经济中的国有成分和集体成分。公有制经济的主体地位主要体现为两个方面：第一，公有资产在社会总资产中占优势；第二，国有经济控制国民经济命脉，对经济发展起主导作用。这是就全国而言的，有的地方、有些产业可以有所差别。公有资产占优势，既要有量的优势，更要注重质的提高。国有经济在关系国民经济命脉的重要部门和关键领域占支配地位，对整个经济发展起主导作用。国有经济的主导作用，主要体现在控制力上。坚持公有制为主体，国家控制国民经济命脉，国有经济的控制力和竞争力得到增强，在这个前提下，国有经济的比重即使减少一些，也不会影响我国的社会主义性质。把握以上两个方面，应该说就把握了对公有制经济主体地位的科学理解，就能在理论和实践上不走错路、少走弯路。

3. 如何巩固和发展公有制经济的主体地位?

顺应经济市场化不断发展的趋势，进一步激发公有制经济的活力，从而更好地巩固和发展公有制经济的主体地位，需要从以下几个方面着手加强：

第一，发挥好国有经济的主导作用。国有经济指的是国家代表全体劳动人民对其所有的生产资料加以支配和使用的一种公有制形式。国有经济是我国国民经济的重要支撑力量，在推进国家现代化、保障人民共同利益方面扮演着极为关键的角色。中共十五大提出要从战略上调整国有经济布局的任务，对关系国民经济命脉的重要行业和关键领域，国有经济必须占支配地位；在其他领域，可以通过资产重组和结构调整，以加强重点，提高国有资产的整体质量。中共十五届四中全会提出有进有退、有所为有所不为和抓大放小的方针。中共十七大指出，深化国有企业公司制和股份制改革，健全现代化企业制度，优化国有经济布局和结构，增强国有经济活力、控制力、影响力；深化垄断行业改革，引入竞争机制，加强政府监管和社会监督；加快建设国有资本经营预算制度，完善各类国有资产管理体制和制度。中共十八大进一步指出，要毫不动摇巩固和发展公有制经济，推行公有制多种实现形式，深化国有企业改革，完善各类国有资产管理体制，推动国有资本更多地投向关系国家安全和国民经济命脉的重要行业和关键领域，不断增强国有经济活力、控制力、影响力。这些政策的出台都是着眼于巩固和加强国有经济的主导作用，有利于在新时期保障国有经济保持健康、持续的发展态势。

第二，促进集体经济的进一步发展。在我国，集体经济是公有制经济的重要组成部分，分为农村集体经济与城镇集体经济。集体经济可以帮助民众走共同富裕道路，将社会闲置的资金激活，同时也可以增加公共积累和国家税收。

第三，发展好混合所有制经济。混合所有制经济主要有股份制企业、跨所有制组成的企业及企业集团、中外合资企业和中外合作企业等。混合所有制企业中的国有成分和集体成分产权和收益归国家和集体所有，属于公有制经济。公有制实现形式应该谋求多样化，从而更好地增强公有制经济的主体地位。

第四，发展好股份制企业。股份制是现代企业的一种基本组织形式，是社会化大生产发展到一定阶段的产物。股份制的基本特征是生产要素的所有权与使用权分离，在保持所有权不变的前提下，把分散的使用权转化为集中的使用权。股份制是资本集中的一种形式，它可以在短期内迅速集中起大量资本，这是个别资本积累和积聚所无法做到的。股份制企业的性质，主要是看控股权掌握在谁手中。社会主义条件下，公有资本可以通过参股来控制股份制企业的经营方式，这样客观上就扩大了公有资本的支配范围，加强了公有制的主体地位。

通过上述四个方面的发展与加强，公有制的主体地位进一步得到巩固和加强，为我国经济的良性健康发展奠定了坚实的基础。

（三）毫不动摇地鼓励、支持和引导非公有制经济发展

非公有制经济是我国社会主义市场经济的重要组成部分，也是我国社会主义初级阶段基本经济制度的重要内容之一。非公有制经济包括个体经济、私营经济、外商独资经济、混合所有制经济中的非公有制经济成分等。在坚持公有制为主体的前提下，鼓励、支持和引导非公有制经济发展，这是我国坚持和完善中国特色社会主义基本经济制度必须遵循的又一条原则。

1. 如何理解坚持和完善社会主义初级阶段基本经济制度必须毫不动摇地鼓励、支持和引导非公有制经济发展？

首先，从根本上说这是由非公有制经济在发展社会生产力中不可替代的地位和作用决定的。我国在社会主义初级阶段的生产力水平和发展的不平衡性决定了必须大力发展非公有制经济，从而填补这种不平衡性造成的经济发展空白区。鼓励、支持和引导非公有制经济发展，能够极大地调动社会各方面的积极性，拉动经济增长，扩大就业，繁荣市场并且满足人们多样化的需求。

其次，其作为我国社会主义市场经济的重要组成部分，在加强社会主义市场经济体制建设方面有着不可替代的作用，因此也必须毫不动摇地鼓励、支持和引导非公有制经济发展。由于我国还处在社会主义初级阶段，需要多种市场经济主体的存在，而这些主体很多正是由于非公有制经济的存在和发展而造就的。这些主体是建立社会主义市场经济体制不可缺少的条件，它们的存在能够有效地促进竞争、提高企业经营管理水平、增强企业市场核心竞争力，能够更好地利用外资、引进先进的技术和管理经验，为我国公有制经济尤其是国有经济的体制创新提供更多借鉴。

2. 如何使非公有制经济更健康的发展?

首先，从参与经济活动的权利保护角度看，应该为其创造公平、公正的市场进入环境。要坚持非公有制经济同公有制经济享有平等的权利、平等的机会、平等的规则，消除对非公有制经济各种形式的歧视性规定，破除各种隐性壁垒，制定非公有制企业进入特许经营领域的具体途径，从而在制度上保障各种所有制经济在使用生产要素方面享有平等地位，使得市场竞争参与主体能够享受公开、公平、公正的社会环境。

其次，从权益保护的机制构建角度看，为其构建完善的权益保护机制。健全归属清晰、权责明确、保护严格、流转顺畅的现代产权制度；坚持平等保护物权，无论是对于公有制经济财产权还是对于非公有制经济财产权都采取平等保护原则；平等保护各种所有制经济产权和合法利益。

最后，从构建更为科学有效的企业运转机制角度看，对非公有制经济要做好引导工作，充分构建适合于家族企业的现代企业治理结构和机制。通过鼓励引导非公有制经济引入国有资本或其他社会资本，从而改善企业股权结构；鼓励培育非公有资本控股的混合所有制企业；引导有条件的私营企业建立现代企业制度。

三、社会主义初级阶段的分配制度

我国社会主义初级阶段的分配制度实行以按劳分配为主体、多种分配方式并存的分配制度。新时期，加深对这一分配制度的全面理解，有助于我们更好地推进全面深化改革、全面建成小康社会的中国特色社会主义现代化事业的开展。

（一）为什么坚持按劳分配的主体地位

第一，生产资料所有制性质决定个人收入分配制度。我国社会主义初级阶段的收入分配制度是随着我国所有制改革的不断深化和社会主义市场经济体制的不断完善而逐步建立起来的。我们知道，个人收入分配制度是由生产资料所有制的性质决定的，有什么样的所有制性质，就有什么样的分配方式与之相适应。我国社会主义初级阶段的基本经济制度实行以公有制为主体、多种所有制经济共同发展的基本经济制度，这就必然决定了与此相联系的个人收入分配实行的是按劳分配为主体、多种分配方式并存的分配制度。

第二，社会主义决定了按劳分配的原则。社会主义公有制和生产力发展水平决定了我国社会主义必须坚持按劳分配的主体地位。公有制保障了人们在生产资料占有权上的平等地位，使得每一个劳动者在共同占有生产资料的基础上为社会提供劳动服务，社会则根据每个劳动者提供的劳动数量和质量进行相应的收入分配。因此，公有制是实行按劳分配的所有制基础。现阶段，劳动者向社会提供的劳动数量和质量存在着一定的差距，只有正视这种差距，并通过分配制度体现这种差距，才能激发劳动主体的积极性和创造性。因此，社会主义初级阶段的生产力发展水平是实行按劳分配的物质基础。

（二）按劳分配主体地位的具体体现及其意义

一方面，按劳分配主体地位体现为按劳分配在全社会领域中的主体地位；另一方面，按劳分配主体地位体现为在公有制经济内部，按劳分配原则是主体分配原则。随着改革的不断深入，公有制企业内部的分配形式也越来越多元化，但按劳分配在企业内部职工收入分配形式中仍然是主体。按劳分配主体地位正是通过以上两个方面得以彰显的，只要在以上两个方面按劳分配占有主体地位，我们就可以说我国社会主义初级阶段的分配制度坚持了按劳分配为主体的分配方式没有变。

坚持按劳分配的主体地位和坚持公有制的主体地位目标朝向是一致的，因为按劳分配是社会主义公有制在分配领域的体现，二者互融相通，只有二者的主体地位都得到了保障，才能保证人们在平等的经济关系基础上实现和谐的经济利益关系，才能保证共同富裕目标的实现，才能更好地坚持中国特色社会主义经济的性质不变。

随着我国经济的不断发展，社会的利益分配方式也出现了一些变化。这些年，在我国，劳动报酬在初次分配中所占的比重呈现下降态势，普通劳动者收入增长比较缓慢，党和政府对这种态势给予了高度的关注。2010 年以来，各地纷纷将分配政策向普通劳动者倾斜，普遍提高了一线职工的工资水平，提高最低工资标准，加大了强农惠农力度。“十二五”规划纲要明确提出了“两个同步”的目标：一是实现居民收入增长和经济发展同步；二是实现劳动报酬增长和劳动生产率提高同步。这些都体现了我国在分配制度上坚持按劳分配为主体的特色及其优越性。

（三）为什么坚持多种分配方式并存

在社会主义初级阶段，多种分配方式并存是收入分配制度的又一个显著特点。多种分配方式并存的实质就是按生产要素分配，即按生产要素的占有状况进行分配。按生产要素分配能够有效地保障生产要素的所有者积极地把生产要素投入到经济活动中去，最终使得各种生产要素都能得到充分、有效的利用，真正做到“物尽其用、人尽其才”。

按生产要素分配有多种不同的形式，根据内容的不同可以分为三种类型：第一，把劳动作为生产要素参与分配；第二，劳动以外的生产要素所有者参与分配；第三，管理和知识产权类的生产要素，如科技发明、创造、信息、专利等参与分配。

在社会主义初级阶段，我国实行按劳分配和按生产要素分配结合的分配制度，有利于优化资源配置，促进经济发展，有利于最广泛、最充分地调动一切积极因素，让各种生产要素的活力竞相迸发，从而使经济实现繁荣，让发展成果更多、更公平地惠及全体人民。

四、主动适应和引领经济发展新常态

改革开放以来，我国经济持续快速发展，综合国力明显提高，人民生活水平大幅提升，社会主义现代化建设取得了伟大的成就。但在经济发展过程中，我们也积累了一些比较突出的问题。从目前来看，我国资源紧张、环境污染、产业结构不合理、收入差距扩大等现象都已经成为我国经济在未来发展中的突出问题。基于对当前国内外宏观经济形势的新判断，2014 年 5 月，习近平总书记在河南考察时强调，中国发展仍处于重要战略机遇期，我们要增强信心，从当前我国经济发展的阶段性特征出发，适应新常态，保持战略上的平常心态。这是中央高层第一次使用“新常态”来阐述新一轮经济调整过程中的中国经济状况。同年 11 月，在亚太经合组织（APEC）工商领导人峰会上，习近平进一步深入系统地对中国经济新常态进行了阐释，他强调指出，能不能适应新常态，关键在于全面深化改革的力度。全面深化改革，就要激发市场蕴藏的活力，就要为创新拓宽道路，就要推进高水平对外开放，就要增进人民福祉、促进社会公平正义。经济新常态的提出，反映了中国经济未来增长速度的新变化，昭示了未来中国经济社会发展的新态势。基于此，我们就需要从更为宏观的角度理性认识新常态，主动适应新常态，在全面深化改革的过程中引领经济新常态。

（一）依靠改革实现经济发展方式升级新常态

自从中共十四届五中全会确立了实现经济增长方式根本性转变的战略方针以来，我国在经济增长方式的转变上取得了一些成就，但并未实现突破性、根本性的转变。中共十七大立足于我国经济发展的现实，将以往的“转变经济增长方式”改为“转变经济发展方式”，这是在发展思路、发展理念上的突破，是在发展模式上的创新性战略调整。

经济增长方式与经济发展方式的不同在于：前者主要是利用各个生产要素的投入和不同组合来取得经济增长的发展理念，这一理念着眼的是提高经济增长效益；经济发展方式是对经济增长方式的进一步完善和发展，对经济发展的理念、战略和途径等提出了更高要求，着眼的不再仅是提高经济增长效益，还包括进一步优化经济结构、促使经济发展与资源环境相协调、保障发展成果得到合理分配等内容。由此可见，用“经济发展方式”替代“经济增长方式”是从过去单纯依靠要素和资源投入来实现经济增长、过于看重经济规模的扩张而忽视经济增长质量的做法、过分看重经济增长速度而忽视社会协调发展的做法转变为更加注重经济质量和效益的提高、资源的节约和环境的改善、区域差距和城乡差距的缩小。加快转变经济发展方式，必须实现“三个转变”，即促进经济增长由主要依靠投资出口拉动向依靠消费、投资、出口协调拉动转变，由主要依靠第三产业向依靠第一、第二、第三产业协同带动转变，由主要依靠增加物质资源消耗向主要依靠科技进步、劳动者素质提高、管理创新转变。

在坚持十七大提出的将以往的“转变经济增长方式”改为“转变经济发展方式”基础上，中共十八大报告明确提出，要适应国内外经济形势的新变化，加快形成新的经济发展方式，把推动发展的立足点转到提高质量和效益上来，着力激发各类市场主体发展新活力，着力增强创新驱动发展新动力，着力构建现代产业发展新体系，着力培育开放型经济发展新优势，使经济发展更多地依靠内需特别是消费需求拉动，更多地依靠现代服务业和战略性新兴产业带动，更多地依靠科技进步、劳动者素质提高、管理创新驱动，更多地依靠节约资源和循环经济推动，更多地依靠城乡区域发展协调互动，不断增强长期发展后劲。

（二）依靠“四化”同步发展实现良性互动新常态

中国特色新型工业化、信息化、城镇化、农业现代化这四个方面同属于现代化这个整体，“四化”的同步发展是现代经济发展的基本特征。四个方面的联动关系如下：

第一，信息化和工业化有效深度整合，以信息化带动工业化，以工业化促进信息化，走出一条科技含量高、经济效益好、资源消耗低、环境污染少、人力资源优势得到充分发挥的道路。

第二，工业化和城镇化有机衔接、良性互动。城镇化是工业化的重要载体，工业化是城镇化的文明取向。一定意义上而言，工业化的过程也就是城镇化的过程，二者互动发展，良性循环。

第三，城镇化和农业现代化相互协调。二者是一个问题的两个方面，同属于一个有机体之中。

“四化”同步联动发展是新发展方式的重要特点，符合新时期经济发展的新趋势，对当前我国进行的全面深化改革具有很强的现实指导意义。

（三）依靠自主创新道路实现创新发展新常态

走中国特色自主创新道路，实施创新驱动发展战略，是我党在我国改革发展的关键时期做出的重大抉择。中共十八大报告强调，要实施创新驱动发展战略，科技创新是提高社会生产力和综合国力的战略支撑，必须摆在国家发展全局的核心位置。这体现了我党全面依靠创新驱动发展，提高经济质量和效益的坚强决心。

坚持走中国特色自主创新道路的基本内涵为：第一，从着眼点看，坚持以全球视野谋划和推动创新；第二，从路径选择上看，注重提高原始创新、集成创新和引进消化吸收再创新能力，更加注重协同创新；第三，从指导思想上看，坚持自主创新、重点跨越、支撑发展、引领未来的指导方针，不断提高创新能力；第四，从目标指向上看，着力建立以企业为主体、市场为导向、产学研相结合的技术创新体系，加快建设国家创新体系，努力培育全社会的创新精神，把全社会的智慧和力量凝聚到创新发展上来。

根据中共十八大的部署，我国实施创新驱动发展战略，需要从多个方面进行着手：第一，不断提高自主创新能力，坚持走中国特色自主创新道路。第二，推进科技体制改革，增强科技和经济的紧密结合，完善国家创新体系建设，积极构建以企业为主体、市场为导向、产学研相结合的技术创新体系。第三，不断完善和健全知识创新体系，加大对基础研究、前沿技术研究、社会公益技术研究的投入力度，提高科学研究水平和成果转化能力，抢占科技发展战略制高点。第四，实施国家科技重大专项，突破重大技术瓶颈。第五，激励新技术、新产品、新工艺研发应用，不断增强技术集成和商业模式探索创新。第六，完善科技创新评价标准、激励机制、转化机制，实施知识产权战略，加强知识产权保护。第七，促进创新资源高效配置和综合集成，把全社会智慧和力量凝聚到创新发展上来。

（四）依靠城乡发展一体化体制机制实现统筹发展新常态

目前，我国整体上已经进入以工促农、以城带乡的发展阶段，我们现在有实力也有能力以更大的力度帮助农业、农村实现更好发展，在工业化、城镇化深入发展中同步推进农业现代化，坚持工业反哺农业、城市支持农村，推动形成城乡良性互动、协调共进的良好局面。

中共十八大报告指出，“解决好农业、农村、农民问题是全党工作重中之重，城乡发展一体化是解决‘三农’问题的根本途径”，中共十八届三中全会进一步提出了健全城乡发展一体化体制机制。城乡二元结构是制约城乡发展一体化的主要障碍，今后要着力破除这一障碍，未来需要构建以工促农、以城带乡、工农互惠、城乡一体的新型工农城乡关系，促进城乡融合，让广大农民平等参与现代化进程、共享现代化发展成果。

健全城乡发展一体化体制机制需要从以下几个方面着手：积极构建新型农业经营体系；不断推进农业经营方式的探索创新，加快农村体制改革，在工业化、城镇化不断深入推进的新形势下，积极壮大集体经济；促使农业实现产业化经营，不断构建和完善新型农业经营体系，大力推进农业组织和制度的探索创新，引导农民专业合作和股份合作，发展各类农业社会化服务组织和农业产业化经营体系；赋予农民更多财产权利；推进城乡要素平等交换和公共资源均衡配置；完善城镇化健康发展体制机制。

第二节 "一带一路"与中国国际经济治理权的关系

一、国际经济治理的演变及目前面临的挑战

(一)国际经济治理的演变过程

"二战"以后，在美国的主导下，在国际经济治理领域构建了布雷顿森林体系，美元与黄金挂钩，世界其他国家货币与美元挂钩，并且分别成立了负责世界上一些国家发生国际收支危机的国际货币基金组织、负责世界经济特别是发展中国家发展的世界银行、负责世界贸易发展的关贸总协定及演变的世界贸易组织。由于参与者众多导致的决策程序负责，发达国家又陆续成立了亚太经合组织以及七国集团（Group of Seven，G7）。

对于"二战"后形成的国际经济秩序，可以将其分成三个阶段。第一阶段是"二战"后到 1974 年，布雷顿森林体系的建立和解体。第二次世界大战即将结束时建立的布雷顿森林体系，是"二战"以后形成的国际政治、经济秩序的重要组成部分，国际货币基金组织和世界银行作为布雷顿森林体系的两个机构也是联合国的专门机构，在"二战"之后形成的国际政治、经济、金融秩序中发挥了极为重要的作用。布雷顿森林货币体系，即以黄金为基准的 35 美元兑换 1 盎司黄金的固定汇率体系，于 1971 年伴随着美国尼克松政府宣布美国无力再承担美元兑换黄金的责任而崩溃，于 1973 年正式被牙买加体系所代替。但是，从目前的实践来看，作为布雷顿森林体系重要支柱的国际货币基金组织和世界银行仍然发挥着重要作用。第二阶段是 1975~2008 年，布雷顿森林体系解体，发达国家建立了 G7 作为替代。第三阶段是 2008 年金融危机之后。由于国际金融危机，世界各国对运行的国际经济秩序抱怨颇多，需要新的国际经济机构来应对出现的问题，并且呼吁对世界银行和国际金融组织进行改革。20 世纪 90 年代以来，随着新兴市场国家的快速崛起，全球经济格局发生改变，G7 在全球经济政策中的协调能力开始逐步下降，尤其是在应对全球性的金融危机方面日益力不从心。1997 年爆发的亚洲金融危机暴露出全球经济治理体制的缺陷，使七个成员国意识到在防范应对区域和全球金融危机方面需要新兴市场国家的参与，特别是 2008 年国际金

融危机爆发之后，各国认识到单靠几个国家难以应对国际经济危机，因此“20国集团会议”应运而生。在20个国家中，既包括G7这些发达国家，也包含了近几年快速发展的新兴经济体，这开创了发达国家和发展中国家共同对全球经济进行治理的先河，在此之前，都属于国际经济秩序的概念，是发达国家掌握规则的国际经济秩序。

（二）国际经济秩序面临的挑战

1. 国际经济需要加强积极协调

经济的全球化使得世界经济出现一体化的特征，世界各国经济联系更加紧密，一国的经济政策会影响其他国家，特别是对于大国而言，出现通货膨胀或者通货紧缩都会对其他国家产生影响。比如最近的国际大宗商品价格下跌部分原因是中国经济放缓，对大宗商品需求下降，另外美国的货币政策对世界各国以及大宗商品都有非常大的影响。经济的一体化迫切需要国际机构进行协调，而传统的国际经济治理不能适应新的情况。

2. 全球经济放缓使得贸易保护主义盛行

世界的制造业转移经过四轮：第一轮制造业转移的中心在欧洲，以德国、法国、英国为主；第二轮制造业转移的中心在美国；第三轮在日本和“亚洲四小龙”；第四轮才到中国、印度、巴西、俄罗斯这些新兴市场国家。一方面，产业转移伴随着贸易转移，一个国家的对外贸易和世界产业转移有着非常密切的关系。因此，我们看一个国家的对外贸易实际是在研究世界制造业转移，产业产品的流量发生变化，贸易的流量、贸易的方向才会发生变化。另一方面，世界贸易的规律和全球化大流通的发展有密切的关系。经济全球化通过生产要素在世界范围内的自由流动实现资源的全球配置，带来全球生产效率的总体提高。但全球化带来的利益分配格局并不平衡。在国际金融危机的严峻形势下，一些国家采取提高关税、贸易禁令、出口补贴、非关税贸易壁垒等措施滥用贸易救济的现象频频出现，这对全球经济复苏和发展造成了严重的影响。

3. 国际资本流动加剧了国际金融风险

随着金融工具的创新，国际资本流动加速，金融工具的多样化和杠杆化，使金融对经济增长的促进作用加大，同时也使全球经济比较脆弱，一国经济出现问题会快速传递到其他国家，金融危机爆发的概率加大，这对国际金融监管提出了新的要求。20世纪80年代的拉美债务危机、1994年的墨西哥金融危机、1997

年的亚洲金融危机，以及 2008 年国际金融危机的发生及其严重影响都昭示人们金融安全问题日益凸显，维护世界金融安全已成为当务之急。

4. 新兴市场的兴起

2000 年之前，新兴国家在全球经济产出中的占比不但已有半个世纪未有上升，而且还出现了连续 10 年的下滑，原因是受到了席卷泰国、俄罗斯等多个国家的债务危机的拖累。但在 2000 年以后，美联储（Fed）和其他央行已大幅降息，目的在于推动世界经济走出科技泡沫破裂后的困境，实现复苏。由此产生的宽松货币大量涌入新兴市场，新兴市场接受国际产业转移的速度加快，特别是中国 2001 年加入世界贸易组织（WTO），利用劳动力资源禀赋吸引外资，发展加工贸易促进出口。推动这些国家的国内生产总值（GDP）年均增长率在过去 20 年间从 3.6%升至 7.5%左右。但是，发展中国家在国际经济机构中的发言权和代表性严重不足，亟须改革，以完善和发展国际货币基金组织和世界银行的治理机制，使其能够在应对全球金融危机和促进全球经济发展中更好地发挥作用。

二、中国经济发展需要转变在国际经济治理中的地位

中国从一开始就积极参与战后国际秩序的建设，虽然一度比较封闭，但是改革开放以后一直在国际金融经济体系中发挥作用，而且国际金融经济体系也为中国发展创造了很大的空间。中国通过和世界银行等机构合作，学习了很多先进理念。加入世界贸易组织，使中国企业懂得了如何更好地按照国际规则参与竞争。在改革开放之初，国际货币基金组织和世界银行在向中国提供改革政策建议以及资金支持方面做出了大量的努力。在巴山轮会议上，世界银行召集了全球重要的经济学家为中国改革开放提供政策建议。国际货币基金组织也曾就应对国际收支挑战问题向中国提供政策建议。这两个机构也为中国提供了重要的资金支持。在中国改革开放的进程中，特别是在实现“减贫”的伟大事业中，世界银行为中国提供了大量的资金支持。布雷顿森林体系两机构相互协调，为促进中国经济社会发展做出了积极贡献。无论是和平还是发展，中国都是现行国际体系的受益者。中国现在仍然是一个发展中国家，实现现代化还有很长的路要走，还要继续学习国外先进的技术和管理经验。目前，全球经济治理改革停滞不前、全球贸易规则亟待改变和中国经济出现的变化等一些新的特征表明需要改变中国在全球经济治理中的地位。

（一）全球经济治理改革停滞不前

1. 国际经济协调难度加大

美国金融危机爆发后，为共同应对危机，包括发达国家、发展中国家在内的20个国家建立了协调机构——20国集团（G20），成为重要的国际经济合作平台。但是，从目前的效果来看，G20表现出来的仅是一个对话平台，对世界各国的经济协调能力较弱，没有约束力，世界经济治理的结构融入没有变化，仍然是由发达国家主导。由于美国不愿意丢失其主导权，因此在很多议题上对其不利的就难以做出统一决定，做出的决定也没有较强的约束力。比如国际货币基金组织投票权的重新分配，在美国国会的否决下仍然遥遥无期。另外再加上成员众多，每个国家都有自己的利益诉求，比如在货币政策上的协调难度就比较大。美国为刺激本国经济需要实施量化宽松政策，而美元作为主要国际货币，美元的大量发行就会使以美元计价的世界大宗商品价格上涨，导致其他国家出现通货膨胀的趋势，这显然不利于其他国家特别是发展中国家的经济恢复。而美国结束量化宽松政策提高利率就会使资本流出发展中国家，恶化发展中国家的发展，这就更加需要国际经济进行协调，目前的G20尚难以达成有约束力的一致意见。

2. 国际货币基金组织分配权改革步履维艰

国际货币基金组织在稳定国际金融方面发挥了重要作用，每当一国发生国际收支不平衡、汇率出现大幅变化的情况，国际货币基金组织就会提供一定数额的资金帮助受援国稳定汇率。但是接受援助条件是，受援国必须对国内的财政和货币政策做出改革，以满足国际货币基金组织的标准。对此很多国家难以接受，但因为没有别的选择而不得不接受国际货币基金组织的苛刻标准。而且，由于国际货币基金组织受欧美国家主导，近年的资金也主要投向欧洲国家。由于欧债危机，特别是希腊的债务危机，国际货币基金组织提供了数千亿美元的特别基金，这就使国际货币基金组织的资金捉襟见肘，其他区域难以获得足够的重视。新兴国家不愿意在不改变国际货币基金组织投票权的情况提供资金，为此国际货币基金组织不得不进行改革，消减欧洲国家所持投票权，增加发展中国家的代表性。但是美国国会一再否决该方案，即使美国同意了该方案，国际货币基金组织也需要深度改革，单纯投票权的改变不能改变发达国家主导的局面。而且国际货币基金组织在预防和稳定国际金融危机上并不能达到其预期目的。

3. WTO对国际贸易的贡献逐渐减弱

贸易是经济发展的重要动力，WTO 作为维系国际经济贸易发展的多边组织，一直在推动全球经济贸易发展和完善全球经济贸易体制上扮演重要的角色。WTO 通过多边谈判制定约束成员贸易政策制定和实施的规则，使多边贸易体制成为全球经济治理的重要手段。之前作为妥协产物的关贸总协定约束性较弱，其采取的是协商一致的原则，但大部分贸易争议都难以达成一致，主要依赖于发达国家的自觉行动和相互制约。而 WTO 采取的是反向协商一致的原则，这大大提高了解决贸易争端的能力，从而实现了对全体成员的约束力。关税及贸易总协定（GATT）时期的东京回合谈判用时六年，乌拉圭回合谈判用时八年才得以完成，多边贸易体制下取得妥协和共识的难度可见一斑。WTO 取代 GATT 六年之后，多哈回合启动。这轮谈判所涉及的议题之多，跨度之大，难度之高，各方利益冲突之深，大大超过了历史上的任何一次，甚至也超越了 WTO 这个多边贸易体制本身的功能设计，因而从启动之日就注定会命途多舛。多哈回合目前尚没有结束的直接影响，就是 WTO 威信的降低和对多边贸易体制约束力的削弱。多哈回合谈判未果，全球性的贸易保护主义将进一步抬头。在全球经济放缓的背景下，贸易保护主义措施才是短期内各国维护自身利益、损害他国经济贸易比较优势最为直接和简单的手段。因此，全球范围内新一轮贸易保护主义的抬头将会刺激发达国家和发展中国家限制国际竞争，转向保护本国市场，从而引发新的双边和多边贸易纠纷，对全球化和世界贸易这两大推动过去几十年世界经济繁荣的支柱构成冲击。

（二）中国在全球经济地位的转变

1. 中国经济进入新常态后需要更加开放的经济

中国在改革开放之后的 30 多年里经济发展成绩卓然，经济总量已经是世界第二，而且积累了将近 4 万亿美元的外汇储备。其快速增长得益于两条路径：一条是由于土地、人力资源的低成本带来的出口部门的兴起；另一条则依赖于政府投资，也即通过基础设施的建设大大促进了 GDP 的增加。可是，这两条发展路径却在最近的 10 年里遭遇到了不小的挑战：先是次贷危机削弱了外需，接着是国外投资开始向人力和土地成本更为低廉的东南亚转移，中间伴随的则是投资主导型经济带来的生产过剩。这一切因素造成了所谓目前经济的新常态。在新常态之下，中国经济和全球经济的互动方式正在重构，全球经济再平衡进程提速。在经济规模较小的情况可以只关心本国经济发展，但一旦成为经济大国，中国不再是被动地接受国际规则，而是需要更加积极地参与国际规则的制定，从而争取对自己更加有利的国际规则，这就需要中国实行更加开放的经济政策，不仅对内部开放，还要对国外开放，而且开放程度更高；以着力营造良好的外部环境、更加积极主动地参与全球治理和调整投资管理体制为战略重点，实现为中国崛起创造良好外部环境、充分利用外部市场和资源加速中国结构升级两大战略目标。

2. 从引资国到对外资本输出的转变

根据商务部的统计，中国 2014 年累计实现对外直接投资 1160 亿美元，同比增长 14.1%，同期吸引外资 1195.6 亿美元，对外直接投资和吸引外资相差只有 35.6 亿美元，基本实现平衡。中国对外直接投资不仅是在原材料和资源等行业，在制造业上所占比例也逐渐加大。特别是中国经过多年的工业积累，具有完备的工业体系和逐渐升级的制造业技术体系，已经具备向发展中国家进行产业转移的可行性，再加上国内产业过剩，中国对南亚、非洲和南美洲等国家和地区积累了大量制造业投资。在投资的过程中，中国不仅对发展中国家，对发达国家的投资数额和增长比例也非常高，但是在对外直接投资的过程中涉及投资保护、技术转移、人员流动以及税收等一系列问题，这些都不是企业所能完成的，更需要政府积极参与，通过参与原有的国际治理机构或者新成立相关组织，在贸易、市场准入、产业发展、金融等方面参与制定规则，参与甚至主导双边或者多边经济协调，在双边和多边层面构建全球经济治理。

三、基于“一带一路”国际经济治理权的中国路径

中国与世界经济联系日益深化，经济增长惊人，内外贸易扩张力度举世瞩目，相应地，参与全球经济合作的范围和力度也在不断加大，特别是金融危机后的七轮 G20 峰会，中国高度重视，本着“同舟共济、互利共赢”的态度主动参与，发挥积极作用，取得了显著的成效。加入世界贸易组织，成为中国全面融入世界主流经济的一个关节点。从全球经济治理的角度看，加入世界贸易组织为中国参与全球经济治理提供了一个学习、借鉴和积累经验的平台。作为发展中国家的一员，中国长期以来一直积极倡导建立公正合理、平等互利的国际政治经济新秩序，以反映世界各国人民的普遍愿望和共同利益，体现历史发展和时代进步的要求。在全球经济治理上，中国将始终关注发展议题，强调合作发展、可持续发展，因为面对全球化的机遇与挑战，中国要解决好自身可持续发展的问题，也需要通过深化合作推进与世界各国的共同发展，推动世界经济实现平衡、可持

续发展。

（一）建立“一带一路”区域内的经济协调机构

这是一个长远的目标，对于中国来说还有些遥远，虽然中国的经济实力已经位居世界第二，按照购买力平价方法已经超越美国成为世界第一，但是将经济地位转化为经济影响力还有长远的路要走。“一战”后美国的经济已经超越英国成为世界霸主，但直到“二战”结束以后才转化为美国的真正影响力，利用布雷顿森林体系构建了战后全球经济秩序。对于中国来说，虽然不能拥有像美国那样的局域支配地位，但可以利用中国的市场影响力构建新型的经济治理途径。这种新型的经济治理是世界各国在经济问题上平等协商，居于主导地位的国家不能滥用权力。具体在“一带一路”倡议方面，中国有巨大的市场影响力，有资金优势和产业优势，而欧洲国家有管理经验，广大的发展中国家有产业需求，三者可以有效地和谐协作，共同建立和维护新型的经济治理秩序。亚洲基础设施投资银行（简称亚投行）叩响了全球治理改革大门。对外经济交往中越来越注意相互依存，而非单向依赖。中国崛起为经济大国后，没有带来“虹吸效应”。相反，中国的诉求是“利益、命运和责任共同体”，其出发点是平等互利、相互依存和共同繁荣。

（二）亚洲基础设施投资银行作为金融治理的基础发展完善

2013 年底，中国提出了建立亚洲基础设施投资银行的动议，得到了广大亚洲国家和欧洲国家的支持，最终亚投行的意向创始成员国确定为 57 个，并且后续还会有其他国家以普通成员加入。亚投行是首次由发展中国家发起、发达国家参与的全球性多边金融机构，这是一种建立在平等基础上的新型南北合作形式，从全球金融治理角度看是一项制度创新。亚投行作为一个平等、包容、高效以及充分体现新兴市场国家意志的新型多边金融机构，反映了中国的诉求，符合成员国的利益，有助于全球金融治理结构的改善，更惠及世界经济的长期可持续发展。借助融资平台，中国也将增进与其他国家的政治互信，有利于世界和平发展。在继续推动国际金融治理结构存量改革的同时，亚投行的建立无疑是一项建设性的增量改革。在运作模式上，亚投行在条件许可的时候将引入商业化运作，由私人资本介入，这与以官方政府机构为主要运作模式的亚洲开发银行有所不同。

亚投行得到这么多国家的响应，开了一个好头，但是成功的运作才是关键。对于亚投行来说，其既是为区域内国家的基础设施投资提供资金，也需要探索建立新型的国际金融治理架构，因此亚投行的成功运作尤为关键。

亚投行主要支持的基础设施建设项目包括铁路、公路、管道、电力、通信和港口。基础设施建设的特点是需要前期的巨大投资，盈利周期特别长，但是一旦能够开始盈利，其回报便会非常稳定。对中国而言，30 多年的经济增长自然积累了很多建设基础设施的人力、物力和资本基础，但是要走出国内还需要通过诸多考验。正因为基础设施的盈利周期较长，所以需要贷款国家保持长期的经济、社会及政治稳定。基础设施不完善、经济比较不发达的国家恰恰在经济、政治、社会方面存在各种各样的问题，而且他们对资金的需求迫切。而能够做到经济、社会稳定的国家又对贷款需求不是那么迫切。也就是说，在这个市场上，天然地存在着部分的道德风险和逆向选择问题。因此，亚投行需要各个国家一起设计出良好的运行标准和规则，以便能够对贷款项目做到合理监督和有效约束，但这其中牵扯诸多利益博弈。

（三）“一带一路”沿线区域为人民币国际化的重点区域

随着中国经济在世界经济中的重要性增加，人民币国际化是必然趋势，未来中国在全球金融体系中发挥重要作用不可能一步到位，通过建立亚投行，逐步提高中国在区域金融发展与合作中的重要作用，更加有利于人民币国际化。

过去人民币国际化程度偏低，人民币境外清算网络尚未开始布局，人民币跨境流动存在诸多不便。尽管“一带一路”相关国家普遍资金欠缺，但人民币贷款对其吸引力有限。实际上，我国向“一带一路”沿线国家提供资金支持的前提条件之一是需要采购我国产品。在人民币国际化程度提高后，我国使用人民币对相关国家融资，这些国家再用人民币向我国企业采购产品。由此，人民币国际化便利了我国资本输出，相关国家也愿意接受人民币贷款资金，在“一带一路”倡议实施过程中有助于保障我国的利益不受侵害。货币国际化的过程从结算、投资到储备逐渐升级，一个区域内庞大的基础设施建设市场，将在带动中国出口基础上，进一步促进人民币贸易结算。在亚投行业务开展后，中国可以亚投行信贷为先导，在地区加强基础设施建设的同时，通过促进直接对外投资带动人民币走出去，采用发行区域内人民币债券等方式，为直接投资和基础设施投资提供配套融资工具，在增加结算、投资基础上，促使区域经济体增加人民币储备需求。

（四）构建“一带一路”贸易结构

2009~2013 年，我国与“一带一路”沿线国家的平均贸易量占我国总贸易量的 24.55%。随着“一带一路”加强我国与沿线国家的沟通合作，预计双边贸易规模将呈现不断增长和扩大的趋势。“一带一路”区域经济合作的形式多样，既有自由贸易区，也有经济带、经济走廊等，这些都是未来区域经济一体化的重要组成部分，目标是建立统一高标准的自由贸易区。在积极推动这个目标的过程中，由于区域内涉及的国家众多，而且经济发展程度不一，因此需要根据实践分阶段、分目标地完成。第一阶段应该是对现有自贸区建设的落实及深化，比如中国—东盟自贸区升级、对中亚和巴基斯坦等国家和地区开始推进自贸区谈判；第二阶段范围扩大，随着对西亚、南亚等地区的经济贸易联系程度加深，与这些地区的自贸区谈判也要完成，这些次区域的贸易一体化要逐步推进；第三阶段就是建立覆盖东亚、南亚、中亚、西亚和部分非洲国家和地区的“一带一路”自贸区群。

第三节　进口自由化与中国企业创新活动的关系

创新问题长期以来受到了政界和学术界的广泛关注，因为它是一个国家或地区经济增长以及经济结构调整优化的原动力。我国政府也高度重视企业创新，例如中共十七大就将“提高自主创新能力、建设创新型国家”作为国家发展战略的核心和提高综合国力的关键；中共十二届全国人大二次会议政府工作报告更是进一步提出，“要把创新放在国家发展全局的核心位置，促进科技与经济社会发展紧密结合，推动我国产业向全球价值链高端跃升”。进入 21 世纪以来，中国企业的创新活动持续增加，研发支出费用从 1998 年的 551.1 亿元增长至 2012 年的 10240 亿元，年平均增长率为 23.3%，其占 GDP 的比重也从 1998 年的 0.69%持续上升至 2012 年的 1.97%。[①] 与此同时，中国在 2001 年 12 月正式加入了 WTO，随后进入了新一轮快速的进口贸易自由化阶段。以此为背景，有必要深入地研究进口自由化对中国企业创新活动的微观影响。

实际上，作为经济活动的微观主体，企业的创新活动及其影响因素一直以来都是学术界关注的焦点。在这当中，有相当一部分文献是对“熊彼特假说”[①] 进

① 数据来源于中经网统计数据库（http：//211.81.31.53：8080/aspx/main.aspx？width=1356&height=698）。

行实证检验（Braga 和 Willmore，1991；Katrak，1994；Broadberry 和 Crafts，2000；Gayle，2001；Aghion 等，2005；聂辉华等，2008），但所得的结论随研究样本以及计量方法的不同而不尽一致。近年来，学者们逐步从其他更多的视角来研究企业创新问题。例如，Falk M.和 R. Falk（2006）研究了所有制对企业创新的影响，他们采用倾向得分匹配方法对澳大利亚企业样本进行研究发现，外资企业的创新密集度显著低于内资企业。吴延兵（2012）利用中国省级工业行业数据，通过构建联立方程模型比较研究了不同所有制类型企业创新表现的差异性，结果认为，国有企业没有创新竞争力，但民营企业和外资企业均拥有各自独特的创新优势。此外，Gorodnichenko 等（2008）、王华等（2010）研究了全球化对企业创新的影响；Brown 等（2012）、张杰等（2012）还进一步考察了融资约束与企业创新之间的关系。

与本节联系最为紧密的是 Pamukcu（2003）和 Teshima（2009）这两篇文献。其中，Pamukcu（2003）利用土耳其企业数据检验了进口自由化对企业创新决策的影响，研究发现进口自由化在总体上促进了企业创新，但是他们仅关注最终品进口自由化的竞争效应，而忽略了中间品进口自由化的影响。随后，Teshima（2009）对墨西哥企业创新的研究同时考虑了最终品与中间品进口自由化，但没有比较进口自由化影响企业创新渠道的相对重要性，另外也尚未进一步考察进口自由化对企业创新持续时间的影响。针对上述文献的不足，笔者尝试利用 1999~2007 年中国工业企业微观数据和产品层面进口关税数据，深入考察进口自由化对中国制造业企业创新活动的影响效应。本节的研究特色主要体现在以下几个方面：第一，本节同时测算了最终品关税率与中间品关税率，即在研究中综合考察了进口自由化的竞争效应、成本节约及多样化优质要素获得效应对企业创新活动的影响，进而甄别了不同维度的进口自由化对企业创新的影响效果。第二，本节不仅分析了进口自由化对企业创新决策的影响，还考察了进口自由化对企业创新密集度的影响，在此基础上进一步分析了进口自由化对企业创新的作用究竟是更多地体现为“集约边际”还是“扩展边际”，[①] 有助于深化对进口自由化影响企业创新的作用渠道的理解。第三，本节在有关进口自由化与企业创新问题的研究

---

① 所谓“熊彼特假说”是指，规模越大的企业会进行更多的创新，以及市场势力有助于企业创新。

中，首次引入生存分析模型考察了进口自由化对企业创新持续时间的影响，从而丰富和拓展了这类文献的研究视角。

本节剩余部分的结构安排如下：第一部分为进口自由化影响企业创新的机理分析；第二部分为计量模型、指标测度与数据说明；第三部分报告基本估计结果并进行分析；第四部分进一步分析进口自由化对企业创新持续时间的影响；第五部分是本节的结论与政策启示。

一、进口自由化影响企业创新的机理分析

早在 1912 年，熊彼特就提出了有关创新的概念，认为创新是将之前尚未有过的生产条件与生产要素的新组合引入生产体系的过程，具体涵盖引用新方法、采用新技术、使用新材料、研发新产品以及开辟新市场等内容。可以说，熊彼特所定义的创新概念涉及的范围较广，不仅包含技术性变化的创新，而且还包含非技术性变化的创新（傅家骥和程源，1999）。本节中研究的企业创新主要是指研发新产品，因此属于熊彼特所界定的创新范畴。通常而言，企业创新具有高投入性与高风险性的特征：一方面，企业一般要为开展创新活动专门引进高技术研发人员、购置相关的设备等，即需要为此投入大量的资金；另一方面，企业创新项目的投资期限通常较长，并且创新产出面临很大的不确定性，很难在短期内准确地评估创新的回报。正是由于存在上述两个典型特征，企业在现实中是否进行创新活动受到诸多因素的影响，而进口贸易自由化则是其中重要的影响因素之一。

从理论上而言，进口自由化会通过多种渠道对企业创新活动产生影响：第一，最终品关税减让会使大量的国外同类产品或相近产品进入本国市场，国内企业面临的进口竞争加剧，而激烈的市场竞争会促使国内企业为继续生存和发展而进行研发创新（Aghion 等，1997，2001）。但是也有一些研究认为激烈的进口竞争会侵蚀国内企业的市场份额，进而抑制了企业进行创新活动的激励（Rodrik，1992；Parameswaran，2011）。因此，关于最终品关税减让对中国企业创新活动有何影响需要做进一步的实证检验。第二，如果进口的产品属于同一产业内企业的原料或中间品，那么中间品关税减让会直接降低企业的生产成本（Amiti 和 Kon-

---

① 这里的“集约边际”是指创新企业的创新密集度的增减，“扩展边际”是指进行创新的企业数量的增减。

ings，2007；余淼杰，2010），使得企业有更充裕的资金用于进行创新活动。此外，Klenow 和 Rodriguez-Clare（1997）发现，中间品进口自由化提高了可获得的新进口品的种类，他们对哥斯达黎加的研究表明关税率每下降 1%，新进口品的种类将增加 0.5%；Goldberg 等（2010）对印度的研究也发现，中间品关税减让的确使制造业企业进口的中间投入品种类增加了 2/3，同时，由于新进口的中间投入品往往来自更为发达的国家，所以它们比先前的进口品具有更高的单位价值或质量（Goldberg 等，2011）。这说明中间品关税减让可以使企业从国外获得更多样化和优质的中间投入品要素，这显然也是有利于企业更好地进行创新活动的。据此，我们预期中间品关税减让对企业创新活动具有促进作用。

接下来的任务是利用中国工业企业微观数据来实证检验进口自由化对企业创新活动的影响，具体从创新决策、创新密集度、创新持续时间等角度展开分析。

二、计量模型、指标测度与数据说明

（一）模型构建

为了检验进口自由化对企业创新参与决策的影响，我们构建如下企业层面的 Probit 计量模型：

$$\Pr(\mathrm{Innovation}_{it}=1)=\Phi(\alpha_0+\alpha_1\Delta \mathrm{Tariff}^{O}_{jt}+\alpha_2\Delta \mathrm{Tariff}^{I}_{jt}+\alpha\vec{Z}_{it}+v_j+v_k+v_t+\varepsilon_{it}) \tag{1}$$

其中，i、j、k 和 t 分别表示企业、行业、地区和年份；$\mathrm{Innovation}_{it}$ 为企业创新活动的哑变量，当企业的新产品销售额为正时[①]，$\mathrm{Innovation}_{it}$ 取值为 1，否则取 0；$\Delta\mathrm{Tariff}^{O}_{jt}$ 和 $\Delta\mathrm{Tariff}^{I}_{jt}$ 为进口自由化指标，分别用最终品关税和中间品关税的变化量表示，即最终品关税和中间品关税的减让幅度；$\vec{Z}_{it}$ 为控制变量向量，具体包括企业规模（lnSE）、企业年龄（AGE）、企业资本密集度（lnKI）、企业平均工资（lnWG）、企业利润率（PFR）、政府补贴（lnSUB）、国有企业哑变量（SOE）、外资企业哑变量（FOR）和赫芬达尔指数（HHI）。Φ(·）表示标准正态累积分布函

---

① 需要说明的是，有些文献也采用研发支出衡量企业创新。不过用研发支出衡量创新行为存在一定的缺陷，因为研发支出本身仅反映了创新的投入状况而不是产出状况，而且研发投入忽略了那些非正式的研发活动，相比之下，新产品销售能更好地体现企业的创新行为结果（吴延兵，2008）。为了稳健起见，本节在第四部分也采用研发支出衡量企业创新。

数；v_j、v_k 和 v_t 分别表示行业、地区和年份的特定效应；ε_{it} 表示随机扰动项。

另外，本节也想考察进口自由化究竟会对企业创新密集度产生怎样的影响。如果按照传统方法直接对企业创新密集度进行普通最小二乘法（OLS）估计，则会产生样本选择偏差问题，这是因为在样本中有相当一部分企业的创新产出为零，而企业创新活动受到其规模、年龄等诸多因素的影响，即非随机事件。Heckman（1979）两步法是处理这一类问题较为有效的计量工具，其具体思路是：首先对企业创新决策模型式（1）进行 Probit 估计，由此得到逆米尔斯比率值，其次将它作为额外控制变量加入到创新密集度模型中，最终得到：

$$Innovinten_{it} = \beta_0 + \beta_1 \Delta Tariff^{O}_{jt} + \beta_2 \Delta Tariff^{I}_{jt} + \beta \vec{Z}_{it} + \theta \cdot Imr_{it} + v_j + v_k + v_t + \varepsilon_{it} \quad (2)$$

其中，$Innovinten_{it}$ 为企业创新密集度，用企业新产品销售额占企业总销售额的比重来衡量。Imr_{it} 为逆米尔斯比率，由第一阶段 Probit 估计得到，表示为 $Imr_{it} = \varphi(\cdot)/\Phi(\cdot)$，其中 $\varphi(\cdot)$ 和 $\Phi(\cdot)$ 分别为标准正态密度函数与相应的累计分布函数。在计量模型式（2）中，如果变量 Imr_{it} 显著不为 0，则表明存在样本选择偏差，此时采用 Heckman 两步法进行估计是有效的。

（二）指标的测度

1. 进口自由化指标的测度

中国自 20 世纪 90 年代中期以来为了加快市场经济体制改革和加入 WTO 进程，并在 2001 年“入世”后全面履行议定书承诺，施行了以削减关税率为核心的进口贸易自由化改革。为了更准确地刻画中国的进口自由化水平，本文没有选择传统的进口渗透率指标，而是采用最终品关税与中间品关税指标。根据现有文献的普遍做法，最终品关税率的计算方法为：

$$\Delta Tariff^{O}_{jt} = \sum\nolimits_{p \in Ind_j} num_{pt} \cdot importtariff_{pt} / \sum\nolimits_{p \in Ind_j} num_{pt} \quad (3)$$

其中，j 和 t 分别表示行业和年份，p 表示 HS6 位码产品，Ind_j 表示行业 j 的产品集合，num_{pt} 表示第 t 年 HS6 位码产品 p 的税目数，$importtariff_{pt}$ 表示第 t 年 HS6 位码产品 p 的进口关税税率。

中间品关税的测算借鉴 Schor（2004）的做法，将其定义为：

$$Tariff^{I}_{jt} = \sum\nolimits_{w \in \Theta_j} \theta_{wt} \cdot Tariff^{O}_{wt} \quad (4)$$

其中，Θ_j 表示行业 j 的投入集合，$\theta_{wt} = Input_{wt} / \sum\nolimits_{w \in \Theta_j} Input_{wt}$ 表示要素 w 的投

入权重，用投入要素 w 的成本占行业 j 总投入要素成本的比重来衡量。[①] 在实际回归中，我们采用最终品关税与中间品关税的一阶差分（$\Delta Tariff^{O}$ 和 $\Delta Tariff^{I}$）表示进口自由化水平。

2. 其他变量的测度

根据既有的理论与实证研究文献，本节对控制变量的设定和说明如下：①企业规模（lnSE），采用企业销售额取对数来衡量。②企业年龄（AGE），用当年年份与企业开业年份的差来衡量。③企业资本密集度（lnKI），采用固定资产净值年平均余额与从业人员年平均人数的比值取对数来衡量。④企业平均工资（lnWG），采用应付工资与应付福利费之和再除以从业人员数并取对数来衡量。⑤企业利润率（PFR），采用企业净利润与企业销售额的比值来衡量，其中企业净利润参照邵敏和包群（2011）的做法，使用“利润总额与补贴收入的差额”来表示。⑥企业融资约束（FC），借鉴孙灵燕和李荣林（2011）的做法，采用利息支出与固定资产的比值来衡量，如果该值越大则表明企业面临的融资约束程度越小。⑦政府补贴（lnSUB），用补贴收入与企业销售额的比值取对数来衡量。⑧考虑到中国正处于经济转型过程中，不同所有制类型的企业面临着不同的生产经营环境，继而可能会进一步影响到其创新活动，因此，有必要在计量模型中进一步控制所有制类型差异对企业创新的影响。我们引入国有企业哑变量（SOE）和外资企业哑变量（FOR）对企业所有权属性加以控制，当企业为国有企业时，SOE 取 1，否则为 0；当企业为外资企业时，FOR 取 1，否则为 0。⑨赫芬达尔指数（HHI），其衡量方法为 $HHI_{jt}=\sum_{i\in Ind_j}(sale_{it}/sale_{jt})^2$，其中 $sale_{it}$ 表示企业 i 在 t 年的销售额，$sale_{jt}$ 表示行业 j 在 t 年的总销售额。该指数越大则表明企业市场集中程度越大，即垄断性越高；该指数越小则意味着企业的市场竞争程度越强。

（三）数据说明

本节所用的产品层面进口关税数据来自 WTO 的 Tariff Download Facility 数据库，由于不同年份 HS6 位码产品进口关税数据所基于的协调编码版本不一致，本节根据联合国统计司提供的转换表将产品关税的统计口径统一为 HS2002 版

① 鉴于数据的可获得性，这里的投入权重根据 2002 年中国投入—产出表计算得到。此外，考虑到投入权重可能随时间变化，在计算 1998~1999 年、2000~2004 年以及 2005~2007 年三个时间段的投入权重时分别使用了 1997 年、2002 年和 2007 年的中国投入—产出表，计算结果非常相似。

本。企业层面数据来自国家统计局的工业企业统计数据库，时间跨度为1999~2007年。由于本节的主要目的是考察进口关税减免对企业创新的影响，并不涉及资源再配置问题，另外为了避免受企业进入与退出的干扰，我们选取那些在1999~2007年间持续经营的企业作为分析样本。除此之外，我们还对样本数据进行了如下处理：第一，中国在2002年颁布了新的《国民经济行业分类》并于2003年开始正式实施，为了统一口径，我们依照新的行业标准对1999~2002年间企业的行业代码进行了重新调整。第二，考虑到工业企业数据库中一些关键性指标的原始数据在统计上存在缺漏值或错误记录，我们对数据进行以下筛选：①删除新产品销售额存在缺漏值或负值的企业样本；②删除雇员人数小于10的企业样本；③删除出口交货值存在缺漏值或负值的企业样本；④删除工业增加值、中间投入额、从业人员年平均人数、固定资产净值年平均余额以及固定资产中任何一项存在缺漏值、零值或负值的企业样本；⑤删除企业销售额、平均工资存在缺漏值、零值或负值的企业样本；⑥删除1949年之前成立的企业样本，同时删除企业年龄小于0的企业样本。

三、基本估计结果分析

（一）基本估计结果

表1-1报告了企业创新决策与创新密集度决定因素的Heckman两阶段估计结果。其中第（1）和第（2）列是从创新产出（即新产品销售额）的角度进行估计，从中可以看到，最终品关税变化量的估计系数均没有显著性，表明最终品关税引致的竞争效应对企业创新没有明显的影响；不论是在创新决策还是创新密集度方程中，中间品关税变化量的估计系数均显著为负，这表明中间品关税减让引致的成本节约及多样化优质要素获得效应显著促进了企业的创新决策，同时也提高了企业的创新密集度。此外，表1-1最后两列还进一步报告了以创新投入（即研发支出）衡量企业创新[①]的估计结果，我们发现，中间品关税变量在两组回归中均依然显著为负，这再次表明中间品关税减让引致的成本节约及多样化优质要素获得效应在促进企业创新决策的同时，也显著提高了企业的创新密集度；而最终品关税变量的估计系数均显著为正，这意味着最终品贸易自由化引致的竞争效

① 需要说明的是，中国工业企业数据库对研发支出进行统计的年份为2001年以及2005~2007年。

应倾向于降低企业的研发决策与研发支出密集度。不过通过进一步比较最终品关税与中间品关税变量的系数大小可以看到，后者系数的绝对值明显大于前者，表明中间品贸易自由化对企业创新的影响程度相对更大，这与表 1–1 前两列的回归结果是类似的。

有必要提及的是，在表 1–1 第（2）和第（4）列的创新密集度方程中，逆米尔斯比率的估计系数为正并且都通过 1%水平的显著性检验，说明在本节的样本中的确存在选择性偏差问题，因此这里进行 Heckman 两阶段估计是合适的。最后，从控制变量的估计系数和显著性水平来看，绝大多数检验结果与既有文献所得的结论类似，限于篇幅，这里我们只重点分析进口自由化与企业创新活动之间的关系，而不再细致地解释各个控制变量的回归结果。

（二）进口自由化与企业创新："集约边际"还是"扩展边际"

表 1–1　基本估计结果

	创新产出		创新投入	
	创新决策	创新密集度	创新决策	创新密集度
	（1）	（2）	（3）	（4）
最终品关税变化量	0.0027 (0.57)	–0.0000 (–0.12)	0.0534*** (4.74)	0.0005*** (8.74)
中间品关税变化量	–0.0375** (–2.36)	–0.0018*** (–3.94)	–0.4345*** (–15.24)	–0.0024*** (–12.99)
企业规模（对数）	0.2567*** (86.35)	0.0159*** (15.94)	0.2958*** (73.75)	0.0004*** (10.53)
企业年龄	0.0129*** (42.33)	0.0003*** (2.72)	0.0082*** (19.64)	0.0000*** (5.42)
资本密集度（对数）	0.0480*** (13.32)	0.0078*** (7.23)	0.0650*** (13.75)	0.0002*** (5.66)
企业平均工资（对数）	0.1385*** (19.32)	0.0124*** (5.21)	0.1435*** (15.02)	0.0019*** (22.42)
企业利润率	–0.0056 (–1.43)	0.0011 (0.81)	0.1461*** (2.95)	–0.0001 (–0.53)
企业融资约束	0.2333*** (7.10)	0.0561* (1.78)	0.1901*** (4.07)	–0.0000 (–0.02)
政府对企业补贴（对数）	0.1910 (1.37)	0.0347 (1.42)	1.0145*** (5.03)	0.0063*** (3.76)

续表

	创新产出		创新投入	
	创新决策	创新密集度	创新决策	创新密集度
	(1)	(2)	(3)	(4)
国有企业	0.1158*** (9.44)	0.0159** (2.35)	0.1286*** (7.33)	-0.0002 (-1.03)
外资企业	-0.2233*** (-21.88)	-0.0183*** (-15.30)	-0.2405*** (-18.42)	-0.0013*** (-15.12)
赫芬达尔指数	14.5504*** (5.96)	-0.3291 (-0.50)	37.0061*** (9.39)	-0.0381*** (-6.21)
逆米尔斯比率		0.2035*** (70.67)		0.0065*** (47.40)
常数项	-5.9115*** (-88.52)	-0.1980*** (-31.65)	-5.9875*** (-75.46)	-0.0091*** (-24.66)
行业固定效应	是	是	是	是
地区固定效应	是	是	是	是
年份固定效应	是	是	是	是
对数似然值	-84383		-47256	
(虚拟)R^2	0.1999	0.0880	0.1870	0.0962
观察值数目	277942	277942	123567	123567

注:括号内数值为纠正了异方差后的 t 统计量;***、** 和 * 分别表示 1%、5%和 10%的显著性水平。

从上文的基准估计结果可以看到,进口自由化特别是中间品关税减让不仅显著促进了企业的创新决策,而且也提高了企业的创新密集度。类似于国际贸易文献,这里我们可以把进行创新的企业数量的增减视为企业创新的“扩展边际”,而把创新密集度的增减视为企业创新的“集约边际”。那么我们感兴趣的问题是,进口自由化更多地是通过哪种方式影响了中国企业的创新活动?对于这一问题的回答将有助于我们更加深入地理解进口自由化影响中国企业创新的作用渠道。

需要指出的是,由于 Probit 模型所采用的分布函数为平滑而非标准正态分布,因此,由它估计得到的参数值与 OLS 结果不能直接进行比较,而要计算其边际系数。[①] 下面我们考察进口自由化对企业创新决策与创新密集度的影响孰大孰小,由于这两类方程中各变量的数量级不尽一致,因此也就无法直接根据表1-1

① 通常的做法是在各个自变量的平均值处计算边际系数。

的估计结果进行直接比较。为此，需要对进口自由化变量的估计系数进行标准化处理，计算公式为：$A_j = \alpha_j \cdot se(\Delta j)/se(Innovation)$，$B_j = \beta_j \cdot se(\Delta j)/se(Innovinten)$。其中，$j = \{Tariff^0, Tariff^1\}$，se(·) 表示相应变量的标准差，$\alpha_j$、$\beta_j$ 分别为创新决策模型和创新密集度模型中进口自由化变量的估计系数。如果 $|A_j| > |B_j|$，表明进口自由化对企业创新决策的影响程度大于对企业创新密集度的影响程度，也即进口自由化对企业创新的“扩展边际”的影响超过“集约边际”，反之则反是。

表 1-2 给出了进口自由化标准化系数的测算结果。一方面，从创新产出的角度来看，A_{Tariff^0} 和 B_{Tariff^0} 均相对较小而且未能通过常规显著性检验，说明最终品进口自由化对以创新产出表征的企业创新活动没有影响，不过 A_{Tariff^1} 和 B_{Tariff^1} 均小于 0 并且有 $|A_{Tariff^1}| > |B_{Tariff^1}|$，这表明中间品进口自由化对企业创新的“扩展边际”的影响要大于对“集约边际”的影响。另一方面，从创新投入的角度来看，A_{Tariff^0} 和 B_{Tariff^0} 均大于 0 且二者的绝对值没有明显的差异，说明最终品进口自由化抑制了企业创新活动，并且它对企业创新“扩展边际”与“集约边际”的影响大致相当；A_{Tariff^1} 和 B_{Tariff^1} 均小于 0 并且依然有 $|A_{Tariff^1}| > |B_{Tariff^1}|$，这再次表明中间品进口自由化在总体上促进了企业的创新活动，并且更多地是通过影响企业创新的“扩展边际”起作用的。另外，根据表 1-2 还可以看到 $|A_{Tariff^1}| > |A_{Tariff^0}|$ 和 $|B_{Tariff^1}| > |B_{Tariff^0}|$，这意味着中间品关税减让引致的成本节约及多样化优质要素获得效应对企业创新活动的促进作用要大于最终品关税减让。

四、进一步分析：进口自由化会影响企业创新的持续时间吗？

表 1-2　进口自由化估计系数的标准化比较：“集约边际” vs. “扩展边际”

	创新产出	创新投入
	（1）	（2）
A_{Tariff^0}	0.0019	0.0238***
B_{Tariff^0}	–0.0001	0.0262***
A_{Tariff^1}	–0.0142***	–0.0740***
B_{Tariff^1}	–0.0035***	–0.0513***

注：*** 表示 1%的显著性水平，表中变量的显著性水平取自表 1-1 相对应的变量。

在上文我们就进口自由化对企业创新决策和创新密集度的影响效应进行了较为细致的考察，发现进口自由化（特别是中间品关税减让）不仅显著地促进了企业的创新决策，而且也提高了其创新密集度，但这些分析未涉及企业创新的持续期问题。然而在现实中，有些企业具有连续性的创新活动，但也有些企业只在某个特定的时间段才有创新活动，我们特别感兴趣的问题是，进口自由化对企业创新持续时间究竟产生了怎样的影响？在这一部分，我们将采用生存分析模型对此做进一步深入的研究。

（一）数据处理及初步分析

首先，我们定义企业创新持续时间为某个企业从有创新活动直至终止创新活动（中间没有间断）所经历的时间长度，单位为年。企业终止创新活动被称为“风险事件”，它可能是企业的新产品销售额为零但企业仍然在经营，也可能是企业倒闭完全退出。由于本节考察的对象是 1999~2007 年持续经营的企业，因此这里的“风险事件”只由第一种情形导致。不过需要注意的是，直接使用 1999~2007 年样本数据进行生存分析将面临数据删失问题，包括左侧删失（Left Censoring）和右侧删失（Right Censoring）。为了避免左侧删失问题对本文估计带来的干扰，我们把在 1999 年没有创新活动但在 2000~2007 年间有创新活动的企业作为新的分析样本。经过上述处理后，企业创新持续时间最长为 8 年。不过无须担心右侧删失问题，因为这类问题在生存分析方法中能够得到很好的解决（陈勇兵等，2012）。

在生存分析法中，常用生存函数（Survivor Function）或风险函数（Hazard Function）来刻画生存时间的分布特征，这里把企业有创新活动视为“存活”，否则，则认为风险事件发生。我们令 T 为企业保持创新状态的时间长度，取值为 $t_i = 1, 2, 3, \cdots$，其中 i 表示某个特定的持续时间段。一个企业保持创新状态的持续时间段有可能是完整的（记为 $c_i = 1$），也有可能是右侧删失的（记为 $c_i = 0$）。①接下来，把企业保持创新状态的生存函数定义为：

① 当在一个持续时间段中有风险事件发生（例如企业终止创新活动）时，我们则认为该持续时间段是完整的，否则，如果一个持续时间段从头至尾未有危险事件发生（即在考察期结束时企业仍然有创新活动），则认为是右侧删失的情形。

$$S_i(t)=Pr(T_i>t)=\prod_{k=1}^{t}(1-h_{ik}) \tag{5}$$

生存函数可理解为企业的创新持续时间大于 t 年的概率，在式（5）中，$T_i=\min\{T_i^*, C_i^*\}$，其中 T_i^* 为完整时间段的时间长度潜变量，C_i^* 为右侧删失时间段的时间长度潜变量，h_{ik} 为风险函数，表示企业在第 t－1 期有创新活动的条件下，在第 t 期终止创新活动的概率，即：

$$h_i(t)=Pr(t-1<T_i\leqslant t\mid T_i>t-1)=\frac{Pr(t-1<T_i\leqslant t)}{Pr(T_i>t-1)} \tag{6}$$

通常可以采用 Kaplan–Meier 乘积项的方式对生存函数进行非参数估计，表示为：

$$\widehat{S(t)}=\prod_{k=1}^{t}\left(\frac{N_k-D_k}{N_k}\right) \tag{7}$$

其中，N_k 表示在 k 期中处于风险状态中的持续时间段的个数，D_k 表示在同一时期观测到的“失败”对象的个数（即终止创新活动的企业数）。此外，风险函数的非参数估计式可表示为：

$$\widehat{h(t)}=\frac{D_k}{N_k} \tag{8}$$

为了初步考察进口自由化对企业创新持续时间的影响，我们采用 Kaplan–Meier 方法进行生存估计。在对生存函数进行估计之前，需要对企业按照其所在行业的进口自由化水平的高低进行分组。我们首先计算在考察期内各 GB/T 二维码行业最终品关税变化量的均值与中间品关税变化量的均值，其次分别计算它们各自的中位数值，最后把小于中位数值的行业视为进口自由化水平高的行业，其余的为进口自由化水平低的行业。

图 1–1 和图 1–2 分别给出了按最终品进口自由化水平和按中间品进口自由化水平进行分组的生存函数和风险函数的估计结果。首先，从最终品进口自由化的角度来看（见图 1–1），在大多数的持续时间段，最终品进口自由化水平较高组别的生存曲线位于最终品进口自由化水平较低组别之上，但这两组企业的生存曲线挨得十分相近，这说明最终品进口自由化对企业创新持续时间的影响十分有限，图 1–1 右侧两组企业的风险率曲线也进一步印证了这一点。其次，从中间品进口自由化的角度来看（见图 1–2），在中间品关税减让幅度较大的行业中，企

业创新的生存曲线始终位于较高的位置，表明在中间品进口自由化水平较高的行业中，企业创新的持续时间也相对较长。上述分析初步反映了进口自由化有助于延长企业创新的持续时间。此外，不管是从图 1–1 还是图 1–2 的风险率估计曲线都可以看出，企业的创新活动在头两年内面临较高的风险率，但随后迅速下降。这表明企业创新终止的概率在进行创新的初期是最高的，随着时间的推移，终止创新的风险逐渐下降，即企业创新持续时间具有明显的负时间依存性特征。

（二）估计结果及分析

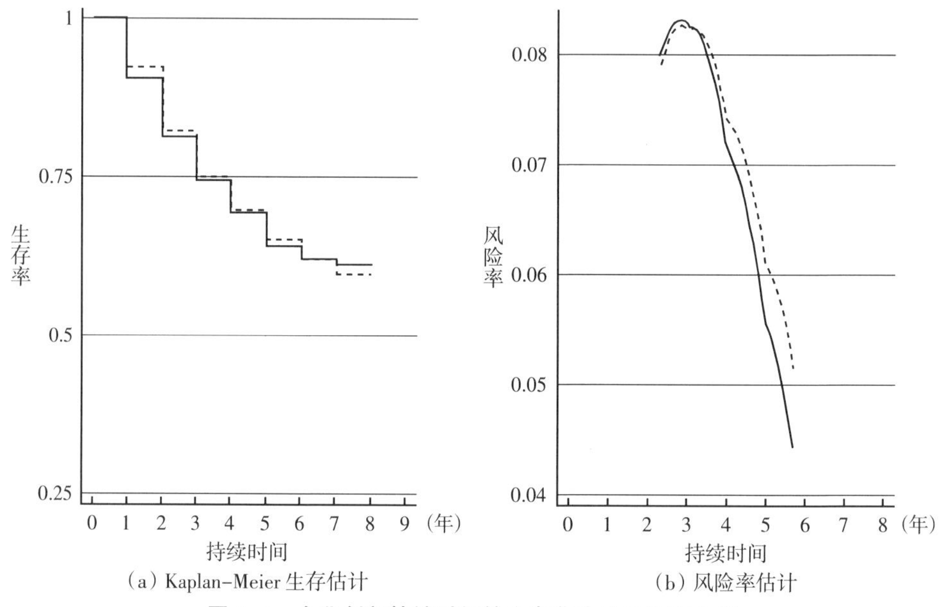

图 1–1　企业创新持续时间的生存曲线和风险率曲线（按最终品进口自由化水平划分）

注：图中实线表示最终品进口自由化水平较低组别，虚线表示最终品进口自由化水平较高组别。

为了准确地揭示进口自由化与企业创新持续时间之间的关系，接下来我们转向更为严谨的计量分析。通常而言，相对于连续时间模型（如 Cox 比例风险模型），离散时间模型更具有优势（Hess 和 Persson，2011），它不仅可以有效地处理结点问题，而且还可以方便地控制不可观测的异质性，更为重要的是，它无须满足“比例风险”的假设条件。有鉴于此，本节选用离散时间模型进行估计。与 Ilmakunnas 和 Nurmi（2010）、陈勇兵等（2012）的做法类似，本节建立以下离散时间的 cloglog 生存模型进行计量分析：

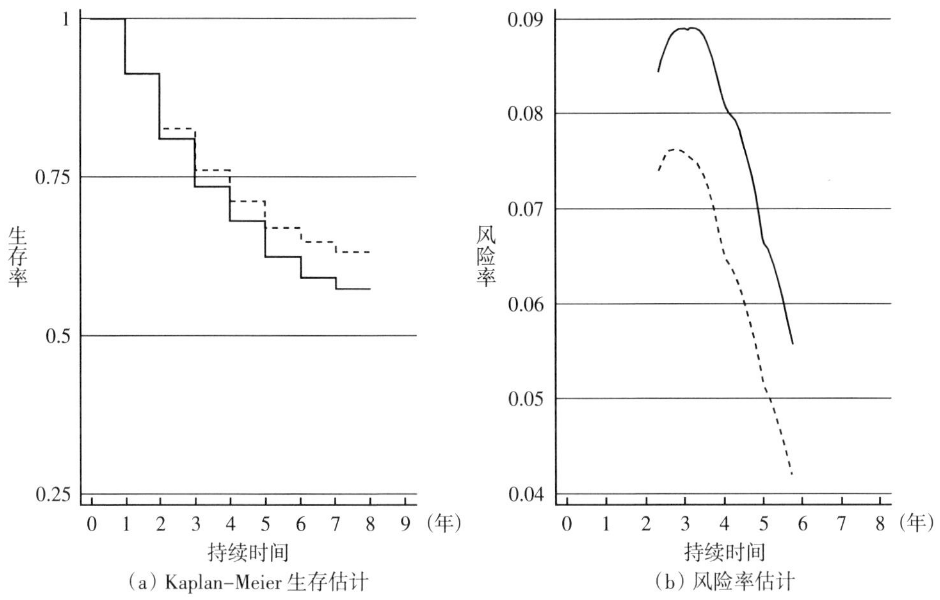

图 1-2　企业创新持续时间的生存曲线和风险率曲线
(按中间品进口自由化水平划分)

注：图中实线表示中间品进口自由化水平较低组别，虚线表示中间品进口自由化水平较高组别。

$$\text{cloglog}(1-h_{it}) = \beta_0 + \beta_1 \Delta \text{Tariff}_{jt}^{O} + \beta_2 \Delta \text{Tariff}_{jt}^{I} + \beta \cdot \vec{Z}_{it} + \lambda_t + v_j + v_k + v_t + \varepsilon_{it} \quad (9)$$

其中，$h_{it} = \Pr(T_i < t+1 | T_i \geqslant t, x_{it}) = 1 - \exp[-\exp(\beta' x_{it} + \lambda_t)]$ 代表离散时间风险率；λ_t 为基准风险率，它为时间的函数，可用于检验时间依存性的具体形式；x_{it} 为协变量，包括 $\Delta \text{Tariff}_{jt}^{O}$、$\Delta \text{Tariff}_{jt}^{I}$ 和控制变量向量 $\vec{Z}_{it}$；v_j、v_k 和 v_t 分别表示行业、地区和年份特定效应，ε_{it} 表示随机扰动项。

表 1-3 报告了进口自由化对企业创新持续时间影响效应的估计结果。其中，第（1）列未控制不可观测异质性，结果得到最终品关税变化量的估计系数为正并通过 1%水平的显著性检验，这初步表明最终品贸易自由化降低了企业终止创新活动的风险率，进而有助于延长企业创新持续时间；中间品关税变化量的估计系数在 5%显著水平上为正，这意味着中间品进口自由化倾向于降低企业终止创新活动的风险率，即延长了企业进行创新的持续时间。第（2）列在此基础上进一步控制了不可观测的异质性，根据 rho 值可知，因不可观测异质性引起的方差占总误差方差的比例约为 56%，另外，rho 值的似然比检验也在 1%水平上拒绝了“企业不存在不可观测异质性”的原假设，因此在模型中控制不可观测异质性是

很有必要的。在对不可观测异质性进行控制之后，最终品关税变化量和中间品关税变化量的估计系数均在5%水平上显著为正，而且与第（1）列的估计结果相比，两个变量估计系数的绝对值均有所提高，这再次表明进口自由化的确有助于延长企业创新的持续时间。通过进一步比较发现，中间品关税变化量的估计系数绝对值远远大于最终品关税（约为后者的三倍），说明相对于最终品进口自由化引致的竞争效应而言，中间品关税减让引致的成本节约及多样化优质要素获得效应更有助于延长企业创新的持续时间。此外，从第（2）列的估计结果还可以看出，企业规模、企业平均工资和企业利润率的估计系数均在1%水平上显著为负，这说明规模越大、人力资本水平越高以及盈利性越好的企业，其创新持续时间也就越长，这与通常的预期是相吻合的；企业年龄、企业资本密集度、企业融资约束、政府对企业补贴、赫芬达尔指数的估计系数为负，但均未能通过常规显著性水平检验，说明这些因素对延长企业创新时间只有微弱的促进作用。有趣的是，外资企业哑变量的估计系数显著为正，说明外资企业的创新持续时间相对较短，这可能与外资企业进入中国市场的主要动机是“要素寻求型”有关，其中有相当一部分外资企业是从事加工贸易，它们把中国作为制造、加工与装配的平台然后再将产品出口到第三国，因此，其本身不需要太多的自主创新的诉求。

上述估计都是针对多重持续时间段①样本进行的，为了考察估计结果的稳健

表1–3　进口自由化对企业创新持续时间的影响

	未控制不可观测异质性	控制不可观测异质性			
	（1）	（2）	（3）	（4）	（5）
最终品关税变化量	0.0492*** (2.72)	0.0765** (2.29)	0.0687* (1.73)	0.0740 (1.40)	0.0181 (0.52)
中间品关税变化量	0.1281** (2.22)	0.2258** (2.10)	0.1842 (1.48)	0.3066* (1.89)	0.2667** (2.34)
企业规模（对数）	−0.1733*** (−9.83)	−0.2242*** (−7.53)	−0.2640*** (−7.57)	−0.3899*** (−8.72)	−0.2288*** (−7.08)
企业年龄	−0.0012 (−0.66)	−0.0025 (−0.82)	−0.0028 (−0.78)	0.0011 (0.23)	0.0022 (0.66)
资本密集度（对数）	−0.0177 (−0.78)	−0.0318 (−0.90)	−0.0530 (−1.31)	−0.0742 (−1.48)	−0.0525 (−1.39)
企业平均工资（对数）	−0.1517*** (−3.93)	−0.1949*** (−3.18)	−0.1894*** (−2.66)	−0.3477*** (−3.74)	−0.2419*** (−3.64)

续表

	未控制不可观测异质性	控制不可观测异质性			
	（1）	（2）	（3）	（4）	（5）
企业利润率	−0.8731*** (−6.50)	−1.1490*** (−4.23)	−1.3397*** (−4.01)	−1.5430*** (−3.52)	−1.2117*** (−3.82)
企业融资约束	−0.5404 (−1.63)	−0.3371 (−0.68)	−0.4678 (−0.77)	−0.3612 (−0.50)	−0.3242 (−0.57)
政府对企业补贴（对数）	−1.1739 (−1.43)	−1.5985 (−1.33)	−2.0453 (−1.60)	−2.4928 (−1.50)	−1.5919 (−1.28)
国有企业	−0.1360* (−1.80)	−0.1515 (−1.16)	−0.2144 (−1.43)	−0.2057 (−1.11)	−0.1700 (−1.20)
外资企业	0.2550*** (5.17)	0.3989*** (4.51)	0.4206*** (4.11)	0.7368*** (5.61)	0.5785*** (6.09)
赫芬达尔指数	−1.3244 (−0.21)	−0.0000 (−0.00)	1.6045 (0.18)	2.8105 (0.28)	5.0519 (0.62)
常数项	0.8382*** (3.84)	1.0051*** (2.88)	2.3164*** (3.80)	4.2013*** (6.82)	2.2021*** (5.02)
行业固定效应	是	是	是	是	是
地区固定效应	是	是	是	是	是
年份固定效应	是	是	是	是	是
对数似然值	−5918	−5529	−4459	−3371	−5109
rho 值		0.5626	0.6059	0.6579	0.5769
rho 值的似然比检验		776.24	734.40	547.26	544.68
观察值数目	13590	14355	11752	10560	14053

注：括号内数值为纠正了异方差后的 t 统计量；***、** 和 * 分别表示 1%、5%和 10%的显著性水平；rho 表示企业不可观测异质性的方差占总误差方差的比例，rho 的似然比检验的原假设为“不存在不可观测异质性”；我们在所有回归中引入持续时间段特定哑变量（Duration 2–Duration 8）对基准风险率加以控制，限于篇幅，在回归表中没有列出。

性，接下来我们分别对首个持续时间段（First Spell）样本和唯一持续时间段（One Spell Only）样本进行估计。[②] 此外，对于纯多重持续时间段样本，我们把一个企业相邻两个持续时间段的间隔仅为一年的情形视为一个连续的持续时间段，

① 所谓多重持续时间段是指，在一定时期内，企业保持创新状态一段时间，然后终止创新活动（至少一年），接着又开始进行创新活动。

② 举例来说，假如某个企业在 2000~2001 年有创新活动，2002 年终止创新活动并持续至 2004 年，2005 年开始又有创新活动，但在 2007 年再次终止创新活动，那么 2000~2001 年即为首个持续时间段，很显然，唯一持续时间段一定是首个持续时间段，但首个持续时间段则不一定是唯一持续时间段。

即进行间隔调整（Gap-adjusted）。例如，假设某个企业在2000~2002年持续有创新活动，随后又在2004~2006年持续有创新活动，由于两个时间段的间隔相差一年，按照该方法把这两个时间段当作一个持续时间段处理，即创新持续时间为7年。表1-3中的第（3）至第（5）列分别报告了首个持续时间段样本、唯一持续时间段样本和间隔调整样本的估计结果，从中可以看出，最终品关税估计系数的显著性有所下降，但符号仍然为正，中间品关税估计系数均至少在10%水平上显著为正，并且其估计系数的绝对值远大于最终品关税，这再次说明进口自由化特别是中间品关税减让引致的成本节约及多样化优质要素获得效应降低了企业终止创新的风险率，即有助于延长企业创新的持续时间。此外，其他企业异质性特征变量的估计系数符号和显著性水平没有发生根本性变化，这表明我们的估计结果总体上是很稳健的。

五、结论与政策启示

本节利用1999~2007年中国工业企业数据深入地考察了进口自由化对企业创新活动的微观影响，主要得到如下结论：第一，进口自由化总体上促进了企业创新（包括创新决策与创新密集度），并且主要体现在中间品贸易自由化上，而最终品贸易自由化的影响较小；第二，进口自由化对企业创新决策的影响大于对创新密集度的影响，即进口自由化更多地是通过“扩展边际”渠道促进企业创新；第三，通过离散时间生存分析发现，进口自由化有利于延长企业创新的持续时间，并且中间品关税减让的影响程度相对更大，此外我们还发现，规模越大、人力资本水平越高以及盈利性越好的企业，其创新的持续时间也越长。

本节研究具有重要的政策启示意义。由于进口自由化显著促进了我国企业进行创新活动，因此下一阶段应当进一步加快推进贸易自由化进程。尽管在加入WTO之后，我国进口关税率逐年不断下降，但与发达经济体相比仍然处于较高的水平，因此下调的空间依然较大。本节研究的另一个重要发现是，中间品贸易自由化对于促进企业创新的作用尤为显著，其中的原因在于中间品贸易自由化带来了进口中间品成本的下降和进口种类的增加。据此，在贸易自由化的大环境下，我国企业还要主动转变以往“重出口轻进口”的传统意识，充分把握中间品关税减让的机遇，积极地进口高品质与多样化的中间投入品，并借此拉动企业的研发水平与创新能力，这对于提升企业竞争力与推动我国产业结构转型升级具有重要的现实意义。

第四节　人民币汇率与企业行为之间的关系

人民币汇率与企业行为之间关系的研究，一直是学术界和政策层关注的一个重要话题。2005 年 7 月 21 日，我国开始实行以市场供求为基础、参考“一篮子”货币进行调节、有管理的浮动汇率制度。根据对汇率合理均衡水平的测算，人民币对美元当日升值 2%。自此截至 2011 年，人民币对美元实际汇率累计升值幅度超过 30%，人民币汇率不断走强。当前已有大量学者围绕人民币汇率变动与企业进出口行为（李宏彬等，2011；Freund 等，2011）等问题进行了深入研究，但少有研究从企业的投资决策行为视角，考察人民币汇率与企业风险承担之间的关系。作为企业投资决策过程中的一项重要决策，风险选择对企业发展影响深远（Fama 和 Miller，1972）。较高的风险承担水平往往意味着更多的企业研发投资，有利于提高创新积极性，加快企业的资本积累，提高企业绩效和股东财富（John 等，2008）。而蔡卫星和高明华（2013）的研究认为，政府补贴会影响企业家的信心和情绪，与补贴前相比，企业决策者在受到政府补贴后往往具有更多的安全感和自信心，而企业决策者心理特征的变化也会进一步影响投资风险的选择（Kahneman 和 Tversky，1979）。因此，考察人民币汇率与企业风险承担之间的关系以及政府补贴在其中的作用，将为我们分析人民币汇率对企业行为绩效的影响提供一个全新的解释，也将成为国际经济学、政府绩效以及企业行为理论的一个新热点。

企业风险承担是最大化企业价值和经济长期增长的根本动力（Acemoglu 和 Zilibotti，1997；Baumol 等，2007；John 等，2008）。那么，在当前我国经济发展方式转型、人民币汇率升值呼声高涨的严峻形势下，作为经济活动微观主体的企业，其风险承担对人民币汇率变动的具体反应如何？然而迄今为止，鲜有研究可以回答这一问题。新—新贸易理论认为，企业可以通过“出口中学习效应”（Learning by Exporting）获得自身生产率水平的提升，有利于提升企业风险承担能力，而人民币汇率升值通过抑制企业的出口行为进而对企业的风险承担产生消极影响。此外，汇率变化引致的选择机制将加速企业的进入和退出，汇率升值使得国外竞争者在国内市场更具竞争力，同时本国企业在国际市场面临更大的竞争压力，这种压力将迫使低效率的企业退出市场，其留下的市场将被生存下来的企业和新进入企业所占有，这些企业的生产规模可能扩大，规模经济效应使企业有能力和动机进行更多预期有利可图的投资活动，从而提升了企业的风险承担水平。基于此，笔者拟分析和检验人民币汇率对企业风险选择的影响，并着重回答以下两个问题：第一，人民币汇率能否影响企业的风险承担水平？机制如何？第二，人民币汇率对企业风险承担的影响是否具有异质性以及是否会受到政府补贴的影响？

具体地，笔者尝试系统地考察人民币汇率变动对企业风险承担能力的影响，同时，还考察了人民币汇率通过“出口传递效应”和“规模经济效应”对企业风险承担的中介效应。具体来看，本节可能在以下几个方面有所拓展：第一，本节在有关人民币汇率与企业风险承担问题的研究中，首次引入中介效应模型考察了人民币汇率对企业风险承担的具体作用机制，从而丰富和拓展了这类文献的研究视角。第二，本节也丰富了有关政府补贴经济绩效的研究文献。不同于既有文献主要从企业出口、企业生产率等角度来考察政府补贴的经济效果，本节尝试从企业风险承担这一视角对政府补贴的经济效果进行深入分析。

一、理论分析与研究假设

我们将汇率对企业风险承担的影响机制概括为出口传递效应和规模经济效应，也就是说，出口传递效应和规模经济效应是人民币汇率作用于企业风险承担的中介渠道。

（一）出口传递效应

人民币升值会导致企业出口减少（Dekle 等，2009；Baggs 等，2009），而出口会通过以下机制对企业风险承担产生积极作用：首先，市场规模的扩大给出口企业提供了增加收入的良好时机，但也给它们带来了提高效率的压力。其次，外国的消费者可能比国内的消费者在对待价值和质量方面更苛刻，而且可能具有一定的歧视性。为了使这些消费者满意，新出口企业需要改进工艺流程和技术标准，或许还有必要升级机器设备，而这些又需要对工人进行再培训，从而为提高企业的风险承担能力提供了保障（Gereffi 等，2005）。最后，出口市场由于存在更多的供应商，将会比国内市场竞争更为激烈。因此，企业必须保证产品质量，及时处理订单以满足外国客户的需求。当企业需要满足所有这些挑战时，它们往往需要学习新的技能，进行更多预期有利可图的研发投资活动（Grossman 和 Helpman，1991），从而提升出口企业的风险承担水平。此外，对于发展中国家和地区而言，出口市场能够为企业提供较好的信贷供给和合约实施环境，从而可以为企业进行更多投资活动提供信贷和环境保障（Van Biesebroeck，2006）。进一步地，人民币汇率升值通过抑制企业的出口行为，进而对企业的风险承担水平产生消极影响。

基于以上分析，我们可以得到以下假设：

假设 1：人民币汇率升值不利于企业出口增加，从而不利于企业风险承担水平的提高。

（二）规模经济效应

企业之间的竞争以及由此导致的企业进入和退出所产生的创造性破坏活动是企业生产率增长的重要源泉，进而影响企业的风险承担水平。汇率变化引致的选择机制将加速企业的进入和退出，汇率升值使得国外竞争者在国内市场更具竞争力，同时本国企业在国际市场面临更大的竞争压力，这种压力将迫使低效率的企业退出市场，其留下的市场将被生存下来的企业和新进入企业所占有，这些企业的生产规模可能扩大，并引致生产要素和经济资源向其进一步集中（Melitz，2003），规模经济效应使企业有能力和动机进行更多预期有利可图的投资活动，从而提升了企业的风险承担水平。

综合以上分析，我们得到以下假设：

假设 2：人民币汇率升值通过规模经济效应对企业的风险承担能力产生积极影响。

此外，值得注意的是，由于企业在规模、融资约束和所有制等方面均存在显著的异质性，从而人民币汇率对企业风险承担的影响在不同企业可能存在差异。从而我们推断：其他条件不变，人民币汇率对企业风险承担的影响，可能因企业规模、融资约束和所有制的不同而不同。

二、样本和模型设定

（一）模型设定

基于已有研究成果（John 等，2008；Faccio 等，2011），本节将计量模型设定如下：

$$RiskT_{it} = \alpha_0 + \alpha_1 \cdot lnreer_{it} + \beta \cdot \vec{X}_{it} + v_j + v_k + \varepsilon_{it} \tag{1}$$

控制变量集合 $\vec{X}_{it}$ 具体包括资产负债率（fz）、政府补贴（subsidy）、企业生产率（tfp）、企业年龄（age）、企业利润率（profit）、融资约束（fin）以及所有制结构（state）。此外，我们还控制了非观测的行业特征 v_j 和地区特征 v_k。

（二）指标的测度

1. 企业风险承担的测度

企业风险承担水平的衡量，根据已有文献（John 等，2008；Faccio 等，2011；Boubakri 等，2013），我们以三年为一个观测时段滚动计算企业盈利的波动性。其中，企业利润率（profit）用企业 i 在 t 期的净利润与该企业销售额的比值来表示，企业净利润使用利润总额与补贴收入的差额来表示。为了剔除行业异质性特征对企业利润率（profit）的可能影响，我们首先采用以下方法对企业利润率进行行业平均值的调整，表示为：

$$profit_{it}^{adj} = profit_{it} - \frac{1}{N_{jt}} \sum_{i \in \Theta_j} profit_{it} \tag{2}$$

在式（2）中，右边第二项表示企业 i 所在行业的平均利润率，其中 t 表示年份，j 表示二位码行业，Θ_j 表示行业 j 的企业集合，N_{jt} 表示 t 期行业 j 的企业数量。$profit_{it}^{adj}$ 即为经行业调整后的企业利润率。接下来计算企业在每一个三年期观测时段内经行业调整后企业利润率的标准差 $\sigma(profit_{it}^{adj})$，测算方法为：

$$RiskT_{i\tau} = \sqrt{\frac{1}{Q-1} \sum_{q=1}^{Q} \left(profit_{iq\tau}^{adj} - \frac{1}{Q} \sum_{q=1}^{Q} profit_{iq\tau}^{adj}\right)^2} \tag{3}$$

其中，τ 表示观测时段，具体包括 2000~2002 年、2001~2003 年、2002~2004 年、2003~2005 年、2004~2006 年、2005~2007 年共六个三年期观测时段。Q 表示在相应观测时段内的年度序数，由于本节采用三年期观测时段，故 Q 取值为 1~3。Q 表示每个观测时段的年度序数最大值，这里 Q 取 3，式（3）计算得到的 $RiskT_{i\tau}$ 即观测时段 τ 内企业 i 的风险承担水平。

2. 人民币实际有效汇率指标的测度

本节采用两种方法进行计算：算术加权算法和几何加权算法。其中，算术加权算法按照 Baggs 等（2009）的方法进行，将国家 m 在 t 期的实际有效汇率表示为 $rer0_{mt} = (E_{m/CNYt}) \times (P_{ct}/P_{mt})$，$E_{m/CNYt}$ 表示 t 期人民币与货币 m 的名义汇率（间接标价法），P_{ct} 为 t 期中国的居民消费价格指数（1999 年=100），P_{mt} 是 t 期 m 国的居民消费价格指数（1999 年=100）。然后将每个国家的实际有效汇率折算为以 1999 年为基期的实际有效汇率 $rer_{mt} = (rer0_{mt}/rer_{m99}) \times 100$，最后企业 i 在 t 期的实际有效汇率表示为：

$$reer_{it} = \sum_{m=1}^{n} (X_{im}/\sum_{m=1}^{n} X_{im}) \times rer_{mt} \tag{4}$$

几何加权算法汇率采用 Jeanneney 和 Hua（2011）的方法，对企业 i 在 t 期面对的实际有效汇率定义如下：

$$reer_{it} = 100 \times \prod_{m=1}^{n} \left(\frac{E_{mt}}{E_{m0}} \times \frac{P_{ct}}{P_{mt}} \right)^{w_{m,t}} \tag{5}$$

本节中基期的 reer 值为 100，若 reer 值上升，表示人民币实际有效汇率升值，反之则表示人民币实际有效汇率贬值。

3. 其他变量的测度

第一，企业资产负债率（fz），用负债总额与资产总额的比值来衡量，在企业面临较高的负债率时往往具有较低的风险承担意愿。第二，政府补贴（subsidy），我们引入政府补贴变量来控制政府的产业扶持力度和干预程度对企业风险承担的影响。本节用补贴收入与企业销售额的比值取对数表示政府补贴力度。第三，企业生产率（tfp），为了克服普通最小二乘方法测算 tfp 时可能出现的联立性偏差和选择性偏差问题，本节采用扩展的 Olley 和 Pakes（1996）方法（下文称 OP 法）进行测算。第四，企业年龄（age），在市场上的存活时间影响了企业的生产经验、研发能力等，也会影响企业的投资决策，本节用当年年份与企业开业年份的差来衡量企业年龄。第五，融资约束（fin），采用利息支出与固定资产的比值来衡量，该值越大则表明企业面临的融资约束程度越小。第六，所有制结构（state），采用国有实收资本占总实收资本的比重来衡量。

（三）数据说明

为了得到企业贸易方面的具体信息，本节在实证分析中使用的是 2000~2007

年中国海关数据库和工业企业数据库的匹配数据，对于匹配成功的样本，我们仅保留在样本期内始终存在的企业（构造平衡面板数据），并且进行了如下处理：①删除雇员人数小于 8 的企业样本；②删除企业代码不能一一对应，商品价格（贸易量、贸易额）为零值或负值的样本；③删除工业增加值、中间投入额、固定资产净值年平均余额以及固定资产中任何一项存在零值或负值的企业样本；④删除企业销售额、平均工资存在零值或负值的企业样本；⑤删除 1949 年之前成立的企业样本和企业年龄小于零的企业样本；⑥删除非生产型企业样本，即企业名称中带有“贸易”和“进出口”字样的企业（Amiti 等，2012；Yu，2013）；⑦鉴于本节是基于制造业企业的分析，删除行业代码为 6~11 以及 44~46 的企业样本。

三、实证结果及分析

（一）基准分析

我们采用式（1）的模型进行估计。表 1-4 报告了人民币汇率对企业风险承担影响的总体估计结果。其中，第（1）列不纳入控制变量以及未控制固定效应，以此作为基准回归。从表 1-4 中可以看出，变量 lnreer 的估计系数为正并通过 1%水平的显著性检验，这初步表明人民币汇率升值显著地提高了企业的风险承担水平。为了考察这一结论的稳健性，我们在第（2）列中纳入负债率等控制变量，在第（3）列中控制行业特定效应，在第（4）列中同时控制行业特定效应和地区特定效应，结果发现 lnreer 的估计系数均显著为正。从第（4）列完整的回归结果可以看到，lnreer 的估计系数为 0.03，表明平均而言，人民币汇率升值使得企业的风险承担水平提高了 0.03 个单位。另外，政府补贴变量的回归系数显著为正，说明政府补贴有助于企业风险承担水平的提高。此外，其余控制变量的符号都与通常的预期是相符合的。

（二）中介效应分析

1. 中介效应模型的构建

表 1-4　人民币汇率对企业风险承担水平的影响

	（1）	（2）	（3）	（4）
lnreer	0.0432*** (3.32)	0.0536*** (3.44)	0.0423*** (3.54)	0.0312*** (2.68)
subsidy		0.7250*** (11.70)	0.5308*** (10.13)	0.3278*** (6.01)

续表

	(1)	(2)	(3)	(4)
控制变量	No	Yes	Yes	Yes
常数项	0.2279*** (5.93)	0.2370*** (5.90)	0.2236*** (5.61)	0.2314*** (5.95)
R^2	0.204	0.230	0.240	0.255
行业效应	No	No	Yes	Yes
地区效应	No	No	No	Yes
观测值	58376	58353	58353	58353

注：括号内数值为纠正了异方差后的 t 统计量；*** 表示 1%的显著性水平。这里受到篇幅的限制省略了其他控制变量的结果，如需备索，下同。

在本节中，以出口传递效应和规模经济效应为中介变量，人民币汇率为解释变量，企业风险承担为被解释变量。为了研究三者之间的关系，参照 Baron 和 Kenny（1986）的方法建立如下中介效应模型：

$$RiskT_{it} = \alpha_0 + \alpha_1 \cdot lnreer_{it} + \beta_1 \cdot \vec{X}_{it} + \varepsilon_{it1} \tag{6}$$

$$ex_{it} = b_0 + b_1 \cdot lnreer_{it} + \beta_2 \cdot \vec{X}_{it} + \varepsilon_{it2} \tag{7}$$

$$size_{it} = c_0 + c_1 \cdot lnreer_{it} + \beta_3 \cdot \vec{X}_{it} + \varepsilon_{it3} \tag{8}$$

$$RiskT_{it} = d_0 + d_1 \cdot lnreer_{it} + d_2 \cdot ex_{it} + d_3 \cdot size_{it} + \beta_4 \cdot \vec{X}_{it} + \varepsilon_{it4} \tag{9}$$

其中，t 代表时段，i 代表企业，ε_{it1}、ε_{it2}、ε_{it3} 和 ε_{it4} 为随机扰动项，且服从均值为零、方差有限的正态分布。若系数 b_1 和 c_1 为正，则证明人民币汇率升值导致企业出口 ex 和企业规模 size 的增加；系数 d_2、b_1 和 d_3、c_1 度量的是中介效应，即人民币汇率通过企业出口 ex 和 size 影响风险承担的程度。

2. 估计结果与分析

回归结果如表 1–5 所示。式（6）与式（9）中人民币汇率的估计系数均为正，分别为 0.0312 与 0.0117，说明人民币汇率对风险承担有积极影响。除此以外，式（7）与式（8）中人民币汇率估计系数证实了人民币汇率出口传递效应和规模经济效应的存在。据此可计算出，人民币汇率导致的中介效应——出口传递效应和规模经济效应分别为–0.0024 和 0.0219，即人民币汇率每升值 1%，通过出口传递效应导致企业风险承担水平下降 0.0024 个单位，通过规模经济效应导致企业风险承担水平提高 0.0219 个单位，也就是说人民币每升值 1%，企业风险承担水平上升 0.0312 个单位。

（三）人民币汇率对企业风险承担的异质性影响

由本节第二部分的分析可知，企业在规模、融资约束等方面可能具有显著的

表 1–5 中介效应模型估计结果

解释变量	式（6）	式（7）	式（8）	式（9）
lnreer	0.0312*** （2.68）	–0.1829*** （–2.96）	0.5624*** （3.63）	0.0117*** （2.66）
ex				0.0131*** （7.94）
size				0.0389*** （4.32）
观测值	58353	58353	58353	58353

注：*** 表示 1%的显著性水平。

异质性，为了更为细致地评估人民币汇率对企业风险承担的因果效应，接下来我们进一步比较研究人民币汇率对企业风险承担的异质性影响，以验证文章第二部分关于企业异质性的推测。在这一部分，我们构建如下的双重差分模型：

$$RiskT_{it} = \alpha_0 + \alpha_1 \ln reer_{it} + \sum_{\eta=1}^{7} \lambda_\eta \ln reer_{it} \times type\_\eta + \beta \cdot \vec{X}_{it} + v_j + v_k + \varepsilon_{it} \tag{10}$$

其中，type_η（η = 1，2，…，7）表示企业类型虚拟变量。具体而言，其一，根据企业规模进行分类，按照企业规模（企业销售额取对数）的高低对企业进行了分组。计算在考察期内各企业规模的中位数值，接下来把大于中位数值的企业视为规模较大的企业（type_1），其余的为规模较小的企业（type_2）。其二，将企业按其面临的融资约束（利息支出与固定资产的比值）状况分为两组，计算在考察期内各企业融资约束水平的中位数值，把大于中位数值的企业视为低融资约束企业（type_3），其余的为高融资约束企业（type_4）。其三，根据企业的所有制性质将企业划分为国有企业（type_5）、民营企业（type_6）和外资企业（type_7）三种类型。如表 1–6 所示。

表 1–6 第（1）和第（2）列中，我们考察了人民币汇率对不同规模企业风险承担水平的差异性影响。结果发现，对于规模较大的企业，人民币升值对其风险

表 1-6　人民币汇率对企业风险承担影响的异质性检验

	按企业规模		按融资约束		按企业所有制	
	(1)	(2)	(3)	(4)	(5)	(6)
lnreer×type_1	0.0357*** (3.86)	0.0353*** (3.99)				
lnreer×type_2	0.0184*** (3.15)	0.0109*** (2.69)				
lnreer×type_3			0.0428** (2.21)	0.0380** (2.19)		
lnreer×type_4			0.0276 (1.10)	0.0237 (1.43)		
lnreer×type_5					0.0192 (0.73)	0.0120 (1.04)
lnreer×type_6					0.0257*** (5.99)	0.0204*** (5.46)
lnreer×type_7					0.0426*** (6.72)	0.0372*** (5.73)
subsidy		0.1367*** (3.66)		0.1352*** (3.49)		0.1834*** (4.17)
控制变量		Yes		Yes		Yes
常数项	0.0391*** (6.03)	0.0609*** (7.12)	0.2175*** (6.07)	0.2294*** (5.94)	0.2230*** (6.21)	0.2431*** (6.25)
R^2	0.238	0.268	0.233	0.264	0.243	0.278
行业效应	Yes	Yes	Yes	Yes	Yes	Yes
地区效应	Yes	Yes	Yes	Yes	Yes	Yes
观测值	58376	58353	58376	58353	58376	58353

注：括号内数值为纠正了异方差后的 t 统计量；*** 和 ** 分别表示 1%和 5%的显著性水平。

承担的积极影响效应明显高于规模较小的企业。这可能是因为，相对于小规模企业，大规模企业在人均研发投入、人均新产品产值与人均无形资产这些企业特征指标方面往往更占优势（Manova 和 Zhang，2012）。也就是说，面对人民币升值之后竞争更加激烈的出口市场，大规模企业更容易生存下来，从而获得出口产生的技术溢出和更大的市场，也更有能力进行技术吸收和扩大生产规模。也就是说，人民币升值通过出口传递效应对小规模企业的负面影响更大。

在第（3）和第（4）列中，我们考察了在不同融资约束企业，人民币汇率对自身风险承担影响的差异性。结果表明，低融资约束企业（type_3）人民币汇率升值对企业风险承担的影响效应均显著大于高融资约束企业（type_4）。这可能是因为，企业的出口行为往往需要大量的资金投入，在面临因人民币升值导致的国内市场竞争加剧时，只有那些融资约束程度较低的企业才有可能从外部融资渠道获得足够的资金支持，进而降低汇率升值的冲击，而那些融资约束较大的企业往往无力应对汇率升值的冲击。也就是说，人民币汇率对企业风险承担的出口传递效应在融资约束较大的企业表现不明显。综合来看，高融资约束企业的规模经济效应往往小于出口传递效应的冲击，人民币升值对其风险承担的整体影响为负，而低融资约束企业恰恰相反。

表 1–6 第（5）和第（6）列中，我们考察了不同所有制企业人民币汇率对其风险承担的差异性影响。结果显示，在外资企业，人民币汇率升值显著地促进了企业风险承担水平的提升。接下来我们来看人民币汇率对民营企业风险承担的影响效应，发现人民币汇率对民营企业的风险承担具有显著的促进作用，并且其影响效应小于外资企业的情况。但人民币汇率对国有企业的风险承担影响并不显著，与国有企业相比，人民币汇率升值对民营企业和外资企业风险承担的积极影响更大。

四、进一步分析：政府补贴的作用

补贴作为地方政府对企业的一项无偿的资金转移，在本质上可以通过增加企业的资金拥有量进而影响企业对风险性投资项目的选择。在其他条件不变的情况下，企业在获得政府补贴之后，由于资金拥有量增加，相应地更有能力去承担一些净现值为正的风险投资项目。蔡卫星和高明华（2013）的研究就认为，政府补贴会影响企业家的信心和情绪，受到政府补贴的企业的决策者往往具有更多的安全感和自信心。由此我们不禁要问，人民币汇率对中国企业风险承担的影响效应是否也会受到政府补贴的影响？为了回答上述问题，我们在基准模型的基础上引入政府补贴变量（subsidy）与人民币汇率指标的交互项，得到如下模型：

$$RiskT_{it} = \alpha_0 + \alpha_1 \cdot lnreer_{it} + \alpha_2 \cdot lnreer_{it} \times subsidy_{it} + \beta \cdot \vec{X}_{it} + v_j + v_k + \varepsilon_{it} \quad (11)$$

表 1–7 报告了人民币汇率、政府补贴与企业风险承担的回归结果。第（1）列不纳入控制变量以及未控制固定效应，以此作为基准回归。从中可以看出，变

量 lnreer × subsidy 的估计系数为正，但并不显著，这说明在不控制其他影响因素时，人民币汇率对企业风险承担的促进作用受到政府补贴的影响较为微弱。进一步地，我们在第（2）列中纳入生产率等控制变量，并控制了行业层面的固定效应，结果发现变量 lnreer × subsidy 的估计系数依然为正值，并且通过了 5%的显著性检验，这说明生产率等变量对企业风险承担的影响不容忽视。基于此，我们在第（3）列中同时控制行业和地区特定效应，结果发现 lnreer × subsidy 的估计系数的显著性水平进一步上升。总体来看，受到政府补贴的企业，人民币汇率对其风险承担的促进作用要比不受政府补贴的企业大，即政府补贴强化了人民币汇率对企业风险承担的积极作用。

本文分析了人民币汇率变动是否有助于提高企业的风险承担水平，以及该效应是否因企业规模、融资约束、所有制的不同而不同。此外，我们还特别考察了

表 1-7　人民币汇率、政府补贴与企业风险承担

	（1）	（2）	（3）
lnreer	0.0320*** (3.26)	0.0337*** (4.48)	0.0322*** (5.21)
lnreer × subsidy	0.0110 (1.13)	0.0114** (2.03)	0.0120*** (2.86)
subsidy	0.3173*** (6.38)	0.3260* (1.91)	0.3183*** (5.07)
控制变量	No	Yes	Yes
常数项	0.4456*** (6.37)	0.1040*** (9.64)	0.0519*** (6.58)
行业效应	No	Yes	Yes
地区效应	No	No	Yes
观测值	58353	58353	58353

注：括号内数值为纠正了异方差后的 t 统计量；***、** 和 * 分别表示 1%、5%和 10%的显著性水平。

人民币汇率对企业风险承担的具体作用机制以及政府补贴在其中发挥的作用，以加深我们关于人民币汇率与企业风险承担问题的认识。

总体来看，本文具有较强的政策指导意义。首先，人民币升值的出口传递效应为负，因此，为了降低该负向效应的影响，在当前形势下，中国政府在实施出口导向型发展战略来出口本国具有比较优势的产品的同时，还应该鼓励企业进行

自主研发，增强技术创新能力，帮助竞争力强的企业积极参与到国际价值链的高科技产业生产制造环节，引导出口贸易结构不断升级。其次，我们发现政府补贴有益于增强汇率升值对企业风险承担能力的提升作用。因此，制定合理的政府补贴政策对于促进企业成长和发展意义非凡。为了更好地提升补贴效率和促进企业风险承担水平的提高，今后的政府补贴政策可以从以下几方面进行调整：第一，政府要对企业的整体状况进行科学的评估，以此作为是否进行补贴的依据，补贴的额度与方式要与企业的现状与实际需求相挂钩。第二，补贴的资格评审机制要公开和透明，并要加强监督力度，以此切实降低不符合补贴资格的企业“寻租”行为的发生。

第五节　CEO 交流与企业全要素生产率的关系

生产率提升无疑是企业生存和发展的根本动力。当前已有大量学者围绕企业生产率的影响因素（Amiti 和 Konings，2007；Amiti 和 Wei，2009；余淼杰，2010）、企业生产率的水平和动态演化（Baldwin 和 Gu，2003；刘小玄和李双杰，2008；袁堂军，2009；毛其淋和盛斌，2013）等问题进行了深入研究，但少有研究关注 CEO 对企业生产率的影响。[①] 作为对企业整体运营管理过程全面负责的企业高层管理者，CEO 对企业的生产决策具有核心作用，甚至受传统文化的影响，中国一些公司的“一把手”对公司的决策起决定性作用（Adams 等，2005；Bennedsen 等，2008；李小荣和刘行，2012），那么，CEO 对企业生产率的具体影响是怎样的？迄今为止还没有相关文献对此问题进行系统的分析。鉴于 CEO 等企业高层管理者是企业决策的重要主体，因此，系统地识别、评估 CEO 对企业生产率的影响和机制，可以为理解和更好地促进微观企业的生产率提升提供一个新的视角。

然而，Bertrand 和 Schoar（2003）的研究发现，CEO 的影响通常和其所在企业的固定效应混合在一起，从计量经济学的角度看，两者可能是完全共线的，很

① 本文将具有“董事长、常务总经理、总经理、CEO 或首席执行官”头衔的企业管理者界定为 CEO。

难把CEO的影响从企业固定效应中识别出来，从而直接定量地识别CEO对企业生产率的影响程度并非易事。但是，CEO交流（从其他企业流入本企业担任CEO）却可为识别CEO的“生产率溢出”效应提供一个极好的自然实验。基于CEO交流样本，我们可以追溯同一CEO服务过的不同企业，构造CEO与企业相匹配的数据，或者追溯在同一企业工作过的不同CEO，构造企业与CEO相匹配的数据。在这种新的数据结构下，显然CEO的影响与企业的固定效应不再存在共线性问题，从而可以巧妙地识别出CEO的“生产率溢出”效应。

本节的分析建立在一系列研究基础之上。其中一份文献是基于公司治理结构的视角，考察上市公司高管变更对企业绩效的影响。Coughlan和Schmidt（1985）最早考察了美国公司股票收益与高管变更的关系，认为高管变更有利于提高公司的股票收益。此后，Kaplan和Minton（1994）以及Kang和Shivdasani（1995）对日本的研究，Kaplan（1994）对德国的研究，Conyon（1998）、Conyon和Florou（2002）以及Dahya等（2002）对英国的研究均表明高管变更与公司绩效之间存在相关性。Bertrand和Schoar（2003）基于1969~1999年间美国800强企业数据，构造企业与职业经理人相匹配的面板数据，首次把职业经理人效应从企业固定效应中识别出来，发现职业经理人对企业的许多决策行为及绩效有显著的影响，而且不同类型职业经理人对企业的“印迹”也显著不同。国内学者龚玉池（2001）分析发现，高管非常规变更的可能性与企业的资产收益率、营业收入显著负相关。在上述研究的基础上，Zhang和Rajagopalan（2004）进一步基于CEO继任者来源的视角进行了分析，发现CEO内部产生对企业绩效的积极影响大于外部产生的情况，他们认为内部经理人比外部经理人更了解本公司的经营状况与本公司的各项业务和制度，形成了特殊的人力资本；而Hermalin和Weisbach（1998）、Clayton等（2005）等则得出了相反的结论。

另外一份文献是关于企业间人才交流（流动）的技术溢出效应方面的研究。由于知识和技术具有人才依附性的特征，当某公司培训的技术工人和管理人才外流时，会发生知识和技术在企业间的扩散效应。国内外有很多实证研究表明该溢出途径是切实存在的。Bhide（1994）调查了美国455家增长最快的公司的655个创建者，发现这些公司的创新成果有71%是和研发人员在之前离职的公司产生的工作思路密切相关。Almeida和Kogut（1995）认为，在半导体行业研发方面，产生技术溢出效应最重要的因素是关键技术人员的流动。对中国的研究中，李平和许家云（2011）分析了海归型人才流动对企业技术创新的影响，发现海归由外资企业外流创办新企业会引致技术的扩散和普及。

通过梳理已有研究，我们不难发现，尽管已有文献考察了 CEO 及其变更与企业管理绩效之间的关系，但关于 CEO 对企业生产率影响的直接分析则较为匮乏，并且也没有考虑 CEO 在企业间的交流对企业生产率的影响；另外，关于企业间人才流动的技术溢出效应的研究，并没有涉及企业核心决策人才——CEO 的情况。总之，上述研究并没有从经济学的视角将 CEO 交流与企业生产率纳入统一的分析框架，并且当前国内尚没有文献使用微观个人及企业层面数据就 CEO 交流对企业生产率的影响进行定量分析。有鉴于此，我们关注的问题是，CEO 交流是否有助于促进企业生产率提升？如果是，作用力度如何？另一个与此相关的问题是，CEO 交流对企业生产率的作用机制是怎样的？

基于上述两方面考虑，本节的目的在于就 CEO 交流对企业生产率的影响进行更为普遍和精确的估计。以下本节结合既有的研究文献，将 CEO 交流对企业生产率的影响机制概括为出口创造效应和创新拉动效应两个方面：

首先是出口创造效应。Andersson（2004）使用瑞典 423 家制造业企业的数据，考察了 CEO 对企业国际化战略的影响，认为在企业技术水平相同的情况下，CEO 决策对于推动企业的国际化经营尤其是出口行为意义重大。一方面，CEO 在企业之间的交流会增进其对流入企业绩效的责任感和对任职期间成就的追求；另一方面，新任 CEO 对待变革的态度往往更积极，对开拓国际市场更加充满热情，从而，富有精力的新任 CEO 更倾向于做出推动企业出口的决策行为（Hambrick 和 Mason，1984；Miller 和 Droge，1986；Westhead 等，2001；Andersson 和 Wictor，2003；McDougall 等，2003）。而新—新贸易理论认为，出口贸易通过“学习效应”对企业生产率产生积极影响（Bernard 和 Jensen，2004；Girma 等，2004），从而 CEO 交流通过作用于企业的出口行为最终对企业的生产率产生影响。Daft 和 Weick（1984）、Schneider 和 demeyer（1991）还认为，富有精力的管理者更倾向于市场开拓，而与发展国内市场相比，开展出口贸易往往需要富有精力和进取精神的管理者，从而 CEO 越是富有活力，所在企业出口参与度往往越高。McDougall 等（1994）、Madsen 和 Servais（1997）以及 Westhead 等（2001）的分析认为，企业决策层的背景和经验对企业是否参与国际贸易具有决定性的作用，从其他企业交流来任职的 CEO 往往积累了相关领域的工作经验，具有社交网络广阔和管理经验丰富的优势，从而其对促进企业出口和参与国际分工意义非凡。Begley 和 Boyd（1987）对美国的研究也得出了类似的结论。此外，Bloodgood 等（1996）对美国企业的研究发现，企业高层管理者的海外工作经验越多，其对所在企业国际化的作用越大。

其次是创新拉动效应。具体表现为：第一，CEO 将其在先前公司学习到的先进管理经验应用到现任企业，在研发投资时可以趋利避害，避免创新活动的盲目性（Bloom 等，2013）。第二，"新官上任三把火"，新任 CEO 出于自身职业发展的需要往往会通过加大企业研发投资和创新产出的方式提高企业的盈利能力和在同行中的竞争力，上述举措会增强企业的创新能力，而企业创新能力提升的过程往往伴随着技术水平的提高和生产率的改进。第三，新任 CEO 往往充满组织创新的兴趣和对工作的新鲜感，更注重吸纳各种先进管理方式来经营企业，倾向于做出更多的战略变换，强调产品和市场创新（Hambrick 和 Fukutomi，1991）。Grimm 和 Smith（1991）对美国的研究发现，随着任期的延长，CEO 会做出较少的战略变换，CEO 逐步丧失组织创新的兴趣和对工作的新鲜感，同时，会渐渐减少与企业的外部环境的联系，缺乏改变战略和投资的动力（Thomas 等，1991；Miller，1991；Barker 和 Muller，2002；刘运国和刘雯，2007），按照上述逻辑，CEO 交流有利于企业的产品创新和市场创新。第四，基于利润最大化的视角，流入企业往往会通过为新任 CEO 提供较好薪资待遇的方式激励其工作的积极性，而对管理层的薪酬激励可以抑制企业的委托—代理矛盾和 CEO 的风险规避性，鼓励他们从事包括研发创新在内的更多的风险性项目（Coles 等，2006），从而促进企业创新。李春涛和宋敏（2010）基于 CEO 薪酬激励的视角，利用世界银行在中国 18 个城市 1483 家制造业企业的调查数据进行分析，发现对 CEO 的薪酬激励能促进企业进行创新。Lin 等（2011）基于同样数据的研究认为，对经理人的激励机制可以促进国内民营企业的创新活动。综合上述分析不难发现，CEO 交流会通过促进企业研发投资和提升创新能力进而作用于企业的生产率。

本节可能的贡献主要有：①受数据方面的限制，以往文献大多数是基于宏观层面进行研究，本节首次使用《中国工业企业数据库》和《中国上市公司治理结构研究数据库》的匹配样本，构造 CEO 交流的微观样本，估计 CEO 交流对流入企业生产率的影响，在国内具有一定的开创意义；②在研究方法上，本节首先采用配对方法为 CEO 交流企业筛选出合适的非 CEO 交流企业作为控制组，然后在此基础上构建双重差分模型进行估计，有效地克服了传统回归中可能存在的样本选择偏差和异质性偏差问题，提高了结论的可靠性，进而使我们可以更为准确地评估 CEO 交流对企业生产率的微观影响；③本节不仅考察 CEO 交流对企业生产率的即期影响，而且也考察其对企业生产率的动态影响，此外我们还对 CEO 进行分类，在此基础上比较研究不同类型 CEO 交流对企业生产率影响的差异性以及其在不同所有制企业的异质性效应；④本节还首次就 CEO 交流对企业生产率的影响机制进行实证检验，从而可以深化我们对 CEO 交流与企业生产率关系的认识。

本节其余部分结构安排如下：第一部分为模型和数据说明；第二部分是实证估计结果及分析；第三部分进一步分析 CEO 交流对企业全要素生产率的作用机制；第四部分是本节的结论。

一、模型和数据说明

（一）模型

我们将样本分为两组，一组是 CEO 交流企业（处理组），另一组是非 CEO 交流企业（控制组）。为了简化分析，我们构造一个二元虚拟变量 $DCEO_i=\{0,1\}$，当企业 i 为 CEO 交流企业时，$DCEO_i$ 取 1，否则取值为 0。具体地，在我们的样本期内如果一个企业的 CEO 在 t 期发生了变动，并且其新任 CEO 在 t－j 期（限定 t－j 属于样本期内）在样本中的其他企业有 CEO 任职经历，我们则将该企业定义为 CEO 交流企业，如果一个企业在样本期内均没有发生上述情况，则将其定义为非 CEO 交流企业。另外我们还构造了二元虚拟变量 $DT_t=\{0,1\}$，其中 $DT_t=0$ 和 $DT_t=1$ 分别表示企业开始有 CEO 交流前和交流后两个时期。具体地，如果一个企业在样本期内发生了两次 CEO 交流变动，则处理为两条观察值，三次及以上以此类推。[①] 同时考虑到同一个企业的不同观测值是处于不同的年份，并且我们在依据配对变量为企业寻找对照组时，不同的年份处理组企业对应的对照组可能也是不一样的，所以我们最终采用了上述处理方法。此外，本节中我们假设只要某个样本企业发生过 CEO 交流，则 DT_t 的定义以其第一次发生 CEO

① 笔者使用仅发生一次 CEO 交流的样本进行了相应的稳健性检验，发现本节的结论不受其影响，这说明此处的处理方法是合适的。

交流的时间为准。设 TFP_{it} 为企业全要素生产率。进一步地，将企业 i 的 TFP 在 $DT_t=0$ 和 $DT_t=1$ 两个时期的变化量表示为 ΔTFP_{it}，CEO 交流企业在两个时期的 TFP 变化量表示为 ΔTFP_{it}^1，而非 CEO 交流企业在两个时期的 TFP 变化量可以表示为 ΔTFP_{it}^0。据此，CEO 交流对企业 TFP 的实际影响为：

$$\lambda = E(\lambda_i | DCEO_i = 1) = E(\Delta TFP_{it}^1 | DCEO_i = 1) - E(\Delta TFP_{it}^0 | DCEO_i = 1) \quad (1)$$

在式（1）中，$E(\Delta TFP_{it}^0 | DCEO_i = 1)$ 表示 CEO 交流企业在没有 CEO 交流的情况下，其 TFP 的变化量，显然这是无法观测到的，即它是一种“反事实”。如果要实现对式（1）的估计，需要为其寻找一个合适的替代。一种做法是把观察期内始终没有 CEO 交流的企业的平均 TFP 变化量 $E(\Delta TFP_{it}^0 | DCEO_i = 0)$ 作为 $E(\Delta TFP_{it}^0 | DCEO_i = 1)$ 的近似替代。但是考虑到在现实中 CEO 交流企业与非 CEO 交流企业在一些企业个体特征上存在差异，而这些异质性特征可能会进一步影响企业的 TFP，从而上述直接替代的方法存在一定不足。如果的确如此，那么 $E(\Delta TFP_{it}^0 | DCEO_i = 0)$ 就不能很好地反映出 $E(\Delta TFP_{it}^0 | DCEO_i = 1)$ 的变化情况。为了克服这一问题，接下来我们采用最近邻匹配（Nearest Neighbor Matching）为处理组（CEO 交流企业）寻找相近的控制组（非 CEO 交流企业）。

需要说明的是，选取匹配变量是进行最近邻匹配的关键步骤，根据既有的理论与经验研究文献，我们选择如下影响企业 TFP 的变量作为匹配变量：资产负债率（fz），用负债总额与资产总额的比值来衡量，在企业面临较高的负债率时往往会导致其更换 CEO；资本密集度（zb），用固定资产与从业人员数的比值取对数来衡量，其中固定资产使用以 2000 年为基期的固定资产投资价格指数进行平减处理；企业规模（size），采用企业销售额取对数来衡量，这里企业销售额采用了以 2000 年为基期的工业品出厂价格指数进行平减；企业年龄（age），在市场上的存活时间影响了企业的生产经验、研发能力等，也会影响企业的管理者任用决策，本节用当年年份与企业开业年份的差来衡量企业年龄；企业利润率（profit），用营业利润与企业销售额的比值来衡量；融资约束（fin），采用利息支出与固定资产的比值来衡量，该值越大则表明企业面临的融资约束程度越小；所有制结构（state），采用国有实收资本占总实收资本的比重来衡量；另外，加入企业生产率（TFP）变量，以确保处理组和控制组企业在生产率方面没有系统性的差异。为了克服普通最小二乘法测算 TFP 时可能出现的联立性偏差和选择性偏差问题，本节采用扩展的 Olley 和 Pakes（1996）方法（OP 法）进行测算。[①] 接下来可以采用 Logit 方法估计如下模型：

$$p(DCEO_{it}=1)=\Phi(fz_{it-1}, zb_{it-1}, size_{it-1}, age_{it-1}, profit_{it-1}, fin_{it-1}, state_{it-1}, TFP_{it-1}) \tag{2}$$

对式（2）进行估计后可以得到概率预测值 $\hat{p}$，为了方便起见，我们用 $\hat{p}_i$ 和 $\hat{p}_j$ 分别表示处理组和对照组的概率预测值（或倾向得分），最近邻匹配的原则可以表示为：

$$\Theta(i)=\min_j \|\hat{p}_i-\hat{p}_j\|, \ j\in(DCEO=0) \tag{3}$$

其中，$\Theta(i)$ 表示与处理组企业相对应的来自于对照组企业的匹配集合，并且对于每个处理组 i，仅有唯一的对照组 j 落入集合 $\Theta(i)$。

经过上述最近邻匹配之后，就可以得到与处理组企业相配对的控制组企业集合 $\Theta(i)$，它们的 TFP 变化量 $E(\Delta TFP_{it}^0 | DCEO_i=0, i\in\Theta(i))$ 可作为 $E(\Delta TFP_{it}^0 | DCEO_i=1)$ 的较好替代。因此，式（1）转化为：

$$\lambda=E(\lambda_i|DCEO_i=1)=E(\Delta TFP_{it}^1|DCEO_i=1)-E(\Delta TFP_{it}^0|DCEO_i=0, i\in\Theta(i)) \tag{4}$$

更进一步地，模型式（4）等价于以下实证检验模型：

$$TFP_{it}=\alpha_0+\alpha_1\cdot DCEO+\alpha_2\cdot DT+\delta\cdot DCEO\times DT+\varepsilon_{it} \tag{5}$$

在式（5）中，下标 i 和 t 分别表示企业和年份。二元虚拟变量 DCEO = 1 时表示有 CEO 交流的企业，即处理组；DCEO = 0 时表示与处理组相配对的非 CEO 交流企业，即配对后的控制组。ε_{it} 表示随机扰动项。交叉项 DCEO × DT 的估计系数 δ 刻画了 CEO 交流对企业 TFP 的影响，具体来看，根据计量模型式（5），对于处理组企业而言，其在 DT = 0 时的 TFP 为 $E(TFP_{it}^1|DCEO_i=1, DT=0)=\alpha_0+\alpha_1$，其在 DT = 1 时的 TFP 为 $E(TFP_{it}^1|DCEO_i=1, DT=1)=\alpha_0+\alpha_1+\alpha_2+\delta$，即处理组企业在两个时期的 TFP 变化量为：

$$E(\Delta TFP_{it}^1|DCEO_i=1)=E(TFP_{it}^1|DCEO_i=1, DT=1)-E(TFP_{it}^1|DCEO_i=1, DT=0)=\alpha_2+\delta \tag{6}$$

① 具体方法见章后附录，如有需要可向作者索要测算结果。

另外对于控制组企业而言，其在 DT = 0 时的 TFP 为 $E(TFP_{it}^{0} \mid DCEO_i = 0, DT = 0, i \in \Theta(i)) = \alpha_0$，其在 DT = 1 时的 TFP 为 $E(TFP_{it}^{0} \mid DCEO_i = 0, DT = 1, i \in \Theta(i)) = \alpha_0 + \alpha_2$，即控制组企业在两个时期的 TFP 变化量为：

$$E(\Delta TFP_{it}^{0} \mid DCEO_i = 0, i \in \Theta(i)) = E(TFP_{it}^{0} \mid DCEO_i = 0, DT = 1, i \in \Theta(i)) - E(TFP_{it}^{0} \mid DCEO_i = 0, DT = 0, i \in \Theta(i)) = \alpha_2 \tag{7}$$

由式（6）与式（7）相减可得：

$$E(\Delta TFP_{it}^{1} \mid DCEO_i = 1) - E(\Delta TFP_{it}^{0} \mid DCEO_i = 0, i \in \Theta(i)) = (\alpha_2 + \delta) - \alpha_2 = \delta \tag{8}$$

进一步结合式（4）可知：$\delta = E(\lambda_i \mid DCEO_i = 1) = \lambda$。如果 δ 的估计值大于零（即 $\hat{\delta} > 0$），则意味着 CEO 交流后，处理组企业的 TFP 增长幅度大于控制组企业，也即 CEO 交流提高了企业的全要素生产率。

最后需要指出的是，计量模型式（5）的倍差法估计结果可能会受遗漏变量的干扰，为了稳健起见，我们还在式（5）的基础上进一步引入影响 TFP 的其他控制变量集合 $\vec{X}_{ijkt}$，$\vec{X}_{ijkt}$ 具体包括资产负债率（fz）、资本密集度（zb）、企业规模（size）、企业年龄（age）、企业利润率（profit）、融资约束（fin）以及所有制结构（state）。此外，我们还控制了非观测的行业特征 v_j 和地区特征 v_k。因此，本书将最终用于估计的双重差分模型设定为：

$$TFP_{it} = \alpha_0 + \alpha_1 \cdot DCEO + \alpha_2 \cdot DT + \lambda \cdot DCEO \times DT + \beta \cdot \vec{X}_{ijkt} + v_j + v_k + \varepsilon_{it} \tag{9}$$

（二）数据说明

本节研究所用的样本数据主要有两个来源。其中之一是国家统计局的《中国工业企业数据库》，本节选取的时间跨度为 2000~2007 年，它统计调查的对象涵盖了全部国有工业企业以及“规模以上”（主营业务收入大于 500 万元）非国有企业。该数据库包括了来自企业资产负债表、利润表及现金流量表中的 80 多个变量并提供了关于企业身份、所有制、出口额、就业人数以及固定资产总额等方面的详细信息。

尽管《中国工业企业数据库》是目前国内可获得的最为大型的微观企业数据库，具有指标丰富、样本信息量大等特点，但它在一些关键指标的统计上存在一定的缺失。例如，《中国工业企业数据库》缺少企业 CEO 交流的详细信息，这里我们使用样本数据的另一个来源——国泰安《中国上市公司治理结构研究数据库》进行综合分析。《中国上市公司治理结构研究数据库》提供了中国上市公司管理层人员的基本情况、年薪报酬、持股数量、股权结构变动情况、董事长和总经理变更情况及股东大会情况等方面的信息。其中，我们可以利用《中国工业企业数据库》中的企业名称与《中国上市公司治理结构研究数据库》中的公司名称进行匹配，最终本节匹配成功的 2000~2007 年的上市公司共有 2979 家。

上述将《中国工业企业数据库》与《中国上市公司治理结构研究数据库》进行合并后所得的综合性数据是本节研究的基础数据，但由于各种原因，一些企业提供的信息不够准确或尚未提供部分信息，结果导致原始数据中存在异常样本。为了使后面的分析结论更加准确和可信，我们在合并数据的基础上做了以下筛选和处理：①删除新产品销售额存在缺漏值或负值的企业样本；②删除雇员人数小于 10 的企业样本；③删除 CEO 信息缺失的企业样本；④删除工业总产值、企业销售额、固定资产、营业利润、利息支出以及从业人员年平均人数中任何一项存在缺漏值、零值或负值的企业样本；⑤删除 1949 年之前成立的企业样本，同时删除企业年龄小于 0 的企业样本。本节最终用于分析的上市公司一共有 2548 家。表 1-8 报告了基于最近邻匹配样本的主要变量的描述性统计特征。

二、估计结果及分析

表 1-8 各主要变量的描述性统计特征

变量	观测值	均值	标准差	最小值	最大值
DCEO	79796	0.53852	0.52482	0	1
TFP	79796	8.55582	1.10231	–3.31562	13.93715
fz	79796	0.46078	0.24056	0.11294	0.54281
zb	79796	3.60471	3.36682	–3.24417	5.25478
size	79796	10.11531	3.35663	1.62144	18.05195
age	79796	8.87765	5.87416	1	57
profit	79796	0.42491	2.74039	–8.12081	9.23016
fin	79796	0.53021	1.15826	–4.31733	5.92400
state	79796	0.06024	0.36102	0	0.58485

（一）基本估计结果

我们比较关注的问题是，CEO 交流企业与非 CEO 交流企业在全要素生产率方面的差异如何？为了初步回答这一问题，我们将总体样本划分为 CEO 交流企业和非 CEO 交流企业，然后将二者的全要素生产率（对数形式）绘制在图 1–3 中。从中可以看出，除个别年份，两种类型企业的全要素生产率整体上均保持了逐步上升的趋势，但是，CEO 交流企业的全要素生产率一直高于非 CEO 交流企业。关于 CEO 交流是否是导致上述差异的根本原因，我们还需要进一步地计量检验。

在进行计量估计之前，我们首先采用最近邻匹配方法为处理组（CEO 交流企业）寻找合适的对照组（非 CEO 交流企业），为了准确起见，我们分年度依次进

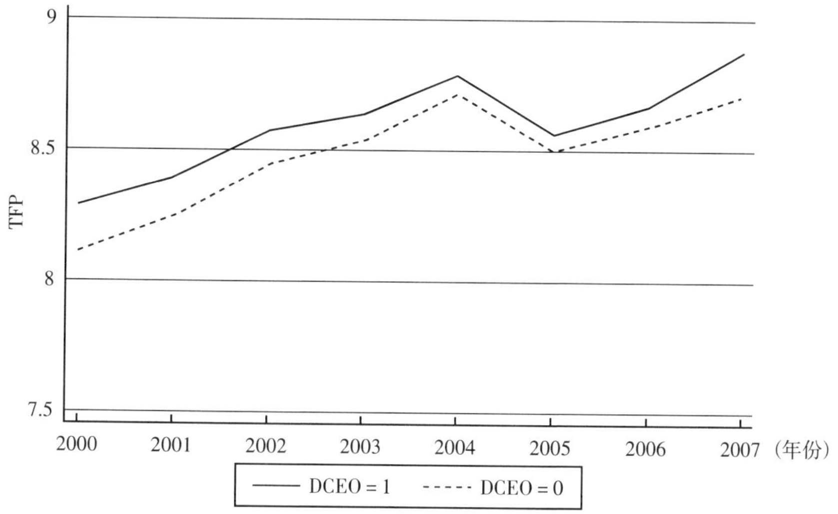

图 1–3 CEO 交流企业与非 CEO 交流企业 TFP 年度均值的变化趋势（DCEO = 1 表示 CEO 交流企业）

资料来源：作者计算得到。

行匹配。限于篇幅，表 1–9 只给出 2006 年处理组与对照组企业在配对前后主要指标的比较结果。[①] 从中可以看出，对于匹配之前的样本，CEO 交流企业在负债率、资本密集度、企业规模、利润率等方面均显著地优于非 CEO 交流企业。由最近邻匹配后的 t 检验相伴概率可知，CEO 交流企业与非 CEO 交流企业在主要

① 对其他年份处理组与对照组的检验均得到了可靠的配对效果，限于篇幅，在此没有一一列出。

特征变量上均没有显著差异，这说明最近邻匹配取得了较好的效果，即通过匹配为处理组企业找到了合适的对照组企业。

在进行配对之后，我们采用式（9）的 双重差分模型进行估计。表 1-10 报告了 CEO 交流对企业全要素生产率影响的估计结果。[①] 其中第（1）列不纳入控制变

表 1-9　2006 年配对前后处理组与对照组企业主要指标的比较

变量名称	处理	均值		标准偏差（%）	标准偏差减少幅度（%）	t 统计量
		处理组	对照组			
fz	匹配前	0.4849	0.4456	12.64	90.98	3.69
	匹配后	0.4849	0.4821	1.14		0.75
zb	匹配前	4.8923	4.7958	26.44	94.18	4.81
	匹配后	4.8923	4.8846	1.54		0.52
size	匹配前	10.263	9.042	63.44	92.18	12.07
	匹配后	10.263	10.303	-4.96		-0.32
age	匹配前	8.3772	8.3681	7.54	88.59	1.34
	匹配后	8.3772	8.3791	-0.86		-0.05
profit	匹配前	1.0254	0.5241	44.41	96.60	1.16
	匹配后	1.0254	1.0248	1.51		0.57
fin	匹配前	1.0341	0.6330	36.41	86.51	2.27
	匹配后	1.0341	1.0335	4.91		0.99
state	匹配前	0.0637	0.0658	-2.99	52.84	-0.40
	匹配后	0.0637	0.0628	1.41		0.27
TFP	匹配前	8.6371	8.5236	25.08	86.12	8.63
	匹配后	8.6371	8.6153	3.48		0.46

量以及未控制固定效应，以此作为基准回归。从中可以看出，变量 DCEO 的估计系数显著为正，说明初始年份处理组企业的全要素生产率明显地高于控制组企业，变量 DT 的估计系数为正，但不显著，意味着不论是处理组企业还是控制组

① 笔者将时间层面的固定效应引入实证分析进行了相应的稳健性检验，发现本节的结论不受其影响。另外，在整个的实证分析中均考虑了企业层面的 cluster。最后，笔者还考察了 CEO 交流企业和非 CEO 交流企业的生产率是否符合同趋势的假设，结果表明，如果没有 CEO 交流，两类企业的生产率应该沿着相同的趋势变化。

企业，其全要素生产率随时间的推移均有所增加。交叉项 DCEO × DT 的估计系数是我们最为关注的，它刻画了 CEO 交流对企业 TFP 的影响，我们发现其估计系数为正并通过 1%水平的显著性检验，这初步表明与没有发生 CEO 交流的企业相比，CEO 交流显著地提高了企业的全要素生产率。为了考察这一结论的稳健性，我们在第（2）列中纳入负债率等控制变量，在第（3）列中控制行业特定效应，在第（4）列中同时控制行业特定效应和地区特定效应，结果均发现交叉项 DCEO × DT 的估计系数显著为正。从第（4）列完整的回归结果可以看到，交叉项 DCEO × DT 的估计系数为 1.02，表明平均而言，与没有发生 CEO 交流的企业相比，CEO 交流使得企业的 TFP 提高了 1.02 个百分点。并且在样本期内，CEO 交流对企业生产率的贡献高达 22%。[①] 此外，从控制变量的估计结果可以看出，资本密集度（zb）、企业规模（size）、企业年龄（age）、企业利润率（profit）、融资约束（fin）以及所有制结构（state）的估计系数为正并在 1%水平上显著，表明生产规模越大、经营状况越好的企业拥有更高的生产率，这与通常的预期是相符合的。资产负债率（fz）的估计系数为负并通过了 10%的显著性检验，说明负债率越高的企业生产率越低。

以上估计都是基于最近邻匹配后的样本进行的，为了考察结果的稳健性，我们还采用马氏距离匹配法为处理组企业选择合适的对照组企业。其思路是，对于

表 1-10 CEO 交流对企业 TFP 水平的影响

	基于最近邻匹配				基于马氏距离匹配
	（1）	（2）	（3）	（4）	（5）
DCEO	1.7819*** (2.84)	1.9488*** (2.99)	1.8459*** (3.04)	1.9118** (2.10)	1.6045*** (3.55)
DT	1.3295 (0.43)	0.7325 (0.25)	1.2527 (0.73)	1.1201 (0.52)	2.4843*** (2.67)
DCEO×DT	1.1219** (2.69)	1.2356** (2.01)	1.0946*** (2.58)	1.0229*** (2.63)	1.0130** (2.12)
fz		−0.4563*** (−8.76)	−0.6768*** (−9.33)	−0.6128*** (−9.42)	−0.3340*** (−9.58)
zb		0.4798 (0.33)	0.6614 (0.68)	0.7739 (0.49)	1.4451*** (3.26)

① 具体计算方法为：1.0229/(2007 年 TFP 均值−2000 年 TFP 均值) × 100% = 22%。

续表

	基于最近邻匹配				基于马氏距离匹配
	(1)	(2)	(3)	(4)	(5)
size		1.2537*** (5.17)	0.9671*** (4.16)	0.7984*** (3.22)	1.0503*** (4.16)
age		0.0934*** (4.01)	0.0919*** (3.67)	0.0768*** (3.27)	0.0790*** (3.62)
profit		0.2020*** (5.10)	0.1894*** (4.94)	0.1794*** (5.04)	0.8065 (1.52)
fin		1.4809 (1.04)	0.8651 (1.00)	-0.1420 (-0.10)	0.1001 (0.19)
state		0.0534*** (3.10)	0.0612*** (4.57)	0.0915*** (5.18)	0.0533*** (4.03)
常数项	3.7982*** (4.37)	-4.4278*** (-5.28)	-2.5785*** (-3.03)	-1.6176 (-0.10)	-1.2365*** (-2.46)
R^2	0.226	0.218	0.259	0.330	0.173
行业效应	No	No	Yes	Yes	Yes
地区效应	No	No	No	Yes	Yes
观测值	79796	79695	79695	79695	79216

注：括号内数值为纠正了异方差后的聚类 t 统计量；*** 和 ** 分别表示 1%和 5%的显著性水平。

任意的处理组企业 i 和对照组企业 j，i 与 j 间的距离 d_{ij} 为：

$$d_{ij}=(U_i-U_j)^T\cdot C^{-1}\cdot(U_i-U_j) \tag{10}$$

其中，U_i 和 U_j 分别为 i 和 j 的匹配变量值，C 为对照组中各匹配变量值的协方差矩阵。因此，对于处理组观测值 i，只有那些具有最小的 d_{ij} 值的一个或几个对照组观测值被选择作为新的对照组。这里我们将配对比例确定为 1∶1。

基于马氏距离匹配后的样本进行估计的结果报告在表 1-10 最后一列。结果表明，交叉项 DCEO × DT 的估计系数绝对值有所下降，但系数符号和显著性水平并未发生根本性改变，这意味着 CEO 交流对企业 TFP 的影响是稳健的。在基于马氏距离匹配样本的估计中，平均而言，与没有发生 CEO 交流的企业相比，CEO 交流使得企业 TFP 水平提高了 1.01 个百分点，并且其对企业 TFP 提升的贡献度为 20.7%。

（二）CEO 交流对企业 TFP 的动态影响

前面采用双重差分模型考察了 CEO 交流对企业 TFP 的平均影响，此外，我们也想考察 CEO 交流对企业 TFP 的动态影响。对于这一问题的深入分析有助于揭示 CEO 交流对企业 TFP 影响的实现速度以及判断该效应是暂时的还是持久的。为了回答这一问题，我们将计量模型式（9）扩展为：

$$TFP_{it} = \alpha_0 + \alpha_1 DCEO + \alpha_2 \cdot DT + \sum_{\tau=0}^{7} \lambda_\tau DCEO \times DT \times \tau\_year + \beta \cdot \vec{X}_{ijkt} + v_j + v_k + \varepsilon_{it} \tag{11}$$

其中，τ_year 为企业 CEO 交流年度虚拟变量，当企业处于 CEO 交流后的第 τ 期（τ = 0，1，2，3，4，5，6，7）时，τ_year 取值为 1，否则为 0。在式（11）中，估计系数 λ_τ 刻画了 CEO 交流后第 τ 年对企业 TFP 的边际影响。

对式（11）的双重差分估计结果报告在表 1–11 中。首先，我们基于最近邻匹配样本的估计结果来分析 CEO 交流对流入企业 TFP 的动态影响，其中第（1）列未考虑控制变量，第（2）列进一步引入了控制变量，结果显示，交叉项（DCEO × DT × τ_year）的估计系数均为正，并至少通过 10%水平的显著性检验，这表明在我们的样本期内，CEO 交流对流入企业 TFP 的提升作用具有持续性。更进一步地，我们还发现 CEO 交流的这种提升作用在样本期内随着企业 CEO 交流年限的延长而增强，具体来看，与没有发生 CEO 交流的企业相比，企业发生 CEO 交流的当年使得 TFP 提高了 0.93 个百分点，CEO 交流后一年、两年、三年可分别使 TFP 提高 0.98 个百分点、1.05 个百分点和 1.1 个百分点，CEO 交流后七年对 TFP 的提升作用最大，达 1.26 个百分点。为了稳健起见，我们也采用经马氏距离匹配后的样本进行双重差分模型估计，结果如表 1–11 第（3）和第（4）列所示。与前两列相比，尽管各交叉项的系数绝对值有所下降，但它们的显著性水平以及交叉项之间的大小关系没有发生根本性改变，这便说明 CEO 交流对流入企业 TFP 的动态估计结果是稳健的，即 CEO 交流对流入企业 TFP 的提升作用在样本期内具有持续性，并且是逐年递增的。①

（三）CEO 交流对企业 TFP 的异质性影响

由本文第二部分的分析可知，CEO 交流企业可以划分为不同类型，为了更为

① 需要指出的是，CEO 交流对企业生产率持续递增的影响是在本文特定研究样本下得到的结论，可能不具有普遍性。例如，随着任期的延长，CEO 会做出较少的战略变换，CEO 逐步丧失组织创新的兴趣和对工作的新鲜感，同时，会渐渐减少与企业的外部环境的联系，缺乏改变战略和投资的动力，据此，随着时间的进一步推进，CEO 对企业生产率的影响将会逐渐减弱，进而二者之间存在倒 U 型的关系。在今后可获得更长时间段的样本情况下，笔者将对此进行更深入的研究。

表 1-11 CEO 交流对企业 TFP 的动态影响

	基于最近邻匹配		基于马氏距离匹配	
	(1)	(2)	(3)	(4)
DCEO	1.5425* (1.83)	1.8587** (2.10)	1.0452** (2.00)	1.5465*** (3.48)
DT	2.1415 (1.35)	1.2480 (0.73)	3.1001*** (3.27)	2.6235*** (2.85)
DCEO×DT×0_year	0.7700* (1.79)	0.9348* (1.72)	0.4192* (1.70)	0.6811 (1.26)
DCEO×DT×1_year	0.7269*** (3.00)	0.9816*** (2.59)	0.716*** (3.66)	0.9100* (1.79)
DCEO×DT×2_year	0.8364*** (3.72)	1.0500*** (3.05)	0.8303*** (4.37)	0.9425*** (4.26)
DCEO×DT×3_year	0.8852*** (5.16)	1.1026*** (5.26)	0.8276*** (6.51)	0.9456*** (3.28)
DCEO×DT×4_year	0.9003* (1.81)	1.1105*** (4.03)	0.8935* (1.88)	0.9697*** (5.73)
DCEO×DT×5_year	0.9265*** (3.36)	1.1342*** (5.26)	0.9024*** (4.56)	0.9946*** (3.85)
DCEO×DT×6_year	0.9913*** (3.47)	1.1827*** (5.26)	0.9367*** (3.19)	1.0354*** (3.22)
DCEO×DT×7_year	1.0836*** (5.16)	1.2632*** (5.47)	1.0109*** (5.20)	1.0778*** (5.13)
fz		−0.3549*** (−5.44)		−0.2743 (−0.52)
zb		0.0564 (0.32)		0.8232* (1.70)
size		0.8232*** (3.22)		0.8504** (2.05)
age		0.4086* (1.75)		0.5307 (1.20)
profit		0.6393 (1.33)		0.3237 (0.69)
fin		0.0092*** (6.27)		0.0092*** (2.61)
state		0.0512*** (3.36)		0.0037 (0.23)
常数项	−1.2318 (−1.03)	0.6893 (0.41)	−2.0910** (−2.10)	2.6448 (0.55)

续表

	基于最近邻匹配		基于马氏距离匹配	
	（1）	（2）	（3）	（4）
R^2	0.459	0.470	0.560	0.546
行业效应	Yes	Yes	Yes	Yes
地区效应	Yes	Yes	Yes	Yes
观测值	79796	79695	79260	79216

注：括号内数值为纠正了异方差后的聚类 t 统计量；***、** 和 * 分别表示 1%、5%和 10%的显著性水平。

细致地评估 CEO 交流对企业 TFP 的因果效应，接下来我们分别基于 CEO 自身的异质性（包括是否具有海外留学及工作经历、性别以及受教育程度）以及发生 CEO 交流的企业层面的异质性（企业所有制），进一步比较研究 CEO 交流对企业 TFP 的异质性影响。在这一部分，我们构建如下的双重差分模型：

$$TFP_{it} = \alpha_0 + \alpha_1 DCEO + \alpha_2 \cdot DT + \sum_{\eta=1}^{8} \lambda_\eta DCEO \times DT \times type\_\eta + \beta \cdot \vec{X}_{ijkt} + v_j + v_k + \varepsilon_{it} \tag{12}$$

在式（12）中，type_η(η = 1，2，…，8）表示企业 CEO 交流类型虚拟变量。具体而言，首先，CEO 自身的异质性：其一，我们根据是否具有海外留学及工作经历对 CEO 交流企业进行分类，将交流企业划分为有海外留学或工作经历的 CEO 交流企业（type_1）和无海外留学或工作经历的 CEO 交流企业（type_2）两种类型；其二，根据 CEO 的性别进行分类，type_3 表示女性 CEO 交流企业，type_4 表示男性 CEO 交流企业；其三，将交流企业按 CEO 学历层次分为两组，type_5 表示具有本科及以上学历的高学历 CEO 交流企业，type_6 表示具有本科学历以下的低学历 CEO 交流企业。

表 1-12 报告了不同类型 CEO 交流对 TFP 的影响。在第（1）和第（2）列中，我们考察了有海外留学或工作经历的 CEO 交流（type_1）和无海外留学或工作经历的 CEO 交流（type_2）对企业 TFP 影响的差异性。结果表明，在控制了负债率等控制变量、行业特定效应以及地区特定效应之后，交叉项 DCEO × DT × type_1 和 DCEO × DT × type_2 的估计系数均显著为正，说明与没有发生 CEO 交流的企业相比，两种类型的 CEO 交流均显著地提高了流入企业的生产率水平。通过进一步比较发现，与 type_2 相比，有海外留学或工作经历的 CEO(type_1）交流对

企业 TFP 提升的积极影响更大。对其可能的解释是，海外留学归国人员大多在国外接受过高等教育或者具有相关技术领域的海外工作经验，而且更了解外资企业的经营战略和企业文化。领军型海归人才往往掌握着先进技术和理念，具有跟踪世界高新技术发展趋势的能力（李平和许家云，2011），因而与本土人才相比，其对企业生产率提升的积极影响可能更大。

在第（3）和第（4）列中，我们考察了不同性别的 CEO 交流对流入企业生产率影响的差异性。结果发现，男性 CEO 的流入对企业 TFP 的积极影响效应均明显高于女性。男性 CEO 对企业 TFP 的正面影响大于女性，这可能是因为企业的出口和创新活动往往具有风险高、投资大及周期长等特点，而女性 CEO 在风险决策方面更为保守，从而其对企业生产率的影响相对较小。Gulamhussen 等（2010）的研究表明，女性参与董事会与银行呆账损失准备金、贷款损失准备金正相关，说明女性更不愿冒险。Faccio 等（2011）发现，女性 CEO 经营的公司资产负债率和盈余波动性更低，且生存概率更高，说明女性 CEO 更倾向于规避风险。

在第（5）和第（6）列中，我们考察了不同学历层次的 CEO 交流对流入企业生产率影响的差异性。结果表明，较高学历的 CEO 交流（type_5）对企业 TFP 的影响效应均显著大于较低学历组别（type_6）。这可能是因为：一方面，受教育水平较高的 CEO 对待变革的态度往往更积极，对开拓国际市场更加充满热情，从而倾向于做出推动企业出口的决策行为；另一方面，受教育水平与个人的信息处理能力和创新能力成正比，如果 CEO 的受教育程度比较高，那么其专业理论知识往往较为深厚，对新的管理理念和生产方式的接受能力也较强，更愿意引领公司进行技术创新，企业生产率得以提高（Hambrick 和 Mason，1984）。另外，CEO 交流对企业生产率的积极影响具有持续性，并且其影响程度逐年增强。

其次，企业层面的异质性：我们根据企业的所有制性质将 CEO 交流企业划分为国有上市公司（type_7）和民营上市公司（type_8）两种类型，具体的回归结果见表 1-12 的第（7）和第（8）列。回归结果表明，在国有上市公司，CEO 交流显著地促进了企业的 TFP 提升。接下来我们来看 CEO 交流对民营上市公司企业 TFP 的影响效应，发现 CEO 交流对民营上市公司的 TFP 具有显著的促进作用，并且其影响效应甚至大于国有上市公司的情况，即与国有上市公司相比，CEO 交流在民营上市公司能够更有效地促进企业的生产率提升。这可能是由于国有企业

表 1-12 CEO 交流对企业 TFP 影响的异质性检验

	CEO 自身的异质性						企业层面的异质性	
	按海外留学和工作经历		按 CEO 性别		按 CEO 受教育程度		按企业的所有制性质	
	(1)	(2)	(3)	(4)	(5)	(6)	(7)	(8)
DCEO	1.7193*** (3.16)	1.8401*** (3.27)	1.7173*** (3.23)	0.8418*** (3.18)	1.2923*** (4.18)	1.3215*** (4.59)	1.2996*** (4.37)	1.3028*** (4.06)
DT	2.1986* (1.72)	1.2636 (0.83)	2.1871 (1.56)	1.2542 (0.92)	2.9103*** (2.97)	2.1202*** (3.46)	2.9105*** (2.95)	2.3625*** (3.67)
DCEO×DT×type_1	1.5757*** (3.77)	1.4953*** (3.85)						
DCEO×DT×type_2	0.5884*** (3.05)	0.9409*** (2.57)						
DCEO×DT×type_3			0.5076 (1.05)	0.9537 (1.32)				
DCEO×DT×type_4			0.9628** (2.25)	1.2580** (2.14)				
DCEO×DT×type_5					0.9052*** (4.32)	1.2426*** (3.79)		
DCEO×DT×type_6					0.8710*** (3.17)	0.7256*** (4.01)		
DCEO×DT×type_7							0.7592*** (2.66)	0.7920*** (2.91)
DCEO×DT×type_8							0.8757*** (5.87)	1.1204*** (5.38)
fz		-0.0242** (-2.17)		-0.0080 (-1.02)		-0.0015 (-0.40)		-0.0004 (-0.12)
zb		0.8367*** (5.51)		0.7352*** (3.45)		0.6275*** (4.36)		0.6834*** (4.58)
size		0.3791*** (2.93)		0.3005 (1.50)		0.4026*** (3.77)		0.4782* (1.82)
age		0.4263 (1.36)		-0.2900 (-0.26)		0.2472 (0.77)		0.3413 (0.72)
profit		0.0053*** (6.37)		0.0037*** (3.88)		0.0085*** (4.32)		0.0069*** (5.21)
fin		0.0002 (1.58)		0.0000** (1.93)		0.0012*** (3.32)		0.0021 (0.41)
state		0.0627*** (4.35)		0.0438* (1.90)		0.0314* (1.81)		0.0735 (0.66)

续表

	CEO 自身的异质性						企业层面的异质性	
	按海外留学和工作经历		按 CEO 性别		按 CEO 受教育程度		按企业的所有制性质	
	(1)	(2)	(3)	(4)	(5)	(6)	(7)	(8)
常数项	0.3500 (0.30)	0.4901 (0.25)	0.4909 (0.46)	-4.0125** (-2.03)	-2.7745 (-1.59)	1.4280*** (3.46)	2.0035*** (4.28)	0.5736 (1.53)
R^2	0.471	0.416	0.517	0.459	0.453	0.528	0.427	0.510
行业效应	Yes	Yes	Yes	Yes	Yes	Yes	Yes	Yes
地区效应	Yes	Yes	Yes	Yes	Yes	Yes	Yes	Yes
观测值	79796	79695	79796	79695	79796	79695	79796	79695

注：括号内数值为纠正了异方差后的聚类 t 统计量；***、** 和 * 分别表示 1%、5%和 10%的显著性水平。

的利润函数中包含了其他的一些政策导向性行为。政府色彩突出是我国国有上市公司 CEO 的重要特点，国有上市公司的 CEO 部分由政府任命，而官员企业家更关注他们自身的政治目标和经济利益。因此，在同样的条件下，国有企业的 CEO 不太热衷于高风险和收效甚慢的出口和创新活动，因为这样做的成本远远高于相对谨慎地提高国有企业竞争力和绩效所带来的政治回报（Megginson，2005；李春涛和宋敏，2010）。相比之下，民营企业的 CEO 没有上述政治考虑，从而他们更多地关注企业的长期竞争力和利润最大化，他们从事出口和创新活动的热情更高。综上，国有企业的 CEO 交流不能体现市场导向，因而企业生产率对 CEO 交流的反应相对迟钝。

三、CEO 交流与企业全要素生产率提升的机制：进一步分析

（一）中介效应模型的构建

前面的分析产生了两个结果：一方面，CEO 交流促进了企业层面平均全要素生产率的增长；另一方面，CEO 交流对企业全要素生产率的影响具有异质性。不过，CEO 交流究竟是如何促进了企业层面平均全要素生产率的增长在很大程度上依然是一个疑问。于是，在这一节，我们进一步通过构建中介效应模型就 CEO 交流分别通过出口和创新两条可能的路径对流入企业 TFP 的影响进行检验。对这一问题进行深入的研究，可以加深我们对 CEO 交流与企业生产率提升作用机理方面的理解。结合本节第一部分的理论分析，我们通过引入企业出口（Export）

和新产品创新（Inno）这两个中介变量来构造中介效应模型，以此来考察 CEO 交流影响企业生产率的可能作用机制。

中介效应模型的构建主要包括三个基本的步骤：第一，将因变量对基本自变量进行回归；第二，将中介变量（企业出口和新产品创新）对基本自变量进行回归；第三，将因变量同时对基本自变量和中介变量进行回归。按照上述方法本部分建立的中介效应模型由如下方程组构成：

$$TFP_{it} = a_0 + a_1 \cdot DCEO + a_2 \cdot DT + a_3 \cdot DCEO \times DT + \beta \cdot \vec{X}_{ijkt} + v_j + v_k + \varepsilon_{it} \tag{13}$$

$$Export_{it} = b_0 + b_1 \cdot DCEO + b_2 \cdot DT + b_3 \cdot DCEO \times DT + \beta \cdot \vec{X}_{ijkt} + v_j + v_k + \varepsilon_{it} \tag{14}$$

$$Inno_{it} = c_0 + c_1 \cdot DCEO + c_2 \cdot DT + c_3 \cdot DCEO \times DT + \beta \cdot \vec{X}_{ijkt} + v_j + v_k + \varepsilon_{it} \tag{15}$$

$$TFP_{it} = d_0 + d_1 \cdot DCEO + d_2 \cdot DT + d_3 \cdot DCEO \times DT + \varphi Export_{it} + \sigma Inno_{it} + \beta \cdot \vec{X}_{ijkt} + v_j + v_k + \varepsilon_{it} \tag{16}$$

其中，企业出口（Export）用企业 i 在 t 年的出口额取对数来表示，新产品创新（Inno）用企业 i 在 t 年的新产品销售额取对数来衡量。[①]

（二）估计结果及分析

式（13）即为基准倍差法模型，因此表 1–13 的第（1）列回归结果与表 1–10 的第（4）列回归结果相同。表 1–13 第（2）列和第（3）列是分别对模型式（14）和式（15）进行估计的结果。此外，为了保证稳健性，我们将中介变量 Export 和 Inno 分别加入到式（13）中进行估计，结果分别列于表 1–13 的第（4）列和第（5）列。最后，表 1–13 的第（6）列进一步报告了同时加入中介变量 Export 和 Inno 即模型式（16）的估计结果。

从表 1–13 第（2）列可以看出，倍差法估计量 DCEO × DT 的估计系数为正并通过 1%水平的显著性检验，这表明 CEO 交流显著促进了企业出口贸易的发展，进一步来看，CEO 交流可使企业的出口额提高 0.112 个百分点。对其可能的解释是：新任 CEO 往往充满组织创新的兴趣和对工作的新鲜感，更注重吸纳各种先进管理方式来经营企业，倾向于提高企业的开放度和开拓国际市场，强调产品和

① 由于《中国工业企业数据库》中对“研发支出”指标进行统计的年份仅为 2005~2007 年，因此受到数据可得性的限制，本部分最终选用“创新产出”——新产品销售额来衡量企业创新，此外，本部分也基于 2005~2007 年数据使用“研发支出”进行了类似的回归，发现结果没有显著差异。

市场的国际化。进而，CEO 交流会促进企业出口贸易的发展。

表 1–13 第（3）列报告了以企业新产品创新为因变量的倍差法模型回归结果，可以看到，倍差法估计量 DCEO × DT 的估计系数也显著为正，并且通过了较高的显著性检验，这进一步表明 CEO 交流促进了企业的新产品创新。对此可能的解释是：一方面，CEO 将其在先前公司学习到的先进管理经验应用到现任企业，在研发投资时趋利避害，避免创新活动的盲目性；另一方面，“新官上任三把火”，新任 CEO 往往充满组织创新的兴趣和对工作的新鲜感，更注重吸纳各种先进管理方式来经营企业，倾向于做出更多的战略变换，强调产品和市场创新（Hambrick 和 Fukutomi，1991），进而促进了企业新产品创新。

表 1–13 第（4）至第（6）列还报告了因变量对基本自变量和中介变量的回归结果，可以看到，变量 Export 的估计系数显著为正，说明出口可以显著促进企业的生产率提升。这也说明企业通过出口学习效应可以提高生产率水平。出口贸易对企业生产率的影响是目前国际贸易学领域的研究热点之一，国内外很多文献证明了中国本土企业可以通过出口学习实现生产效率的提高，即存在出口学习效应（Aw 等，2001；张杰等，2008）。变量 Inno 的估计系数也显著为正，表明新产品创新对企业生产率具有正向的影响，即新产品创新能力越强的企业其生产率往往越高。这与 Gary 等（2003）、刘小玄和吴延兵（2009）等的结论一致。当企业通过采用新技术、新工艺和具有高科技含量的新设备以及发现了新产品时，企业生产率往往会出现大幅度提高。并且，在很大程度上，企业生产率的提高主要依赖创新活动。此外我们还发现，与第（1）列基准的回归结果相比，在分别加入中介变量 Export［第（4）列］和 Inno［第（5）列］之后，倍差法估计量 DCEO × DT 的估计系数值和显著性水平（t 值）均出现了下降，这初步表明“出口拉动”和“新产品创新”中介效应的存在。进一步地，同时加入中介变量 Export 和 Inno［表 1–13 第（6）列］之后发现，倍差法估计量 DCEO × DT 的估计系数值和显著性水平也进一步下降了。这便进一步表明，“出口拉动”和“新产品创新”的提升是 CEO 交流提高企业生产率的两个可能的渠道，这也印证了文章第一部分理论分析的结论。

为了进一步确认“出口拉动”和“新产品创新”的提升是否是 CEO 影响企业生产率的中介变量，我们有必要对此进行相应的检验。首先，检验 $H_0: b_3 = 0$，

表 1-13　CEO 交流与企业全要素生产率提升：影响机制检验

	TFP	Export	Inno	TFP		
	（1）	（2）	（3）	（4）	（5）	（6）
DCEO	1.9118** (2.10)	0.1124*** (6.21)	0.5243*** (5.17)	1.6583** (2.08)	1.3290** (2.02)	1.2981*** (3.67)
DT	1.1201 (0.52)	0.0617*** (2.53)	0.0982*** (3.17)	1.0244 (1.34)	1.0156*** (4.33)	0.9872*** (5.53)
DCEO×DT	1.0229*** (2.63)	0.0134*** (6.03)	0.0231** (2.12)	1.0042*** (2.76)	0.9895*** (4.23)	0.9542** (2.23)
fz	−0.6128*** (−9.42)	−0.5409*** (−4.61)	−0.4939*** (−4.53)	−0.4572*** (−9.45)	−0.0565*** (−6.33)	−0.0501* (−1.76)
zb	0.7739 (0.49)	0.0695*** (5.53)	0.0497*** (6.49)	0.7032 (1.04)	0.0031*** (3.54)	0.0138*** (4.58)
size	0.7984*** (3.22)	0.1373*** (7.80)	0.0964*** (8.69)	0.7435*** (3.15)	0.0462*** (5.26)	0.0764*** (6.55)
age	0.0768*** (3.27)	0.0296 (1.01)	0.0253*** (5.36)	0.0732*** (3.56)	0.0117*** (3.67)	0.0473*** (6.50)
profit	0.1794*** (5.04)	0.0897*** (6.25)	0.0795*** (5.47)	0.1126*** (5.12)	0.0058** (2.12)	0.0252*** (4.99)
fin	−0.1420 (−0.10)	0.0527*** (6.26)	0.0592 (1.32)	−0.1216 (−0.17)	−0.0652 (−1.61)	0.0373*** (3.68)
state	0.0915*** (5.18)	0.0267*** (4.16)	0.0470*** (5.32)	0.0625*** (4.39)	0.1049*** (5.53)	0.0827*** (6.55)
Export				0.1326*** (4.46)		0.1562*** (4.65)
Inno					0.2163*** (3.76)	0.2361*** (3.97)
常数项	−1.6176 (−0.10)	1.2048*** (7.15)	2.5784*** (5.44)	1.0562*** (3.54)	1.4523*** (3.83)	1.0646*** (2.94)
R^2	0.330	0.452	0.525	0.568	0.621	0.673
行业效应	Yes	Yes	Yes	Yes	Yes	Yes
地区效应	Yes	Yes	Yes	Yes	Yes	Yes
观测值	79695	79695	79695	79695	79695	79695

注：括号内数值为纠正了异方差后的聚类 t 统计量；***、** 和 * 分别表示 1%、5%和 10%的显著性水平。

$H_0: c_3=0$，$H_0: \varphi=0$ 和 $H_0: \gamma=0$，如果均拒绝原假设，则说明中介效应显著，否则不显著。从表 1-13 第（2）至第（6）列的回归结果可以看到，Export 和 Inno

作为中介变量是显著的，但该检验方法的不足在于犯第二类错误的概率较大。

为此，我们采用第二种方法进行检验，即检验经过中介变量路径上的回归系数的乘积项是否显著，也即检验 $H_0: \varphi b_3 = 0$ 和 $H_0: \sigma c_3 = 0$，如果原假设被拒绝，表明中介效应显著，否则不显著。具体地，我们可借鉴 Sobel（1987）的方法计算乘积项 φb_3 和 σc_3 的标准差：$s_{\varphi b_3} = \sqrt{\hat{\varphi}^2 s_{b_3}^2 + \hat{b}_3^2 s_{\varphi}^2}$，$s_{\sigma c_3} = \sqrt{\hat{\sigma}^2 s_{c_3}^2 + \hat{c}_3^2 s_{\sigma}^2}$，其中 s 表示相应估计系数的标准差。结合表 1-13 的估计结果，可以计算得到 $Z_{\varphi b_3} = 1.76$ 和 $Z_{\sigma c_3} = 2.02$，分别在 10%和 5%水平上显著。

其次，我们还进一步采用 Freedman 等（1992）的方法来检验“出口拉动”和“新产品创新”的提升是否是 CEO 影响企业生产率的中介变量，具体的程序是，检验 $H_0: a_3 - d_3 = 0$，如果原假设被拒绝，则说明中介效应显著，否则不显著。参照 Freedman 等（1992），$a_3 - d_3$ 的标准差可利用 $s_{a_3 - d_3} = \sqrt{s_{a_3}^2 + s_{d_3}^2 - 2s_{a_3}s_{d_3}\sqrt{1 - r^2}}$ 计算得到，其中 r 为变量 DCEO × DT 与 Export（或 Inno）的相关系数。利用表 1-13 第（1）和第（4）列的估计结果，可计算得到 $a_3 - d_3$ 的 Z 统计量为 1.63；利用表 1-13 第（1）列和第（5）列的估计结果，可计算得到 $a_3 - d_3$ 的 Z 统计量为 2.72。它们的相伴随概率均小于 0.1，即至少在 10%的水平上显著。这就进一步验证了“出口拉动”和“新产品创新”中介效应的存在性，即“出口拉动”和“新产品创新”的提升是 CEO 影响企业生产率的重要渠道。

四、结论

CEO 在企业之间的交流是企业技术进步的重要渠道，但迄今少有文献直接定量分析 CEO 交流对流入企业 TFP 的影响。那么 CEO 交流对流入企业生产率的效应和机制如何呢？到目前为止，还鲜有文献对这一问题进行系统的考察。本文的目的在于就 CEO 交流对企业 TFP 的影响进行估计，进而为客观评估中国上市公司 CEO 交流的“生产率溢出”效应提供一个来自微观层面的经验证据。本章主要得出如下几点结论：

（1）采用双重差分模型的初步估计结果发现，CEO 交流与流入企业 TFP 之间存在显著的正相关关系，并且这种正相关关系在 CEO 交流之后的几年里一直存在，也就是说，CEO 交流对企业 TFP 的积极作用在我们的样本期内具有持续性，并且其影响程度是逐年递增的。

（2）为了更为深入地考察 CEO 交流对企业 TFP 的因果效应，我们对样本进行分类，在此基础上采用双重差分模型比较研究了 CEO 交流对企业 TFP 的异质性影响。首先，从是否具有海外留学经历的分类来看，与没有海外留学经历的 CEO 相比，有海外留学经历的 CEO 的流入能够更加有效地促进企业 TFP 的提升；其次，按照 CEO 性别和 CEO 学历分组的估计结果表明，男性 CEO 交流对企业 TFP 的影响大于女性，高学历 CEO 交流对企业 TFP 的积极影响更大；最后，从流入企业的所有制来看，与国有上市公司相比，民营上市公司的 CEO 交流能够更加有效地促进企业 TFP 的提升。

（3）我们最后还特别关注了 CEO 交流对企业 TFP 影响的作用机制。中介效应分析发现，CEO 交流通过企业的“出口拉动”和“新产品创新”效应进而促进了流入企业的生产率提升。

本章利用《中国工业企业数据库》与《中国上市公司治理结构研究数据库》的合并数据，全面系统地评估了 CEO 交流对企业全要素生产率的因果效应。结果认为，CEO 在上市公司之间的交流对企业 TFP 产生了积极的影响，即 CEO 交流在总体上显著促进了生产率水平的提高，并且这种积极的促进作用具有持续性和递增性，除此之外，进一步的机制分析表明，CEO 交流通过企业“出口拉动”和“新产品创新”效应发挥其对流入企业的“生产率溢出”效应。总体来看，政府应当进一步加大力度鼓励和引导企业高层尤其是海归高层的流动，并且促进高管队伍学历层次的提升。与此同时，我们也注意到不同类型 CEO 交流对企业全要素生产率的影响存在差异，为了更有效地利用 CEO 交流的“生产率溢出”效应来提升我国企业的技术水平，我国政府应该强化企业在技术创新中的主体地位，鼓励企业设立研发机构，使企业真正成为创新决策、研发投入、科研组织和成果应用的主导力量。同时，也要积极引导更多有条件的企业吸引具有海外留学和工作经历的 CEO 的流入，加强企业间 CEO 的交流。最后，还要鼓励企业参与全球化，并积极提升其在全球价值链中的位置。

附录（TFP 测算）：

本节使用 OP 法测算企业层面的全要素生产率。OP 法的主要特点是使用投资作为企业受到生产率冲击时的调整变量，因此估算企业的投资是使用该方法的重要环节。借鉴毛其淋和盛斌（2013）的做法，我们采用永续盘存法进行估算：

$I_{it}=K_{it}-(1-\sigma)K_{it-1}$，其中 I_{it} 和 K_{it} 分别为企业 i 在 t 年的投资和资本存量，折旧率 σ 使用 Amitiand Konings（2007）、余森杰（2010）以及毛其淋和盛斌（2013）使用的 15%。

首先，关于生产函数的测算，Felipe 等（2004）曾强调应以货币变量的形式来度量产出所可能产生的估计误差，这种方式实际上只是对会计恒等式的估计。对此，本节将使用相应的价格指数对企业的产出进行平减。其次，由于中国加入 WTO 会给企业带来正向需求冲击，从而得以使企业扩大生产规模，这也会反过来加大计算全要素生产率时的联立性偏差。所以，本节在计算时将中国 2001 年加入 WTO 这一事件纳入考虑。再次，为在计算全要素时体现汇率改革的作用，本节构建了一个虚拟变量，2005 年将其赋值为 1，否则为 0。这样，相对于以前的研究，我们就能够进一步地体现汇率制度改革对企业生产率可能产生的影响。最后，借鉴毛其淋和盛斌（2013）的做法，我们将企业的出口决策纳入投资函数中，即把出口决策作为企业投资函数的一个关键变量。OP 法测算的企业全要素生产率可以表示为：

$$TFP_{it}^{OP}=\ln Y_{it}-\hat{\beta}_k^{OP}\ln K_{it}-\hat{\beta}_l^{OP}\ln L_{it}$$

在估算企业生产率时，产出变量使用工业增加值来衡量，并用分行业的工业品出厂价格指数进行平减。样本期间 2001 年和 2004 年缺失工业增加值，我们借鉴刘小玄和李双杰（2008）的方法补齐：2001 年的工业增加值等于工业总产值减中间品投入加增值税；由于 2004 年缺失工业总产值，其工业增加值等于销售收入加期末存货减期初存货减中间品投入加增值税。投入变量，我们使用固定资产净值余额做资本存量代理变量（盛丹等，2011），并使用固定资产价格指数进行平减（以 2000 年为基期），用全年职工就业人数来衡量劳动。

第二章　政治治理现代化研究

第一节　中国特色社会主义理论体系的选择与构建

一、中国特色社会主义理论体系应时而生

（一）中国特色社会主义理论体系是马克思主义中国化的新生代

中国共产党始终坚持把马克思主义基本原理同中国实际相结合，不断推进马克思主义中国化，不断开辟马克思主义在中国发展的新境界，并指导我国的社会主义事业不断走向胜利。在长期实践中，我们党推动马克思主义中国化实现了两次历史性飞跃，形成了两大理论成果。第一次飞跃发生在新民主主义革命时期，形成了被实践证明了的关于中国革命和建设的正确的理论原则和经验总结——毛泽东思想。第二次飞跃发生在中共十一届三中全会以后，形成了被实践证明了的关于中国建设、巩固和发展社会主义的正确的理论原则和经验总结——中国特色社会主义理论体系。这是马克思主义中国化的最新成果。

中共十一届三中全会开启了改革开放历史新时期。30 多年来，我们党的全部理论和实践探索都是围绕建设中国特色社会主义这个主题展开的，在推进改革开放和社会主义现代化建设的伟大实践中，坚持不懈地进行理论总结和创新，在新的历史条件下不断地推进马克思主义中国化，形成和发展了中国特色社会主义理论体系。

改革开放以来，以邓小平为主要代表的中国共产党人，重新确立了实事求是的思想路线，实现了指导思想上的拨乱反正，把全党工作重心转移到经济建设上

来，开始了建设社会主义的新探索。邓小平在中共十二大开幕式上明确提出，把马克思主义的普遍真理同我国的具体实际结合起来，走自己的路，建设有中国特色的社会主义。中共十二大后，邓小平先后提出了一系列创新性的观点，深化了我们党对科学社会主义的认识。1992 年，在南方谈话中，他针对中国特色社会主义发展过程中遇到的一系列重大问题做了详细的理论概括和阐述，从根本上解除了束缚人们的思想障碍，有力地促进了中国特色社会主义事业的发展。中共十四大把邓小平同志一系列重大思想进行了概括，把它称为“邓小平同志建设有中国特色社会主义理论”。1997 年，中共十五大对邓小平同志的这一理论又做了进一步概括和论述，将其命名为“邓小平理论”，并作为我们党的指导思想写入党章。

中共十三届四中全会以后，以江泽民同志为主要代表的中国共产党人，继续推进中国特色社会主义伟大事业，提出了一系列新思想、新观点、新论断，进一步回答了什么是社会主义、怎样建设社会主义的问题，创造性地回答了建设什么样的党、怎样建设党的问题，形成了“三个代表”重要思想，进一步发展了中国特色社会主义理论体系。2002 年中共十六大把“三个代表”重要思想同马克思列宁主义、毛泽东思想、邓小平理论一道确立为我们党必须长期坚持的指导思想，实现了我们党指导思想的又一次与时俱进。

中共十六大以来，以胡锦涛同志为总书记的党中央领导全党和全国各族人民，继续探索什么是社会主义、怎样建设社会主义和建设什么样的党、怎样建设党的问题，创造性地回答了实现什么样的发展、怎样发展的问题，开拓了马克思主义中国化的新境界。中共十七大把科学发展观作为我国经济社会发展的重要指导方针和发展中国特色社会主义必须坚持和贯彻的重大战略思想写入党章。

中共十七大把自改革开放以来我党在实践中相继形成的邓小平理论、“三个代表”重要思想以及科学发展观等重大战略思想作为有机统一的整体，概括为“中国特色社会主义理论体系”，并进一步指出，中国特色社会主义理论体系是不断发展的开放的理论体系。在当代中国，坚持中国特色社会主义理论体系，就是真正坚持马克思主义。实践永无止境，创新永无止境。

（二）中国特色社会主义理论体系具有发展马克思主义中国化的宝贵品质

从中国特色社会主义理论体系的形成和发展可以发现，其自身具有鲜明的实践性、突出的开放性、浓郁的民族性，而这三种气质是中国特色社会主义理论体系之所以能够推动马克思主义实现中国化的最为重要的品质。

1. 鲜明的实践性是马克思主义中国化的发动机

中共十一届三中全会以来，我们党根据和平与发展的时代主题，冲破教条主义的束缚，制定“一个中心、两个基本点”的基本路线，开辟了建设有中国特色社会主义的道路。中国特色社会主义理论体系之所以完全正确，之所以能够引领中国不断发展进步，最根本的就在于它既坚持了马克思主义基本原理，又注重结合中国实际，深刻把握我国基本国情及其经济社会发展的阶段性特征，反映了我国社会进步的新要求和人民群众的新期待，是实践中的马克思主义。

2. 突出的开放性是马克思主义中国化的助跑器

中国特色社会主义理论体系是中国共产党人把马克思主义基本原理同中国改革开放和社会主义现代化建设的伟大实践结合起来，在吸收借鉴人类社会创造的一切文明成果的基础上，不断理论创新的结果。开放性是中国特色社会主义理论体系的鲜明特征。

3. 浓郁的民族性是马克思主义中国化的通行证

中国特色社会主义理论体系，既坚持科学社会主义基本原理，又深深扎根于中国实际，积极吸收中国传统文化的优秀成果，致力于谋求中华民族的伟大复兴，整个理论体系形成了浓郁的民族特色，彰显了其特有的中国气派、中国风貌、中国特质，是当代中国的马克思主义。中国特色社会主义理论体系浓郁的民族性是马克思主义植根于民族土壤、汲取民族营养、服务民族企盼的通行证。

（三）中国特色社会主义理论体系提升了马克思主义中国化的新境界

中国特色社会主义理论体系的孕育是在改革开放以来多种元素共同作用下的结果，它体现了中国共产党人在改革开放新的历史时期，能够审时度势，拓展新视野、总结新经验、应对新实践。

1. 对国际局势的科学判断为马克思主义中国化提供了新视野

20 世纪 70 年代末，和平与发展成为时代主题，世界多极化和经济全球化深入发展，综合国力竞争日趋激烈。尤其是冷战结束后，世界上各种力量不断调整，出现了新的分化和组合，广大发展中国家总体实力逐渐增强，国际局势趋向缓和，在经历两次世界大战的荡涤之后，各国人民普遍向往和平、发展、合作的国际环境。经济全球化使得世界各国之间联系越来越密切，出现了你中有我、我中有你的紧密关系。各国对市场、资金、资源的争夺更加复杂，国与国之间综合国力的较量日趋激烈。新科技革命及其带来的重大科技发明的广泛应用，推动世界范围内生产方式、生活方式以及人的思维方式发生了前所未有的深刻变化。中国共产党人面对时代变革引起的深刻变化，要想把握时代脉搏，紧跟社会发展的步伐，解决新课题，迎接新挑战，开创中国特色社会主义事业发展的新局面，就必须不断创新思想、创新理论，从而指导实践的科学发展。中国特色社会主义理论体系，从邓小平理论到“三个代表”重要思想，再到科学发展观等重大战略思想，都是在我们党把握世界发展新形势的基础上形成和发展起来的。

2. 对建设社会主义正反两方面经验的反思为马克思主义中国化提供了新经验

中共十一届三中全会深刻吸取“文革”的教训，认真总结我党在社会主义建设事业上正反两方面经验，否定了“两个凡是”思想，重新确立马克思主义实事求是的思想路线，并做出把党和国家工作重心转移到经济建设上来、实行改革开放的历史性决策。同时，中国共产党人也认真吸取其他国家特别是苏联、东欧等社会主义国家的经验教训，为更好地发展中国特色社会主义提供了重要借鉴。

3. 社会主义初级阶段的基本国情为马克思主义中国化提供了立论的新基础

中共十一届三中全会以后，中国共产党人在总结自新中国成立以来历史经验的基础上，对我国社会主义所处的历史阶段进行了新的探索，逐步做出了我国还处于并将长时期处于社会主义初级阶段的科学论断，准确地把握了我国的基本国情。对基本国情的科学判断是我们党推进理论创新，制定正确的路线、方针和政策的根本出发点。

中共十三大系统阐述了社会主义初级阶段理论，强调必须充分认识社会主义建设的长期性、艰巨性、复杂性，不断增强从社会主义初级阶段这个实际出发的自觉性。中共十五大对社会主义初级阶段的特征做出了进一步具体的阐述。中共十七大又从八个方面对新世纪、新阶段我国发展呈现出的新的阶段性特征，进行了深入分析和概括。明确指出：我国仍将处于并将长期处于社会主义初级阶段的基本国情没有变，人民日益增长的物质文化需要同落后的社会生产之间的矛盾这一社会主要矛盾没有变。正是因为中国特色社会主义理论体系牢牢立足于社会主义初级阶段这一基本国情及其阶段性特征的基础之上，因而才能实现创新马克思主义理论，服务中国改革开放的新实践。

4. 改革开放的生动实践为马克思主义中国化提供了实践的新剧本

改革开放是中国共产党人在新的时代条件下带领全国人民进行的新的伟大革命，它的方向非常明确，从生产力的角度看，是要解放生产力、发展生产力，建设现代化国家，让人民生活得更加殷实，最终实现中华民族的伟大复兴；从制度建设上看，是要推动我国社会主义制度自我完善和发展，让社会主义真正体现时代脉搏，反映民族特色，构建和完善中国特色社会主义；从党的建设角度看，就是要把推进中国特色社会主义伟大事业同推进党的建设新的伟大工程结合起来，在引领当代中国发展进步中加强和改进党的建设，确保党始终走在时代前列。中国共产党人和中国人民顽强进取，不断地创新实践，中国人民的面貌、社会主义中国的面貌、中国共产党的面貌发生了历史性改变。

自十一届三中全会以来，中国特色社会主义理论体系在实践的推动下，得到了不断的丰富和发展，不断地体现新的时代内涵和实践要求。实践是理论创新的源泉，同时，党的理论的每一次创新也都推动着改革开放实践进入到一个新的天地。改革开放的历程，就是党在新时期实践探索和理论创新共同推进的过程，就是中国特色社会主义理论体系形成和发展的历程。

5. 新时期人民群众的首创精神为马克思主义中国化提供了不竭的原动力

马克思主义群众观强调，人民群众是实践的主体和智慧的源泉，是推动历史进步和社会发展的根本动力，是历史的真正缔造者。改革开放以来，许多重大理论创新都是在尊重人民群众首创精神的基础上相继提出来的。邓小平同志讲过，改革开放中许许多多的东西，都是由群众在实践中提出来的，是群众的智慧。我们的功劳是把这些新事物概括起来，加以提倡。[①] 江泽民同志说过，好办法不是从天上掉下来的，也不是我们头脑里固有的，归根结底来自于人民群众实践。[②] 胡锦涛同志也指出，最广大人民群众改造世界、创造幸福生活的伟大实践是理论创新的动力和源泉。脱离了人民群众的实践，理论创新就会成为无源之水，就不能对人民群众产生感召力、对实践发挥指导作用。[③] 十一届三中全会以来，从小岗村到家庭联产承包责任制，从乡镇企业的异军突起到国有企业大刀阔斧改革，从社会主义新农村的建设到推动城镇化，都充分显示了人民群众在改革开放实践中的智慧和创造活力。中国共产党人始终坚持以人为本，尊重人民首创精神，竭

---

① 转引自：胡锦涛. 在邓小平同志诞辰一百周年纪念大会上的讲话［M］. 北京：人民出版社，2004：9-10.

② 中共中央政策研究室，中共中央文献研究室. 江泽民论加强和改进执政党建设专题摘编［M］. 北京：中央文献出版社，研究出版社，2004：291-292.

③ 胡锦涛. 在“三个代表”重要思想理论研讨会上的讲话［M］. 北京：人民出版社，2003：10-11.

尽全力调动广大群众的智慧和力量发展中国特色社会主义。因此我们也可以说，中国特色社会主义理论体系，是我们党坚持发展为了人民、发展依靠人民、积极动员人民群众的宗旨，发挥人民群众的首创精神，从人民群众身上凝聚力量、汲取智慧而形成和发展起来的。

二、三个主题的接力探索

（一）接力探索“什么是社会主义，怎样建设社会主义”

1. 对社会主义本质的认识创新

在 1992 年南方谈话时，邓小平对社会主义本质进行了经典阐述，他指出，社会主义的本质，是解放生产力，发展生产力，消灭剥削，消除两极分化，最终达到共同富裕。这一新的理论概括，把社会主义本质从社会主义诸多特征中凝练了出来，从更深层次上诠释了“什么是社会主义”。首先，他把解放和发展生产力概括为社会主义的本质，这是邓小平的一个创举。这改变了过去离开生产力水平抽象地谈论社会主义，企图通过单纯地改变生产关系来推动生产力发展的荒谬做法。同时，他更突出强调了在社会主义时期解放生产力的问题，认为只有不断地解放生产力才能更好地发展生产力。其次，强调消灭剥削，消除两极分化，彰显了最终达到共同富裕这一社会主义的价值指向性。马克思主义认为，实现人的自由而全面的发展是社会发展的终极目标。邓小平把马克思主义这一基本认识同社会主义初级阶段基本国情相结合，把实现共同富裕作为社会主义初级阶段的根本目标，体现了马克思主义同当代中国实际的结合，同时指出了消灭剥削和消除两极分化是一个长期的动态过程，指出社会主义公有制和按劳分配为主体的分配制度是保障最终实现共同富裕的制度基础。

以江泽民为代表的党的第三代中央领导集体在“三个代表”重要思想中对社会主义本质做出了更深入的诠释，提出实现人的全面发展也是社会主义社会的本质要求。2001 年江泽民在庆祝中国共产党成立 80 周年纪念大会上的讲话中明确提出：“我们建设中国特色社会主义的各项事业，我们进行的一切工作，既要着眼于人民现实的物质文化生活需要，同时又要着眼于人民素质的提高，也就是要努力促进人的全面发展。这是马克思主义关于建设社会主义新社会的本质要求。我们要在发展社会主义社会物质文明和精神文明的基础上，不断推进人的全面发展。”[①]

中共十六大以来，以胡锦涛为代表的党中央领导集体更深入地发展了对社会主义本质的认识，指出社会和谐也是中国特色社会主义的本质属性。这是我党站在历史新阶段，面对新的时代变化和挑战，总结国内外社会主义建设特别是我国社会主义建设历史经验得出的重要结论，深化了对社会主义本质的认识水平。

中共十八大后，习近平总书记深刻阐述了中华民族伟大复兴的“中国梦”，这是在全面深化改革、全面建成小康社会、全力推进社会主义现代化建设事业走向深入的重要战略阶段，我党对科学社会主义理论的坚持和发展，在新时期完整准确地把握“社会主义本质”所做出的重要战略思想。“中国梦”反映了中国人民的美好夙愿，揭示了中华民族的历史命运，明确了全党各族人民共同的奋斗目标。

2. 对社会主义初级阶段的认识创新

邓小平在改革开放之初就曾指出，底子薄、人口多、生产力落后，是中国的现实国情。中国式的现代化，必须从中国的特点出发。1981 年中共十一届六中全会第一次提出我国社会主义制度还处于初级阶段。中共十二大报告提出“我国的社会主义社会现在还处在初级发展阶段”的论断，并以“物质文明还不发达”作为这个阶段的根本特征。中共十三大全面系统地阐述了社会主义初级阶段理论，提出了“一个中心、两个基本点”的基本路线。

中共十四大重申我国还处在社会主义初级阶段，强调这是一个至少上百年的很长的历史阶段。中共十五大进一步强调社会主义初级阶段问题，指出，我国处于社会主义初级阶段是我国“最大的实际”，以此为依据，中共十五大制定了党在社会主义初级阶段的基本纲领，进一步统一了全党和全国人民的思想。

在我国人民生活总体上达到小康水平之际，2002 年中共十六大再次指出，我国正处于并将长期处于社会主义初级阶段，现在达到的小康还是低水平的、不全面的、发展很不平衡的小康，巩固和提高目前达到的小康水平，还需要进行长时期的艰苦奋斗。中共十七大进一步指出，在新时期，我国仍处于并将长期处于社会主义初级阶段的基本国情没有变，人民日益增长的物质文化需要同落后的社会生产之间的矛盾这一社会主要矛盾没有变，并从八个方面深入分析了当前我国

① 中共中央文献编辑委员会. 江泽民文选（第三卷）[M]. 北京：人民出版社，2006：294.

发展的阶段性特征。中共十八大在十七大“两个没有变”的基础上提出“三个没有变”，增加了“我国是世界最大发展中国家的国际地位没有变”，进一步深化了对社会主义初级阶段的认识。

3. 对社会主义市场经济的认识创新

在改革开放之初，邓小平就提出，只有资本主义的市场经济肯定是不正确的，市场经济在封建社会时期就有了萌芽，社会主义应当把计划经济和市场经济结合起来，才能解放生产力，加速经济发展。社会主义也可以搞市场经济，这个不能说是资本主义。不搞市场经济，连世界上的信息都不知道，是自甘落后。1981年中共十一届六中全会《关于建国以来党的若干历史问题的决议》中，提出了“计划经济为主、市场调节为辅”的方针。1984年10月，中共十二届三中全会通过的《中共中央关于经济体制改革的决定》首次提出“在公有制基础上有计划的商品经济”的新概念，明确肯定商品经济的充分发展是社会主义经济发展的不可逾越的阶段，是实现我国经济现代化的必要条件。中共十三大提出了社会主义有计划商品经济的体制，应该是“计划与市场内在统一的体制”，“计划和市场的作用范围都是覆盖全社会的”。1987年邓小平再次强调，计划和市场都是方法，只要对发展生产力有利，就可以利用。1992年他在南方谈话中明确指出：“计划多一点还是市场多一点，不是社会主义与资本主义的本质区别。计划经济不等于社会主义，资本主义也有计划；市场经济不等于资本主义，社会主义也有市场。计划和市场都是经济手段。”[①] 这样就从理论上破除了认为计划经济和市场经济是制度属性的思想观念，从根本上纠正了把计划经济和市场经济看作属于社会基本制度范畴的错误思想，为形成社会主义市场经济理论奠定了坚实的基础。

中共十四大明确把建立社会主义市场经济体制作为我国经济体制改革的目标，这一提法是我们党对马克思主义的重大突破，表明了邓小平关于社会主义市场经济理论的确立。

中共十四届三中全会通过《中共中央关于建立社会主义市场经济体制若干问题的决定》，进一步明确了建立社会主义市场经济体制的基本框架，其基本内容是：建立现代企业制度、培育和发展市场体系、建立健全宏观调控体系、建立合理的个人收入分配和社会保障制度。以江泽民为代表的党的第三代中央领导集体

① 中共中央文献研究室. 十三大以来重要文献选编（下）[M]. 北京：人民出版社，1993：2069.

提出了把社会主义市场经济与社会主义基本制度相结合的思想，从理论上解决了社会主义与市场经济能否结合、如何结合的问题。

中共十六届三中全会对进一步完善社会主义市场经济体制提出了明确的目标和任务。中共十七大根据在新的历史时期要实现的经济发展目标，提出了在完善社会主义市场经济体制方面要取得重大进展的要求，从制度上更好发挥市场在资源配置中的基础性作用，形成有利于科学发展的宏观调控体系。十八大报告明确指出，经济体制改革的核心问题是处理好政府和市场的关系，必须更加尊重市场规律，更好发挥政府作用。十八届三中全会进一步强调指出，经济体制改革是全面深化改革的重点。其核心问题是如何处理好政府和市场的关系，使市场在资源配置中起决定性作用和更好地发挥政府作用。从这些提法的演变可以看出，我们党对社会主义市场经济的内容和运行规律的认识不断深入，日益成熟。

（二）接力探索“建设什么样的党，怎样建设党”

第一阶段：1978~1989年。这个阶段对“建设什么样的党，怎样建设党”的探索所取得的理论成果集中体现在邓小平理论里。改革开放以来，以邓小平为核心的第二代中央领导集体清醒地意识到中国共产党是在一个经济文化比较落后的国家领导社会主义建设的党。邓小平曾对“执政党应该是一个什么样的党，执政党党员应该怎样才合格，党怎样才叫善于领导”的问题进行过全面深入的思考。他指出，要把我们党建设成有战斗力的马克思主义政党，让其成为领导全国人民进行社会主义物质文明和精神文明建设的坚强核心。在建设党的努力方向上，他提出要努力把党建设成为勇于改革、充满活力的党，纪律严明、公正廉洁的党，选贤任能、卓有成效地为人民服务的党；在建设党的思路上，他提出坚持党的领导和改善党的领导的统一；在完善党的工作方法上，他提出，要坚持解放思想、实事求是的思想路线，坚持一切相信群众、一切依靠群众、从群众中来、到群众中去的群众路线。这些思想为中国共产党在改革开放新时期明确自身的历史方位，把握自身的新的历史使命，更加有效具体地领导社会主义现代化建设事业和改革开放事业提供了思想指南。

第二阶段：1989~2002年。这个阶段对“建设什么样的党，怎样建设党”的探索所取得的理论成果集中体现在“三个代表”重要思想里。以江泽民为核心的第三代中央领导集体，领导全党进一步推进党的建设新的伟大工程，强调要把党建设成为用邓小平理论武装起来、全心全意为人民服务、思想上政治上组织上完全巩固、能够经受住各种风险、始终走在时代前列、领导全国人民建设中国特色社会主义的马克思主义政党。

20 世纪 80 年代末以来，由于国际、国内和党内出现了许多新情况，中国共产党所处的地位和环境、党所肩负的历史任务等也跟着发生了许多重大变化。江泽民在十六大报告中指出，我们党历经革命、建设和改革，已经从领导人民为夺取全国政权而奋斗的党，成为领导人民掌握全国政权并长期执政的党；已经从受到外部封锁和实行计划经济条件下领导国家建设的党，成为实行对外开放和发展社会主义市场经济条件下领导国家建设的党。正是在对这些新变化科学认识的基础上，中共十三届四中全会以来，以江泽民同志为核心的党的第三代中央领导集体，在邓小平建党思想的基础上创立了“三个代表”重要思想。2000 年 2 月，江泽民在广东考察工作时指出，只要我们党始终代表中国先进生产力的发展要求，代表中国先进文化的前进方向，代表中国最广大人民的根本利益，我们党就能永远立于不败之地，永远得到全国各族人民的衷心拥护并带领人民不断地前进。2001 年 7 月，江泽民在纪念建党 80 周年大会上的讲话中，提出了按照“三个代表”要求加强和改进党的建设、始终保持党的先进性和纯洁性的任务。

2002 年 11 月，中共十六大把“三个代表”重要思想同马克思列宁主义、毛泽东思想、邓小平理论一道，确立为党必须长期坚持的指导思想并写进了党章，2004 年又写进了宪法。

第三阶段：2002~2012 年。这个阶段对“建设什么样的党，怎样建设党”的探索所取得的理论成果集中体现在科学发展观里。以胡锦涛为总书记的党中央在新的形势下，提出按照科学发展观的要求建设党，强调要坚持毛泽东提出的“两个务必”，加强党的执政能力建设和党的先进性建设。胡锦涛在庆祝建党 90 周年大会上的讲话中提到了“四个坚持”：一要坚持解放思想、实事求是、与时俱进，始终保持党开拓前进的精神动力；二要坚持为了人民、依靠人民，始终保持党同人民群众的血肉联系；三要坚持任人唯贤、广纳人才，始终保持党的蓬勃活力；四要坚持党要管党、从严治党，始终保持党的肌体健康。他还提出“五个必须”：必须坚持解放思想、实事求是、与时俱进；必须坚持五湖四海、任人唯贤；必须坚持以人为本、执政为民理念；必须坚持标本兼治、综合治理、惩防并举、注重预防的方针；必须坚持用制度管权管事管人等要求。这是在新的历史条件下提高党的建设科学化水平做出的战略部署。所有这些都体现出科学发展观的成熟理念，从而使我党在改革开放的新形势下，有了更加明确的努力方向，使我们党能更好、更有效地推进党的建设的新的伟大工程。

（三）接力探索“实现什么样的发展，怎样发展”

1. 以邓小平为代表的第二代领导集体对发展理论的创新

第一，关于发展道路。邓小平提出了建设有中国特色社会主义发展道路理论。中共十三大提出了社会主义初级阶段的基本路线——“一个中心，两个基本点”，即以经济建设为中心，坚持四项基本原则，坚持改革开放，这就从宏观上为我国在改革开放新时期的发展道路划定了一条基线。1992 年邓小平南方谈话时强调指出，“计划多一点还是市场多一点，不是社会主义与资本主义的本质区别。计划经济不等于社会主义，资本主义也有计划；市场经济不等于资本主义，社会主义也有市场。计划和市场都是经济手段。”① 这一思想就从根本上纠正了把计划和市场经济看作属于社会基本制度范畴的错误思想，从而在发展道路的十字路口为发展竖起了一个指向路标。在正确认识社会主义同资本主义的关系上，他提出，首先，要正视两种制度的并存与共处，同时在社会主义现代化建设中利用资本主义；其次，强调要在学习资本主义中摒弃资本主义，在利用资本主义中坚持社会主义。这样就在一定程度上扫清了发展道路上存在的观念障碍。

第二，关于发展动力。邓小平认为，革命可以解放生产力，改革同样也可以解放生产力。改革的全面性和深刻性引起了经济生活、社会生活、工作方式和精神状态的一系列深刻调整。它既有利于解放生产力，同时又有助于发展生产力。他指出，中国若是不改革开放，不发展经济，不改善人民生活，就只能是死路一条。

第三，关于发展战略。首先，“三步走”战略。邓小平设计了分“三步走”基本实现现代化的宏伟蓝图。第一步，从 1981 年到 1990 年，国民生产总值翻一番，人均达到 500 美元，解决温饱问题；第二步，从 1991 年到 20 世纪末，再翻一番，人均 1000 美元，达到小康水平；第三步，21 世纪中叶，达到中等发达国家水平。其次，是“两个大局”的思想。邓小平在 1988 年提出了“两个大局”的思想：沿海地区要对外开放，使这个拥有两亿人口的广大地带较快地先发展起来，从而带动内地更好地发展，这是一个事关大局的问题。内地要顾全这个大

① 中共中央文献研究室. 十三大以来重要文献选编（下）[M]. 北京：人民出版社，1993：2069.

局。反过来，发展到一定的时候，又要求沿海拿出更多力量来帮助内地发展，这也是个大局。最后，是“两手抓，两手都要硬”的战略。1992 年初邓小平在南方谈话中指出，要坚持“两手抓”，一手抓改革开放，一手抓打击各种犯罪活动。这两只手都要硬。[①] 这些战略思想初步比较系统地阐明了当代中国如何发展的问题。

2. 以江泽民同志为代表的第三代中央领导集体对发展理论的认识创新

第一，关于发展道路。①提出社会主义社会全面发展的思想。在中共十四大上，江泽民就指出，围绕社会主义现代化建设这个中心，要加强社会主义民主法制和精神文明建设，促进社会全面进步。[②] 这个思想强调，经济发展与社会发展要相互协调，正确处理好十二大关系，同时也强调当前发展与可持续发展相统一的发展思路。②提出人的全面发展的思想。在 2001 年 7 月 1 日的讲话中江泽民提出，我们建设有中国特色社会主义的各项事业，我们进行的一切工作，既要着眼于人民现实的物质文化生活需要，同时又要着眼于促进人民素质的提高，也就是要努力促进人的全面发展。[③] ③提出社会主义经济、政治、文化协调发展的思想。

第二，关于发展动力。江泽民在 1995 年 5 月召开的全国科学技术大会上提出“科教兴国”战略，这是新时期对邓小平提出的“科学技术是第一生产力”思想的继承与应用，同时超出创新是一个民族进步的灵魂的说法。这些都反映了第三代中央领导集体对社会发展动力问题上的认识深化。

第三，关于发展战略。江泽民在邓小平提出的“三步走”发展战略基础上，进一步提出了与国家经济社会发展相协调的科教兴国战略、可持续发展战略和西部大开发战略，实现了对马克思主义社会发展理论的创新。

3. 以胡锦涛同志为代表的第四代中央领导集体提出了科学发展观

中共十七大报告就科学发展观的科学内涵做了完整而全面的概括：科学发展观，第一要义是发展，核心是以人为本，基本要求是全面协调可持续，基本方法是统筹兼顾。

科学发展观的第一要义是发展。马克思主义认为，生产力是人类社会发展的最终决定力量，作为执政党，只有不断推动发展，才能从根本上满足人民的

---

① 邓小平. 邓小平文选（第 3 卷）［M］. 北京：人民出版社，1993：378.
② 江泽民. 江泽民文选（第 1 卷）［M］. 北京：人民出版社，2006：224.
③ 江泽民. 论党的建设［M］. 北京：中央文献出版社，2001：523.

期待，领会社会主义现代化建设的关键所在，从而把发展作为我们党执政兴国的关键。

科学发展观的核心是以人为本。以人为本，就是以最广大人民的根本利益为本。把人民群众作为推动发展的主体和基本力量，从最广大人民的根本利益出发谋发展、促发展。中国共产党人的宗旨就是全心全意为人民服务，坚持以人为本，就是要始终把实现好、维护好、发展好最广大人民的根本利益作为党和国家一切工作的出发点和落脚点。尊重人民主体地位，发挥人民首创精神，促进人的全面发展，做到发展为了人民、发展依靠人民、发展成果由人民共享。

科学发展观的基本要求是全面协调可持续。坚持走生产发展、生活富裕、生态良好的文明发展道路，追求实现速度和结构质量效益相统一、经济发展与人口资源环境相协调，使人民在良好的生态环境中生产生活，实现经济社会永续发展。

科学发展观的根本方法是统筹兼顾。坚持统筹城乡发展、区域发展、经济社会发展、人与自然和谐发展、国内发展和对外开放，统筹中央和地方关系，统筹个人利益和集团利益、局部利益和整体利益、当前利益和长远利益，充分调动各方面积极性。

总之，科学发展观是马克思主义关于发展的世界观和方法论的集中体现，是我国在改革开放新时期沿着正确方向前进的指向标，是建设中国特色社会主义必须坚持和贯彻的重大战略思想。

三、不断发展中国特色社会主义理论体系

（一）新时期谈“中国梦”

2012 年 11 月 29 日，中共中央总书记、中央军委主席习近平在参观《复兴之路》展览时指出：“每个人都有理想和追求，都有自己的梦想。现在，大家都在讨论中国梦，我以为，实现中华民族伟大复兴，就是中华民族近代以来最伟大的梦想。这个梦想，凝聚了几代中国人的夙愿，体现了中华民族和中国人民的整体利益，是每一个中华儿女的共同企盼。”①

回望中华民族的发展历程，我们的先辈们怀揣理想信念创造了为世人瞩目的光辉成就，中华民族一度在世界历史上有过光辉灿烂的前页。斗转星移，中国的

① 习近平. 习近平谈治国理政［M］. 北京：外文出版社，2014：36.

命运自近代以来发生了巨变，在外来侵略和内部专制的统治下，国运日衰，中华民族面临了前所未有的亡国灭种的危机。中华儿女从那一刻起，就一直以实现民族复兴为己任，把自己的命运和民族的命运紧紧联结在一起了。新时期，习近平在谈到个人与国家命运时，强调指出，每个人的前途命运都与国家和民族的前途命运紧密相连。国家好，民族好，大家才会好。实现中华民族伟大复兴是一项光荣而艰巨的事业，需要一代又一代中国人共同为之努力。作为中华民族新一代的领航人，他清楚意识到实现民族伟大复兴的艰巨性与长期性，为此他提出，空谈误国，实干兴邦。要求新一代共产党人一定要承前启后、继往开来，把我们的党建设好，团结全体中华儿女把我们国家建设好，把我们民族发展好，继续朝着中华民族伟大复兴的目标奋勇前进。①

2013 年 3 月 17 日，中共十二届全国人大一次会议闭幕会上，习近平详细阐释了中国梦的思想内涵。他指出，实现全面建成小康社会、建成富强民主文明和谐的社会主义现代化国家的奋斗目标，实现中华民族伟大复兴的中国梦，就是要实现国家富强、民族振兴、人民幸福，既深深体现了今天中国人的理想，也深深反映了我们先人们不懈奋斗追求进步的光荣传统。② 这样就把中华民族伟大复兴的中国梦最核心的内容进行了提炼，即国家富强、民族振兴、人民幸福。

国家富强，体现为“富”与“强”两个层面：“富”是指国家经济更加发达，社会生产要素更具活力，人民生活更加殷实；“强”是指科技创新在经济发展中的驱动力更加强劲，政治更加民主，文化更加繁荣，社会更加和谐，生态更加美好，中国特色社会主义事业进一步发展和完善。

民族振兴，体现为“内”与“外”两个层面：“内”是指对以往经济成就与优秀文化等文明成果的继承与发展，不断发展自我、完善自我；“外”是指将自身文明发展的成果作为人类文明进步的一部分，将其共享给世界，从而影响世界、改变世界，在这一影响和改变的过程中，使中华民族在世界民族之林里重拾辉煌。

人民幸福，体现为人人得享共同发展，共同享有人生出彩的机会，共同享有梦想成真的机会，共同享有同祖国和时代一起成长与进步的机会，归根结底就是

① 习近平. 习近平谈治国理政［M］. 北京：外文出版社，2014：36.
② 习近平. 习近平谈治国理政［M］. 北京：外文出版社，2014：44.

人民权利得到更加充分的保障。中国梦是国家的梦、民族的梦，同时也是每一个中国人的梦，三者互融相通。国家梦、民族梦的目的都是为了每一个中国人能够更好地筑梦、逐梦、圆梦，同时每个人的梦想实现的同时也会一点一滴地成就着国家梦、民族梦。

在谈到实现“中国梦”需要把握的原则时，习近平强调了“三个必须”：

一是实现中国梦必须走中国道路。中国道路就是中国特色社会主义道路。这条道路是我们党对历史总结和现实考量的基础上最终选择的结果，在改革开放30多年的伟大实践中我们学会了走自强之路，在中华人民共和国成立60多年的持续探索中我们学会了走自立之路，在近代以来170多年中华民族发展历程的深刻总结中我们学会了走自尊之路，在对中华民族5000多年悠久文明的传承中我们学会了走自明之路。中国特色社会主义道路是中华民族自明、自尊、自立、自强的结果，自明是指明了自身的传统，自尊是指不畏惧外来侵略，自立是指不依赖外来力量，自强是指完善与发展自我。中华民族是富有创造力的民族，新时期我们要继续拓展和走好适合中国国情的发展道路。我们要有理论自信、道路自信、制度自信，坚定不移沿着正确的中国道路奋勇前进。

二是实现中国梦必须弘扬中国精神。中国精神就是以爱国主义为核心的民族精神，以改革创新为核心的时代精神。中华民族在历史长河里积淀了深厚的民族精神，在众多可贵的民族精神中，爱国主义是最为核心的精神。自中共十一届三中全会以来，中华民族经历了改革开放的历史，这段历史赋予了我们民族以改革创新为核心的时代精神。改革创新为我们改革开放事业的发展提供了智力支持和精神动力。中国梦的实现，需要每一个具有爱国主义精神的国人，在改革开放的新时期，高扬改革创新的时代精神，为实现中华民族的伟大复兴加倍努力，永不懈怠。

三是实现中国梦必须凝聚中国力量。中国力量就是全国各族人民大团结的力量。每个中国人都是中国这个大家庭的一分子，既肩负着为个人谋幸福的使命，同时也肩负着为国家增光添彩的责任。我们要紧密团结在中国共产党的领导下，心往一处想，劲儿往一处用，为实现共同梦想而奋斗。新时期，中国梦的实现离不开13亿中国民众的团结努力，无数民众的力量汇聚为民族的力量，就能不断将中国特色社会主义事业推向前进，最终实现中华民族伟大复兴的中国梦。

通过对中国道路、中国精神、中国力量的阐述，习近平最终将中国梦的实现落脚于人民身上，他指出，中国梦归根到底是人民的梦，必须紧紧依靠人民来实现，必须不断为人民造福。[1] 实现中华民族伟大复兴是一项光荣而艰巨的事业，需要一代又一代中华儿女共同为之努力奋斗，“中国梦”是“民族复兴梦”同时也是每一个中国人的梦，我们每一个人都是社会主义现代化建设事业的筑梦者、逐梦者和圆梦者，“民族复兴梦”与“个人梦”互融相通、相向而行，共同构筑起新时期的“中国梦”，从这个意义上而言，我们每一个人也都是中国特色社会主义理论体系的开拓者、实践者和发展者。新时期，我们要更加尊重人民群众的首创精神，尊重他们的历史缔造者的地位，全面实现人的发展，为中国特色社会主义理论体系的进一步创新提供源源不断的原动力。

在我国进入全面建成小康社会的关键阶段，习近平同志对中国梦做出系统的阐述，是对历史与现实的精心思考，是对经济社会发展规律的科学把握，是对时代特征与民众期待的理性呼应，是我党在理论认识上的与时俱进。中国梦的提出，标志着马克思主义中国化进入到了一个新的发展阶段。

（二）新时期谈中国特色社会主义道路

1. 中国特色社会主义的性质是社会主义

坚持和发展中国特色社会主义，是改革开放以来贯穿我们党领导的社会主义现代化事业的主要脉络，是我们党全部理论和实践的主题，习近平同志一系列重要讲话都对这个主题进行了深入、透彻、全面的阐述。在新时期，坚持和发展中国特色社会主义为全面深化改革、全面建成小康社会等一系列实践问题提供了理论指南。

习近平总书记指出：“中国特色社会主义，是科学社会主义理论逻辑和中国社会发展历史逻辑的辩证统一，是根植于中国大地、反映中国人民意愿、适应中国和时代发展进步要求的科学社会主义，是全面建成小康社会、加快推进社会主义现代化、实现中华民族伟大复兴的必由之路。”[2] 这段话是对中国特色社会主义科学内涵的科学阐释。通过对这一内涵的深入领会，我们不难理解科学社会主义之所以是科学的而不是空想的，正是在于把科学社会主义基本原则同各国实际和时代特征相结合，而非机械地套用教条、经典文本。中国特色社会主义是社会主义而不是其他的主义，正是因为中国共产党本着实事求是的原则，成功地实现了

---

① 习近平. 习近平谈治国理政［M］. 北京：外文出版社，2014：40.
② 习近平. 习近平谈治国理政［M］. 北京：外文出版社，2014：21.

马克思主义与中国实际相结合，灵活运用科学社会主义的基本原则，建设有本国特色的社会主义的结果。它既坚持了科学社会主义基本原则，又根据我国现实实践和时代特征使其具有中国基因；既反对机械照搬马克思主义，又反对脱离社会主义基本制度的错误思想。

2. 科学把握改革开放前后两个历史时期

习近平总书记指出："我们党领导人民进行社会主义建设，有改革开放前和改革开放后两个历史时期，这是两个相互联系又有重大区别的时期，但本质上都是我们党领导人民进行社会主义建设的实践探索。"[①] 不能用后一个历史时期否定前一个历史时期，也不能用前一个历史时期否定后一个历史时期。习近平总书记关于"两个历史时期"的论述，对我们在新时期科学认识中华人民共和国历史，理性看待不同发展时期的特征，澄清一些错误认识，统一全党和全国人民的思想，具有重要的指导意义。

改革开放之前，第一代中央领导集体对社会主义建设事业进行了不懈的探索，并且取得了一系列成果。正是那一代人创建了新中国，建立了社会主义基本制度。也正是那一代人给我们今天的社会主义建设提供了许多制度框架。当然，我们不否认，在那个阶段的社会主义实践探索中，犯过错误，走过弯路，但是我们应该用历史的大尺度来衡量这段历史，不能因为有过失误，就对这一时期取得的历史成就淡化处之。

改革开放 30 多年来，我们国家综合国力大幅提升，社会发展蓬勃向上，人民生活更加殷实。习近平总书记指出："改革开放是决定当代中国命运的关键一招。"[②] 这体现了改革开放过程中虽然积累了一些问题，但是成绩是主要的，这些问题也只能在继续推进改革、全面深化改革过程中加以解决。

改革开放前后两个历史时期都在探索建设中国特色社会主义的主题上取得了一定的成绩，但都不够完美，二者取得的成绩是统一于探索中国特色社会主义的伟大实践过程中的。对于这两个时期，我们正确的态度是首先肯定摸索中取得的成就，同时更要注意不能用一时期的成就去否定另一时期的失误。正确认识这两个历史时期，不仅是一个历史问题，更是一个政治问题。对这一问题的认识有助

---

① 习近平. 习近平谈治国理政［M］. 北京：外文出版社，2014：22.
② 习近平. 习近平谈治国理政［M］. 北京：外文出版社，2014：71.

于我们统一认识，凝聚改革共识，全心全意搞建设，一心一意谋发展。

3. 坚持中国特色社会主义要有发展的观点

习近平总书记指出："坚持马克思主义，坚持社会主义，一定要有发展的观点。我们的事业越前进、越发展，新情况新问题就会越多，面临的风险和挑战就会越多，面对的不可预料的事情就会越多。我们必须增强忧患意识，做到居安思危。"① 这段话为我们在新时期，把握社会主义现代化建设规律，坚持和发展中国特色社会主义提供了理论指南。

坚持和发展中国特色社会主义，不仅在于坚持，更重在发展，真正实现在坚持中发展、在发展中坚持的完美统一。当前，我国还处在社会主义初级阶段，我们还面临很多发展中的新问题，对一些前进中的问题，也没有现成的经验可循，我们既要有坚持原则的韧性，更要有开拓创新、敢于尝试的勇气。回望我国社会主义建设的历史，就是一部敢于实践、敢于尝试、敢于突破创新、不固守教条的探索史，因此，在新时期，全面深化改革，全面建成小康社会同样需要在坚持中国特色社会主义的基本原则下要有发展的观点，在发展中坚持，在发展中解决新问题，在发展中开创新理论。

（三）新时期谈改革开放

坚定不移深化改革，是新时期新一代领导集体的共识，中共十八大之后习近平总书记在一系列重要讲话中多次反复强调坚定不移深化改革开放的重要性，并且把深化改革开放放在党中央工作全局中的重要位置来对待。

1. 改革开放永无止境

习近平总书记指出，改革开放是当代中国发展进步的活力之源，是决定当代中国命运的关键一招，也是决定实现"两个一百年"奋斗目标、实现中华民族伟大复兴的关键一招。② 这段话鲜明地道出了改革开放的必要性与重要性，彰显了新一代领导人坚定不移走改革开放道路的共识。

改革开放 30 多年来，我国社会主义现代化建设取得了举世瞩目的成就，这些成就的取得都是我国过去坚定不移走改革开放道路的结果。新时期，我国发展依然面临一系列新矛盾和新挑战，制约科学发展的体制机制仍然有待完善，深化

① 习近平. 习近平谈治国理政［M］. 北京：外文出版社，2014：23.

② 何毅亭. 学习习近平总书记重要讲话（增订本）［M］. 北京：人民出版社，2014：52.

改革开放的任务依然艰巨。解决发展中的问题，关键还在于继续推进全面深化改革开放的政策。

习近平总书记指出，实践发展永无止境，停顿和倒退没有出路。[①] 因此，这就需要我们在新时期，继续坚持社会主义市场经济的改革方向，坚持对外开放的基本国策，以更大的政治勇气和智慧，不失时机深化重要领域改革。新时期，改革进入攻坚期和深水区，改革的复杂性、艰巨性前所未有，因此，习近平总书记特别强调，要敢于啃硬骨头，敢于涉险滩，既勇于冲破思想观念的障碍，又勇于突破利益固化的藩篱，做到改革不停顿、开放不止步。这些都反映了新一代领导集体坚定不移全面深化改革开放的决心与责任意识。

2. 改革开放要走对方向

改革开放 30 多年来，我国取得巨大成功的一个根本经验就在于既不走封闭僵化的老路，也不走改旗易帜的邪路，坚持把党的基本路线作为党和国家的生命线，坚持把以经济建设为中心同四项基本原则、改革开放这两个基本点统一起来。习近平总书记指出，改革开放是一场深刻革命，必须坚持正确方向，沿着正确道路前进。在方向问题上，我们头脑必须十分清醒，不断推动社会主义制度自我完善和发展，坚定不移走中国特色社会主义道路。这段话深刻揭示了我国进行的改革开放要坚定正确方向。如果方向错误将会带来亡国亡党的风险。改革是社会主义制度的自我完善和发展，涉及一些原则方向性的东西是不能改的，比如公有制为主体、多种所有制共同发展的基本经济制度，人民代表大会制度，中国共产党领导的多党合作和政治协商制度，民族区域自治制度等都是不能放弃的原则，否则就会重蹈苏联解体的覆辙。

3. 改革开放要加强顶层设计

过去 30 多年的改革开放，我们没有现成的经验可供参考，没有现成的模式可供借鉴，只能在实践中“摸着石头过河”，在实践中探索，在探索中成长。习近平总书记指出，摸着石头过河，是富有中国特色、符合中国国情的改革方法。摸着石头过河，就是摸规律，从实践中获得真知。[②] 这一论述，体现了新一代领导集体对过去探索方式的肯定，体现了对马克思主义认识论的尊重与把握。改革

---

① 何毅亭. 学习习近平总书记重要讲话（增订本）［M］. 北京：人民出版社，2014：53.

② 习近平. 习近平谈治国理政［M］. 北京：外文出版社，2014：67-68.

开放初期需要摸着石头过河，今后全面深化改革开放仍然需要摸着石头过河，但是，我们也应该清醒地认识到，改革推进到现在，必须在深入调查研究基础上提出科学的顶层设计。习近平总书记强调，推进局部的阶段性改革开放要在加强顶层设计的前提下进行，加强顶层设计要在推进局部的阶段性改革开放的基础上来谋划。[①] 这就意味着改革开放是一个多方面、多层次、多角度的系统工程，新时期必须坚持改革的全面性、协调性，在各项改革协同配合中推进，从而形成推进改革开放的强大合力。

新时期，高举改革开放的旗帜不动摇，需要我们把摸着石头过河的勇气和顶层设计的智慧结合起来。强调摸着石头过河，就是要继续大胆尝试、敢于突破，不断把改革开放推向深入；强调顶层设计，就是要加强宏观谋篇、全局考量、整体布局，增强我们推进改革开放的自觉意识和自信程度。

（四）新时期谈外交

中共十八大以来，新一代中央领导集体提出了一系列对外战略和外交策略，开展了一系列成功的外交活动，这些外交思想的一个基调就是中国将始终不渝地走和平发展道路。在新时期，这一外交思想和实践增进了国际社会对中国的了解与认同，使中国在国际上的威望进一步提高，中国的国际形象得到进一步的彰显。

回顾历史，我党向来是主张和平的。在长期外交实践中，我们提出了和平共处五项原则，奉行了独立自主的和平外交政策，向世界做出了永远不称霸、永远不搞扩张的庄严承诺，强调中国始终是维护世界和平的坚定力量。新时期，走和平发展道路，是我们党根据时代发展潮流和我国根本利益做出的战略抉择。

习近平强调指出，中华民族是爱好和平的民族。消除战争，实现和平，是近代以后中国人民最迫切、最深厚的愿望。走和平发展道路，是中华民族优秀文化传统的传承和发展，也是中国人民从近代以后苦难遭遇中得出的必然结论。[②] 这些都是在对历史深刻总结的基础上做出的表述，回望历史，战争给我国人民造成了深重的灾难，人民普遍向往和平的生活环境。实现“两个一百年”的奋斗目标和中华民族伟大复兴的“中国梦”的奋斗目标需要和平的国际环境。没有和平稳定的国际环境，中国和世界都不可能一心一意谋发展；没有发展，中国和世界也

① 习近平. 习近平谈治国理政［M］. 北京：外文出版社，2014：67-68.
② 习近平. 习近平谈治国理政［M］. 北京：外文出版社，2014：247.

不可能有持久和平。因此，习近平提出，我们一定要抓住机遇，集中精力把自己的事情办好，使国家更加富强，使人民更加富裕，依靠不断发展起来的力量更好地走和平发展道路。

我们要坚持走和平发展道路，但绝不意味着放弃我们的正当权益，绝不能牺牲国家核心利益。习近平强调，任何外国不要指望我们会拿自己的核心利益做交易，不要指望我们会吞下损害我国主权、安全、发展利益的苦果。[①] 从这个意义上而言，走和平发展道路是彼此相向而行的结果，只有各国都走和平发展道路，各国才能共同发展，国与国才能和平相处。他进一步强调指出，中国发展绝不以牺牲别国利益为代价，我们绝不做损人利己、以邻为壑的事情，将坚定不移做和平发展的实践者、共同发展的推动者、多边贸易体制的维护者、全球经济治理的参与者。[②] 由此，我们可以看出，走和平发展道路作为新时期外交战略的基调，充分显示了新一代中央领导集体的审时度势，从全球视角分析问题、谋求自身发展、统筹国内国际两个大局的思想是中国在新时期赢得战略发展空间、实现自身长远发展的重要决策，将对中华民族的伟大复兴产生深远影响。

第二节　当前政府推进社会治理现代化的阻碍因素与政策选择

中共十八届三中全会史无前例地明确提出，把“推进国家治理体系和治理能力现代化”作为全面深化改革的总目标之一，并且详细部署了“创新社会治理体制”的战略任务。“社会治理”首次在党的正式文件中出现。社会治理现代化成为全面深化社会体制改革的重要部署，是实现国家治理体系和治理能力现代化的战略要求和重要前提。深入研究当前我国政府推进社会治理现代化面临的阻碍因素，以及探索推进社会治理现代化的现实路径，无疑具有重要的现实意义。

①② 习近平. 习近平谈治国理政［M］. 北京：外文出版社，2014：249.

一、社会治理现代化的提出缘由与内在意蕴解析

改革开放以来，经济体制、政治体制、文化体制以及社会体制的深刻变革推动着中国社会急剧转型，我国社会发生了巨大而深刻的变化。陆学艺等学者在《转型中的中国社会》一书中，将这种变化概括为“六大转化”，分别是从自给半自给的产品经济社会到有计划的商品经济社会的转化、从农业社会向工业社会转化、从乡村社会向城镇社会转化、从封闭半封闭社会向开放社会转化、从同质单一性社会向异质多样性社会转化、从伦理社会向法理社会转化。伴随着社会的急剧转型与深刻变化，贫富差距拉大、腐败现象剧增、群体性事件增多、环境污染问题成为公众焦点，再加上网络空间治理越来越复杂，基层治理呈现内卷化趋势等，我国的社会矛盾不断增多，维护社会稳定和良性发展面临的压力越来越大，部分领域的治理危机逐渐凸显。为此，党中央先后提出了加强和创新社会管理体系、积极构建社会主义和谐社会等重要任务。

中共十八届三中全会第一次在中央文件中提出“创新社会治理体制”，以及把实现“国家治理体系和治理能力现代化”（简称“国家治理现代化”）列为全面深化改革的总目标之一。围绕国家治理现代化目标的实现，学界积极研究和探讨推进社会治理的现代化背景、意义、制约因素以及解决路径等重大课题，丰富了中国特色社会主义现代化的时代意蕴。社会治理现代化的提出，是中国特色社会主义现代化建设和政治发展的必然要求，是对改革开放以来我国现代化建设成功经验的理论总结，也是对我国在现代化进程新的发展阶段所面临的各种严峻挑战的主动回应。

社会治理现代化就是促进社会治理体系制度化，促使社会治理主体（以政府为主导）运用“法治”思维而不是“人治”方法治理社会，提高政府治理社会的科学化水平，进而把中国特色社会主义的制度优势转化为治理社会的效能。正如有学者指出，“国家治理体系和治理能力现代化，要求治理要更加科学、更加民主，同时也更加制度化、规范化、程序化。社会治理的现代化显然也要适用于这一基本要求。”[①] 从社会治理现代化的内在意蕴上看，具体包括以下四个方面：一是治理主体多元化。社会治理现代化既对市场、社会与政府共同参与社会事务提

① 殷昭举. 中国社会治理的现代化［J］. 社会学评论，2014（3）：30-40.

出要求，也更加强调三者关系的协调制衡、良性互动。为此，中共十八届三中全会提出社会治理应“发挥政府主导作用，鼓励和支持社会各方面参与”，[①] 并且需要正确处理好政府这一主导力量和社会这一主体力量的重要关系，加快促进政府与社会相对分开。二是治理方式科学化。这就要求必须避免单一化的治理模式，把社会作为一个有机体看待，形成一套完整的治理体系。三是治理过程法治化。在社会治理现代化进程中，要坚持按照宪法和法律法规的规定进行科学治理，加强法治保障，运用法治思维和方式化解社会危机。四是治理机制规范化。当前中国仍然处于急促的社会转型中，面临的社会风险具有复杂性、异变性、多样性等特点，这就要求政府要创新社会治理机制，规制社会行为，提高实施机制、决断机制、交流机制、责任机制的规范化、科学化、系统化。

当前，不失时机地推进我国社会治理现代化，对全面建成小康社会以及实现中华民族伟大复兴的中国梦无疑具有重要的战略意义。第一，社会治理现代化是社会管理理念与治理方式的重要升级。从社会管理转向社会治理是我国社会管理从体制到理念的创新。社会治理现代化要求实现从政府包揽向政府主导、社会与民众共同参与治理的转变；从管控规制向法治保障这一治理方式的转变。第二，社会治理现代化是维护社会稳定有序、促进社会和谐发展的有效途径。当前不同阶层利益诉求多样化，思想价值观念多元化，社会矛盾与问题多变性，这就要求社会治理实现现代化、科学化，以维护社会安定有序。第三，社会治理现代化是增强社会活力、实现社会善治的必然选择。当前制约全面深化改革的因素依然很多，社会活力相对缺乏，阶层固化严重，建设善治社会就需要社会治理现代化的推进。

二、当前政府推进社会治理现代化的阻碍因素

在推进社会治理现代化进程中，要积极发挥好政府这一主导，鼓励与支持社会这一主体力量的积极参与，实现政府、社会与民众之间的良性互动和有机结合。而治理成本的上升、社会力量的弱小、社会共识的缺乏、失范行为的剧增等，却成为政府发挥主导作用、推进社会治理现代化的主要阻碍因素。

---

① 中国共产党第十八届中央委员会第三次全体会议文件汇编[Z]. 北京：人民出版社，2013：70.

（一）社会矛盾高发频发和人为简化治理方式，造成治理成本居高不下

当前各类社会矛盾集中爆发，社会矛盾的数量和冲突程度也不断增加，具体包括劳资矛盾增加、征用土地与拆迁补偿纠纷不断增多、利益分配格局失衡、收入差距不断扩大、贫富分化加重、群体性事件频发等。与社会矛盾高发频发相对应的是，在一些公共领域，我们面临严重的治理困境，出现诸多“城管式困境”，致使维护社会稳定与社会治理的成本越来越高。此外，人为简化治理方式也是造成社会治理成本增加的重要原因。譬如，面对民众的非理性表达、舆论的强大压力，很多负责人不能切实按照法律思维方式化解社会矛盾，而直接用金钱补贴等简单的方式解决问题，在一定程度上，人为地导致社会矛盾的激化。社会治理成本的增加，反过来又削弱了政府在民生方面的投入；而民生投入的减少势必会影响到民众的生活以及对政府的信任，从而形成恶性的社会循环。与治理方式的缺陷所造成的治理成本攀升相比，群众信任的流失对政府形象和公信力造成的影响的无形成本更是无法估量的。可见，健全社会治理机制、完善社会治理方略是适应现阶段经济社会发展的必然要求。

（二）畸形的社会结构和发育不良的社会组织，造成社会力量比较弱小

当前政治体制、经济体制与文化体制等层面的改革强力推进，但受中华人民共和国成立后特定历史条件下形成的中央集权统治的影响，政府在经济社会发展中一直是主导性、单一性的强大力量。社会结构从整体上来讲，日益发展为力量悬殊的两极：“一方是强大的、无所不包的政府，一方是弱小的、缺乏独立自主的市民社会”。[①] 而各种企业、民间组织和公民个体在社会结构中处于相对弱势地位。在一个强大的政府与弱小的社会中，强大而无所不包的政府直面“原子化”的社会公众。而这一“强国家弱社会”模式容易造成社会失序的状态。另外，社会力量的弱小，再加上很多社会组织的管理体制还无法彻底“去行政化”，导致其自身无法承担政府委托的服务项目，更无法充当政府与民众之间的“缓冲带”。当然，当前的部分社会组织存在的发育不良、独立性差、功能不全、人才匮乏等问题与政府的过度干预有一定联系。鉴于此，坚持政社分开，积极培育社会组织，激发社会组织活力，从而壮大社会力量，是当前政府推进社会治理现代化的战略选择。

---

① 俞可平. 中国公民社会：概念、分类与制度环境［J］. 中国社会科学，2006（1）：109-122.

（三）社会转型引发部分群体出现社会认同危机，社会共识较为缺乏

当前中国经济社会发生了翻天覆地的变化，高度集中统一的计划经济体制向着社会主义市场经济快速转型。市场经济为社会造就了一大批具有自主意识、独立权利诉求、独立行为能力的个体，个体化趋势使社会认同出现危机。随着经济社会的综合转型，社会结构发生重大变革，社会分化加剧，思想意识和价值观念趋于多样化。而且，转型期经济快速发展驱使人们追逐利益，出现精神荒漠化现象；多元化的社会思潮又使新旧观念相互碰撞；社会共识出现危机。再加上网络化时代，“在缺乏制度化的有效沟通下，国家、精英群体与民众之间形成隔膜”，[①]社会成员可能出现对民族、国家和社会的认同危机，整个社会非常容易断裂。普遍的社会不信任容易导致群体心理和行为的极端化，造成社会突发事件增多。社会共识的缺乏是经济、社会、文化共同作用的结果，是社会矛盾和社会问题的集中反映，为社会治理现代化的推进带来了巨大挑战。因此，当前需要政府通过机制的完善重构社会认同，寻求不同阶层、部门与群体的利益平衡，凝聚社会共识。

（四）整个社会日益分化与变革，部分领域的失范行为与日俱增

当前中国处在大转变、大变革与大调整中，孕育出促进社会发展的积极因素，但也为社会失范与失灵的出现提供了诱因。尤其是经济体制改革的深入推进，引发社会结构与社会阶层、人们的生活方式与行为方式，以及不同群体的价值观念和利益取向等各方面的剧烈变化，社会阶层利益不断分化；社会矛盾和冲突多发、高发；社会不稳定因素增多，社会风险持续加大，社会高度均质化的状况改变，局部领域出现了一系列的社会失范现象。如果不将社会失范问题控制在一定的社会秩序之内，势必会影响到改革开放和现代化建设的良好局面。根据现阶段我国社会建设与管理中存在的大量社会失范行为所涉及的具体内容，可以将社会失范划分为以下几点：一是经济领域中的失范现象。譬如，假冒伪劣、弄虚作假、乱收费、投机倒把、偷税漏税、坑蒙拐骗等。二是政治层面的失范行为。例如，权钱交易、玩忽职守、滥用权力、“为官不为”、贪污腐败、部分干部党员的通奸行为等。三是文化建设中的失范行为。譬如，非法出版、盗版侵权、色情

---

① 孙立平. 转型与断裂——改革以来中国社会结构的变迁［M］. 北京：清华大学出版社，2004：207-211.

刊物、论文抄袭、网络资源偷窃、社会失信、价值观的迷失和人们的精神困顿现状等。四是社会生活领域中的失范行为。例如，道德风尚失范、社会犯罪、职业道德的失范、环境污染问题等。此外，当前社会的个别领域和群体中还存在着“看客心态”“社会焦虑症”“炫富心态”“网络依赖症”等社会病态现象，严重地影响了社会和谐与公共安全。消除这些社会失范与社会病态行为，亟须政府发挥主导作用，与社会组织、民众一起对社会进行有效的治理。同时，还要积极构建道德、法律、机制“三位一体”的社会控制系统，规制和约束社会行为。

三、全面推进我国社会治理现代化的政策选择与现实路径

全面建成小康社会，促进中国特色社会主义社会建设取得新成就，必须坚持不懈地推进社会的良性治理，实现社会治理能力与治理体系现代化。具体要求我国政府要逐步健全社会治理机制，完善社会治理方略，促进社会治理法治化；积极培育社会组织，激发社会组织活力，壮大社会力量；通过机制的完善重构社会认同，寻求利益平衡，凝聚社会共识；构建道德、法律、机制“三位一体”的社会控制系统，规制社会行为等。

（一）健全社会治理机制，完善社会治理方略，促进社会治理法治化

一是要创新有效预防和化解社会矛盾的体制。激发社会组织活力是创新有效预防和化解社会矛盾机制的基点。坚持和完善我国的基本政治制度、社会管理体制和政党制度等，为创新有效预防和化解社会矛盾机制提供广阔的平台和空间。二是健全社会稳定风险评估机制。这就要求建立多元主体参与机制、理性问责机制、信息公开机制、基于合法性审查的科学评价机制等。三是建立和完善诉求表达机制和矛盾调处机制，完善与创新权益保障机制和心理干预机制，确保社会成员的矛盾和利益诉求能够及时得到处理，相关的权益得到切实有效的保障。四是改革与完善现行的行政复议体制，全面纠正某些领域实际存在的违法现象或不当的行政行为等。

除了健全社会治理机制，还必须采用法治的方式促进社会治理现代化，尤其是要促进基层治理的法治化，这主要是因为当前基层组织出现了“不作为”现象。基层组织变成独立的利益实体以后，就出现了设法套取社会治理资源的现象，消耗了基层社会的合法性资源，更影响了国家相关政策目标的落实。因此，要改进基层的社会治理方式，坚持依法治理，运用法治的思维方式来治理当下我

国基层的社会矛盾与问题。另外，制定良法是提高社会治理现代化与科学化水平的重要前提，施法善行才是实现我国社会治理现代化的根本诉求。在实施法律的同时，还需要发挥乡规民约、团体章程等社会规范在社会治理中的积极作用。针对网络空间失范行为的剧增态势，还要加强互联网虚拟公共空间的治理，加大依法管理网络的力度。此外，当前促进社会治理法治化的关键在于加强基层社区组织能力、人才队伍和信息化建设。

（二）积极培育社会组织，激发社会组织活力，壮大社会力量

一是积极培育和扶持社会组织。这是“有限政府”理念和社会治理“社群主义”思想的客观要求，也是弥补“社会失灵”，推进社会治理现代化的重要路径。基层自治组织的弱化使我国的社会结构呈现出“政府—民众”的二元结构模式，政府与民众之间缺少社会组织这一缓冲地带，增加了社会治理的难度。这就需要积极培育社会组织，发挥其独特的监督职能等。社会组织通过对其成员的训导、教育等形式，发挥社会控制的功能。要根据我国经济社会发展的实际，渐进地加快民主化进程，提高社会成员对社会管理和公共事务的参与度，从而夯实社会组织和公民的控制和监督力量。

二是激发社会组织活力，壮大社会力量。这就要求加快实施政社分开，积极扶持社会组织，为推进社会治理现代化提供重要的平台。健康的社会发展，必须要正确处理好政府、市场和社会三者之间的关系，促进社会组织发展，加强政府与社会组织之间的有机配合。正如中共十八届三中全会指出的那样，要大胆尝试让社会组织承担一些其能够提供的公共服务，这就要求以壮士断腕的改革精神来尽快使行业协会、商会同相关的政府机关脱钩，而且，要“重点培育和优先发展行业协会商会类、科技类、公益慈善类、城乡社区服务类社会组织，成立时直接依法申请登记”，[①] 从而发挥人民团体和社会组织在社会建设和治理中的积极作用。

（三）通过机制的完善重构社会认同，寻求利益平衡，凝聚社会共识

一是运用社会宣传、教育与沟通等层面的社会认同机制，重构社会认同。这就需要强化意识形态建设机制、公众利益诉求与表达机制，以及政府与民众的对话、沟通机制，来重构社会认同。此外，还必须以中国化马克思主义优秀成果和

---

① 中国共产党第十八届中央委员会第三次全体会议文件汇编[Z]. 北京：人民出版社，2013：70–71.

中华优秀传统文化加强思想教育，引导不同阶层民众的实践行为。针对不同阶层人群提出的不同诉求，实施分类引导，要区分层次、突出重点。此外，还要进行典型引领，发挥榜样的力量在重构社会认同中的作用。针对人们的个性差异和价值选择，要以占主导地位的思想观念和价值取向感召和引导其他社会思潮，全面提高人们对社会主流意识形态的认同感。

二是要积极培育和践行社会主义核心价值观，寻求和凝聚社会共识。我国社会的急剧转型加速了社会分化，打破了原有简单的社会结构关系，人们的价值观念、社会行为呈现多元化特点，同质性的社会逐渐异质化。这就需要用社会成员所公认的核心价值观来引领不同的社会成员。因此，当前要积极培育社会主义核心价值观，坚持“三个倡导”，使意识形态这一社会控制的基本手段最大化地发挥作用，进而规范社会成员的行为，寻求不同阶层的利益共同点，整合人们的价值观念和思想动态。通过“整合意识形态，重建道德规范，形成稳定的精神心理秩序。”① 同时，当前还要凝聚改革共识，为推进社会治理现代化提供强劲动力，在信念、制度和政策等方面寻求社会共识。

（四）构建道德、法律、机制“三位一体”的社会控制系统，规制社会行为

一是道德层面，要坚持重构社会道德规范体系，实现社会秩序良性运行。道德作为一个独特的观念上层建筑，具有调节、教育与认识作用。就社会控制而言，道德最主要的还是调节功能，发挥着规范个人行为、集体行为的作用，维护人与社会的和谐局面。当前应立足于我国社会现实，深入进行道德规范的理论研究，按照道德规范运行的内在逻辑和经济社会发展的实际状况，确立社会主义市场经济条件下新的道德价值导向，与中华传统的道德理念相承接，重构当下社会主义道德规范新体系。而且，应加强道德建设，强化思想道德教育，大力宣传中华传统优秀道德，使真、善、美在社会行为主体心中得到内化，形成一种自觉的道德精神，并以社会舆论的力量监督和约束其他行为主体，从而缓解社会失范。

二是法律层面，要着力构建社会主义法治体系，促进法治社会的成长。法律是一种专门化的社会控制手段，它“必须对有侵权行为的人实行镇压；它必须对危害家庭关系和忽视契约关系的人进行强制”。② 建设法治社会是全面推进依法治

① 张云霞. 加强社会控制与和谐社会构建［J］. 理论探索，2006（5）：36-38.

② ［美］E. A. 罗斯. 社会控制［M］. 秦志勇，毛永政译. 北京：华夏出版社，1989：81.

国的必然追求。正如中共十八届四中全会提出，要全面推进依法治国，其总目标是建设中国特色社会主义法治体系，建设社会主义法治国家，从而更加凸显了法治在社会治理中的重要作用。

三是体制机制层面，要创新社会控制机制，建立科学的社会控制体系。现代社会的控制体系仍然是以政府为核心主体，然而，政府的职能和角色都需要转变。当前政府应由集权型向分权型转变，由全能型向有限型转变，由控制型向服务型转变，由人治型向法治型转变，由“神秘政府到透明政府”转变，由“强势国家的单一力量主体的治理模式”转变到“国家与社会力量之间实现良性共治的完美模式”，“从低效政府到高效政府”的转变。[①] 要逐步建立“以分权控制为主、集中控制为辅，直接控制与间接控制结合，纵向控制与横向控制并用的复合型社会控制体系”，[②] 进而逐步实现社会方式的科学化与现代化，从而使当代中国的社会控制体系适应多元化、市场化、非集中化和流动性的发展态势，不断调整和重构，进而对社会的失范现象进行有效的控制。还要根据社会失范的生成和演化规律，对社会失范现象进行预测和判断，把失范行为控制在相对稳定的态势之内，还要将“制度性整合、功能性整合与认同性整合”[③] 有机地结合起来，重构适应新的历史阶段特点的社会控制与治理机制。

第三节　“两学一做”中“关键少数”的四种思维

在深入推进“全面从严治党”战略的新时期，党中央在全体党员中发起了“学党章党规、学系列讲话，做合格党员”的一系列学习教育活动，也称“两学一做”活动。这是全面从严治党战略向纵深推进的重要一环。“两学一做”表现为学，重点在做。那么怎样才能确保“两学一做”落到实处呢？关键还是要抓住领导干部这个“关键少数”，他们是实践“两学一做”的排头兵。只有领导干部

① 钟瑞添，欧仁山，黄竹胜. 政府治理变革与公法发展［M］. 北京：人民出版社，2007：86-88.
② 周明侠. 当代中国社会控制模式转型与对策［J］. 社会科学战线，2007（1）：225-228.
③ 文军，朱士群. 社会分化与整合及其对中国社会稳定的影响［J］. 理论与现代化，2000（12）：21-23.

的作风问题得到明显改善，他们在“两学一做”中的执行力得到明显认可，才能保障“两学一做”实践全局的效果与成绩。那么如何在“两学一做”中发挥好“关键少数”的“关键作用”呢？众所周知，思维是行动的先导，只有科学的思维体系才能保障思想的张力，进而引导实践的成功。思维有很多种，但是在所有思维中“是非思维、规矩思维、道德思维、信仰思维”是构成思维体系金字塔的主体框架。在这个金字塔框架中，每一种思维发挥的作用虽不相同，但互有涵盖，同时又呈现层层递进的关系。在这四种思维中，“是非思维”是基础，“规矩思维”与“道德思维”是保障，“信仰思维”是动力。笔者将从领导干部的这四种思维的培养与锤炼入手，对领导干部科学用权问题进行研究。

一、是非思维

何为是非思维？简而言之，就是“对”与“错”的意识，也称“是非意识”。人类在上万年的实践生活中逐渐形成了“是”与“非”的判断标准，受几千年中华文明的熏陶，中国人的“是非思维”同时也散发着浓郁的中国气息，《礼记》有言：“夫礼者，所以定亲疏，决嫌疑，别同异，明是非也。”[①] 在中国传统的认知中，是非意识被视为“天之经也，地之义也，民之行也”。[②] 中国共产党自成立以来，历届党的领导人始终把是非意识作为党建工作的重要抓手加以强调。毛泽东在《论十大关系》中曾强调“党内党外都要分清是非”，[③] 邓小平在谈到“是非思维”在党建中的作用时也指出“党内要分清理论是非、路线是非，要开展批评和自我批评，互相帮助，互相监督，克服各种错误思想”[④]。习近平在党的群众路线教育实践活动总结大会上也强调“党内要开展积极健康的思想斗争，帮助广大党员、干部分清是非、辨别真假，坚持真理、修正错误，统一意志、增进团结”[⑤]。

然而，在现实生活中却存在部分领导干部是非意识淡薄，甚至混淆是非的行为。首先，表现为“主”“仆”问题上的是与非。中国共产党人的宗旨是全心全意为人民服务，也就是说干部是“仆”而非“主”。但是部分领导干部混淆了权

---

① 刘泽华. 中国政治思想史集（第 2 卷）. 秦至近代政治思想散论［M］. 北京：人民出版社，2008：40.
② 刘泽华. 中国政治思想史集（第 1 卷）. 先秦政治思想史［M］. 北京：人民出版社，2008：90.
③ 中共中央文献研究室. 毛泽东文集（第 7 卷）［M］. 北京：人民出版社，1999：39.
④ 邓小平. 邓小平文选（第 2 卷）（第 2 版）［M］. 北京：人民出版社，1994：148.
⑤ 习近平. 在党的群众路线教育实践活动总结大会上的讲话［M］. 北京：人民出版社，2014：21.

力的来源、权力的掌握者、权力为谁服务的问题，在实践中表现为漠视普通党员的声音和广大人民群众的利益，错误地固守“官本位”思想，把自己当作人民的上级、“主人”，大搞特权行为，严重损害了党的形象。其次，表现为“党性”与“人民性”问题上的是与非。部分干部错误地将党的利益与人民群众利益对立起来，认为“党性”非“人民性”，严重伤害了党与人民群众之间的感情。最后，在政绩问题上的是与非。部分领导干部只把追求个人仕途放在第一位，忽视人民群众的长远利益，错误的政绩观不可避免地会造就一批“形象工程”和“豆腐渣工程”。

在“两学一做”的大背景下，如何把错误的“是非思维”纠正过来，这对于全党，尤其是对于“关键少数”而言至关重要。

首先，要摆正“主仆”关系。领导干部要纠正“官本主义”的特权观念，要明白自己的所有权力都是广大民众给予的，领导干部只能代表人民而不能越位代替人民用权，同时也要明白权力是用来服务广大人民的，不能把权力视为上级机关分配的产物，也不能把权力当作个人奋斗的产物，更不能用权力为个人谋私利，否则就有可能产生特权思想、特权观念。领导干部要“反对特权思想，必须摒弃把权力和‘身份’‘地位’特别是超级福利待遇相联系的观念与认识”，[①] 摒弃“当官就是为了发财”的错误想法。古人讲：“居官守职以公正为先，公则不为私所惑，正则不为邪所媚。”[②] 这句话反映了领导干部在运用权力的时候，始终把广大人民群众的利益放在首位是科学用权的基础和保障。习近平同志提出的“三严三实”的具体要求，其中“严于律己”就是要求领导干部必须摆正与人民群众的“主仆”关系，考虑一切问题都始终把老百姓的利益放在首位，决不允许特权思想的泛滥。

其次，要摆正“党性”与“人民性”的关系。习近平总书记在全国宣传思想工作会议上谈到了党性和人民性的逻辑关系，并且着重强调了“党性”与“人民性”的统一。这种统一性体现为两个方面：其一，党和人民的根本利益是高度一致的。中国共产党是中国特色社会主义事业的领导力量，它代表并服务于中国最

① 马用浩. 反对特权思想须树立正确权力观［J］. 党政干部学刊，2014（6）：28.

②《习近平总书记系列重要讲话精神学习解读》编写组. 习近平总书记系列讲话精神学习读本［M］. 北京：中共中央党校出版社，2013：157.

广大民众的根本利益，除此之外，党不存在属于自己的特殊利益。其二，党和广大民众的奋斗目标是高度一致的。中国共产党确立的“全面建成小康社会”“两个一百年”以及“中华民族伟大复兴的中国梦”的奋斗目标都是服务于广大民众的利益企盼的。所以，我们也可以认为“坚持党性就是坚持人民性，坚持人民性就是坚持党性，党性寓于人民性之中，没有脱离人民性的党性，也没有脱离党性的人民性”①。

最后，处理好领导干部自我价值的实现与维护人民群众利益之间的关系。价值观就是关于什么是价值、怎样创造价值以及怎样评判价值等问题的主张和观点。对于领导干部而言，价值观正确与否直接决定着领导干部的追求目标、精神动力和精神支柱，决定着用权的方向和方式。当前，在“两学一做”的大背景下，领导干部应该以社会主义核心价值观为指导，秉承爱国、敬业、诚信、友善的价值理念，在实现自身价值的过程中，切实为人民群众谋利益，扎扎实实地为人民群众办实事，创造出经得起人民和时代检验的政绩。

二、规矩思维

何为规矩思维？简而言之，就是指服从一定的原则、惯例或规则。《礼记·经解》中提到：“规矩诚设，不可欺以方圆。”② 自古以来，中国人素有重规矩的传统。中国共产党自成立以来，就在自己的纲领和党章上规定了严明的纪律。正如毛泽东在 1941 年 9 月中央政治局扩大会议上提出的：“路线是‘王道’，纪律是‘霸道’，这两者都不可少。”③ 邓小平在改革开放初期也曾指出：“要坚持和改善党的领导，必须严格地维护党的纪律，极大地加强纪律性。”④ 习近平总书记在十八届中央纪委五次全会上也强调要严明政治纪律和政治规矩，要求把守纪律、讲规矩摆在更加重要的位置。

然而，在现实生活中却存在部分领导干部规矩意识不强，甚至出现不守规矩、破坏规矩的行为。首先，表现为对党纪缺乏敬畏心。一些领导干部把广大民

---

① 人民日报社理论部. 深入领会习近平总书记重要讲话精神（下）［M］. 北京：人民出版社，2014：559.

② 东西方文化发展中心，冯天瑜等. 文明的可持续发展之道 东方智慧的历史启示［M］. 北京：人民出版社，1999：273.

③ 中共中央文献研究室. 毛泽东文集（第 7 卷）［M］. 北京：人民出版社，1993：374.

④ 中共中央文献编辑委员会. 邓小平文选（第 2 卷）（第 2 版）［M］. 北京：人民出版社，1994：271.

众赋予的权力用来谋私利，交往了一些商业圈的“朋友”，致使“官员走穴”现象屡见不鲜。还有个别领导干部滥用公权、任人唯亲，与民争利、轻视百姓，以各种名义用公款铺张浪费，在干部考核和任用程序上，走过场，隐瞒重要信息。从而造成廉洁奉公、执政为民以及科学用权的理念挂在嘴上，写在纸上，就是没有落实到实际行动中。其次，表现为对国法缺乏尊崇心。一些领导干部法治观念淡漠，依法办事观念不强，贪腐现象时有发生，在惩治腐败的高压态势下，不收敛、不收手，反而变本加厉。最后，表现为对社会监督缺乏包容心。部分领导干部把人民群众和社会媒体的监督看作是对自身权力的约束，感觉到为官“不自由”，除了受特权思想的影响外，没能正确认识到对权力进行监督的重要性和必要性是其重要因素。还有极个别领导干部在制定和执行重大决策时，将专家的意见和媒体的质问视为用权的障碍因素。

在“两学一做”的大背景下，如何筑牢干部的规矩意识，这对于我们全面推进国家治理现代化至关重要。

首先，要塑造党员干部对党的政治规矩的敬畏心。要让“关键少数”始终保持如履薄冰、诚惶诚恐的心态，坚持谨慎用权。领导干部做到谨慎用权，就是要达到用权“手发抖”的精神境界，就是要做到对权力负责、对人民群众负责，就是要常思贪欲、私心的祸害，就是要做到慎独、慎微、慎权、慎初、慎交，就是要做到自律、自重、自省、自警、自励等。无论任何时候，绝不能抱着“权力在手，过时作废”的错误想法，绝不能使手中的权力商品化、庸俗化，否则很有可能被各种意想不到的“糖衣炮弹”推到“薄冰”层、“深渊”边。

其次，要培育党员干部对国家法律的尊崇心。要使其遵守法律规范，筑牢法治思维，严格依法用权。中共十八届四中全会将建设中国特色社会主义法治体系和社会主义法治国家作为全面深化改革的总目标和总要求。对于党的领导干部而言，必须适应建设社会主义法治国家的现实要求，坚持依法用权、依法掌权，坚持执法为民，使手中的权力受到法律的制约。要提高党员干部的法治思维和依法办事能力，逐步尝试将法治建设的成效和依法办事的能力作为考察领导干部政绩的关键指标。全面从严治党背景下领导干部应该认识到权力必须是在法律法规范围内运行的“有限权力”，规范地按照法律的相关规定使用手中的权力，绝不能让任何权力超越法律之上，绝不能出现凌驾于法律之上的“特殊公民”。只有领导干部依法用权，才能保障做出一些广大民众满意的政治业绩。因而，领导干部应认真学习法律知识，增强法治观念，做学法、懂法、守法、护法的模范，使对权力的使用规范化、制度化与程序化。针对极个别领导干部的滥用职权、失职渎职、执法犯法甚至徇私枉法等违法违纪行为，绝不能仅依靠道德的教化，必须给予法律的严惩，发挥法律的强制作用。只有严格依法用权，才能防止那些凌驾于宪法和法律之上、超越宪法和法律之外的“特殊公民”的存在，才能防止违法乱纪行为的发生，进而保障权力的运行守边界、有约束，保障人民的权力服务人民，人民的权力由人民来赋予。同时，要想保障领导干部依法用权，就应该对他们的权力行为进行有效的法律监督，使领导干部能够切实按照法律的规定来行使人民赋予的权力。

最后，要引导“关键少数”形成对社会监督的包容心。要积极接受和正确看待各方面的监督，做到阳光晒权。适应和接受各方面的监督是全面从严治党条件下领导干部科学用权的必然要求。所以，一方面，领导干部应该习惯在监督制约态势下使用手中的权力。有些领导干部对中共十八大以来社会各方面的监督和国家相关部门的督察表现出非常“不适应”，产生了“官不聊生”的情绪。这种现象表明，个别领导干部适应了“为所欲为”的用权习惯，没有正确认识到权力应该接受监督的用权理念。另一方面，接受监督要有谦虚的品质、大度的心态。有些领导干部表面接受批评，实际上却把人民群众的批评看作是给自己添麻烦。当前在社会舆论、国家监督部门、人民群众等各方面监督不断推进的时期，领导干部应顺乎民意，把监督看作一种独特的防范和保护，经常自重、自省、自警、自励，及时发现并纠正用权中的失误。在实际工作中，领导干部应该做到阳光晒权，即把自己的权力范围、所负职责、权力界限、运权程序等公布于众，为各方面的监督提供便利条件。只有这样用权，才能使自己在当今全面从严治党的条件下少犯错误或不犯错误，真正干出一番扎扎实实的政绩。

三、道德思维

何为道德思维？简而言之，就是人们在长期的道德实践中所形成的认知观念、情感认同和伦理共识。“道德”两个字连起来使用最早出现在荀子《劝学》篇：“故学至乎礼而止矣，夫是之谓道德之极。”[①] 自古至今，中国素有“为政以

① 罗国杰. 伦理学名词解释［M］. 北京：人民出版社，1984：13.

德”的传统，重视道德的影响力，崇尚以德服人。1956 年，毛泽东同志在中共八大的开幕词中就曾强调指出：“在我们的许多同志中间，仍然存在着一些违反马克思主义的观点和作风……必须用加强党内的思想教育的方法，大力克服我们队伍中的这些严重的缺点。”[①]“遵守共产主义道德”也就是在这次大会上被写进了党章，成为了每一个共产党员应该遵守的规范和应尽的义务。邓小平也认为，“端正党风，是端正社会风气的关键”[②]。在改革开放初期，他就曾警示全党重视道德意识培养，他指出：“我们自从实行对外开放和对内搞活经济两个方面的政策以来，不过一两年时间，就有相当多的干部被腐蚀了。……这股风来得很猛。如果我们党不严重注意，不坚决刹住这股风，那么，我们的党和国家确实要出现会不会‘改变面貌’的问题。这不是危言耸听。”[③] 2014 年 5 月，习近平在河南考察时强调“党员干部特别是领导干部务必把加强道德修养作为十分重要的人生必修课，以严格标准加强自律、接受他律，努力以道德的力量去赢得人心、赢得事业成就”。[④]

然而，现实生活中却存在部分领导干部道德意识不强，违背道德伦理，践踏道德底线的行为。他们被拜金主义、享乐主义和极端个人主义所腐蚀，道德意识下滑，经常触碰道德“红线”。这样必然会损害党和政府在老百姓心目中的形象，也不可能保障好人民群众的权益。道德意识是为官的基本底线，缺乏基本的道德意识与良知观念，也就自然谈不上“党性”和“先进性”了。

在“两学一做”的大背景下，如何进一步提升党员干部的道德意识，这是我们在建党一百年到来之际，应该花大力气解决的问题。

首先，党员干部要努力提高自己的道德修养。在全面从严治党的大环境下，领导干部自身高尚的道德品行是科学用权的重要保障，正所谓“为政以德，譬如北辰，居其所而众星拱之”[⑤]。对于领导干部而言，应该讲品行、讲道德、讲廉耻。通过自省、自律、克己等途径切实提升个人修养，锤炼自己的道德品行，在实践中坚持做到为民、务实、清廉。在全面深化改革的当下，领导干部面临的任

---

① 中共中央文献研究室. 毛泽东文集（第 7 卷）[M]. 北京：人民出版社，1999：116.

② 中共中央文献研究室. 邓小平思想年谱（1975~1997）[M]. 北京：中央文献出版社，1998：338.

③ 中共中央文献编辑委员会. 邓小平文选（第 2 卷）（第 2 版）[M]. 北京：人民出版社，1994：402.

④ 引自 2014 年 5 月 10 日习近平在河南考察时的讲话。

⑤ 吕振羽. 中国政治思想史（上）[M]. 北京：人民出版社，2008：75.

务比任何时候都要艰巨，这样就更需要领导干部坚持执政为民的理念，加强学习的能力，在交往中讲原则，在生活中永葆艰苦朴素的优良作风。其次，领导干部在使用权力时，要时时刻刻用从政的初衷和正确的政治立场来提醒自己，用道德的理念约束和警示自己，克服内心深处的一些“一次不要紧”的侥幸心理，不做违背道德与良知的事情，不取不义之财，不做侵害广大民众利益的事情。再次，党员干部要不断强化“权力就是责任、领导就是服务、干部就是干事”[①] 的责任意识，从而增强用权的担当意识和道德关怀，为领导干部坚守职业道德提供重要保障。在当前物欲横流的社会，领导干部都掌握着一定的权力，在诱惑面前，要经常以“君子检身、常若有过”[②] 的态度，检查自己在用权时是否讲规矩、讲正派，在交往中是否做到择善而交。要想不被道德败坏的人“拉下水”，或者顶住诱惑不至于“滑下水”，就要坚持自省养德、教育树德、考评促德、监督正德。最后，在“两学一做”的大背景下，既要注重对领导干部个体道德的培养，同时还要将其作为一个群体加以对待，在强化个体权利道德意识的同时，也要加强对群体权利道德意识的建设，最终使得整体权力道德意识得以提升，最终形成完善的官德。

四、信仰思维

何为信仰思维？简而言之，就是指对某种理念、主张或主义敬仰和推崇，并将其作为行动的指南和向导。信仰作为一种人类所具有的最基本情绪，体现了对灵魂深处的关爱。奥古斯丁认为“信仰就是赞同地思考”。[③]《法苑珠林》卷九四有言：“生无信仰心，恒被他笑具。”这些都说明人类需要信仰，依靠信仰我们可以努力拉近现实和梦想之间的距离。毛泽东曾严厉批评缺少事业信仰的党员干部，他认为，“不少的人对工作不负责任，拈轻怕重，把重担子推给人家，自己挑轻的。一事当前，先替自己打算，然后再替别人打算……对同志对人民不是满腔热忱，而是冷冷清清、漠不关心、麻木不仁。这种人其实不是共产党员，至少不能算是一个纯粹的共产党员”[④]。邓小平也多次表达过他对党的事业无尽的信仰，他

① 王声. 领导干部要坚守用权道德［J］. 领导科学，2012（31）：31.
② 李成武. 官德：领导干部的道德领导力［M］. 北京：人民出版社，2012：45.
③ 张荣. 神圣的呼唤：奥古斯丁的宗教人类学研究［M］. 石家庄：河北教育出版社，1999：132.
④ 中共中央文献研究室. 毛泽东选集（第2卷）［M］. 北京：人民出版社，1991：660.

曾深情地说："我是中国人民的儿子，我深情地爱着我的祖国和人民。"[①] 在新时期，习近平也对全体共产党员尤其是"关键少数"提出了具体要求，他强调："理想信念就是共产党人精神上的'钙'，没有理想信念，理想信念不坚定，精神上就会'缺钙'，就会得'软骨病'。"[②]

对于共产党员而言，没有什么比信仰更宝贵的东西了。无论是在革命时期还是在和平建设时期，信仰对于每一个共产党员而言都是安身之本，是经受住任何挫折考验的精神支柱。如果没有对马克思主义、共产主义事业和对人民群众坚定不移的信仰，便不会有克服一切困难，实现共产主义理想的政治灵魂。然而，有些领导干部要么信仰意识不足，要么信仰意识错乱。这就必然导致部分领导干部政治立场不坚定，理想信念发生动摇，遇到问题就会出现无原则、无纪律的失控状态，甚至求助鬼神的保佑来寻找心理安慰，消除内心的恐惧。

在"两学一做"的大背景下，如何进一步强化党员干部的信仰思维，这是我们在全面深化改革的过程中，攻坚克难的不竭动力。

首先，要进一步坚定对马克思主义的信仰。马克思主义作为一个科学的、开放的、不断发展的理论体系，充满了理论活力与生命力。它在坚持科学性、革命性和实践性有机统一的基础上，发现并详细阐述了人类社会发展的一般规律。马克思主义，不但包括由马克思、恩格斯等人创立的马克思主义的基本理论观点，同时也包括中国化的马克思主义，即毛泽东思想和中国特色社会主义理论体系。对马克思主义的坚定信仰，是我们战胜一切困难的思想理论武器，是全党时刻保持先进性的制胜法宝。其次，要进一步坚定对共产主义事业的信仰。这个伟大的事业不仅是一个符合人类社会发展规律的过程，而且也是一个符合人类追求美好生活愿景的过程，是合规律性和合目的性的统一。作为人类最伟大的事业，共产主义必然能够实现，但是也应该指出，共产主义的实现是一个漫长并且充满艰难曲折的历史过程。目前，我国仍然处于社会主义初级阶段，这个阶段将会持续很长一段时期，"实现中国梦，创造全体人民更加美好的生活，任重而道远，需要

---

① 中共中央文献研究室. 改革开放三十年重要文献选编（下册）[M]. 北京：中央文献出版社，2008：1414.

②《人民日报》理论部. 深入学习习近平同志重要论述 [M]. 北京：人民出版社，2013：2.

我们每一个人继续付出辛勤劳动和艰苦努力”[①]。在实现共产主义的漫长过程中，我们唯有坚定共产主义信仰才不会走弯路、走邪路。最后，要始终坚定对人民的信仰。广大人民群众创造了人类社会的物质财富和精神财富，决定着社会变革的速度与方向，人类社会的历史始终是由人民群众来书写的。正所谓“民为邦本，本固邦宁”,[②] 人心向背，自古以来就是影响一个政党、一个政权兴衰成败的核心因素。中国共产党一方面作为中国工人阶级的先锋队，另一方面也作为中国人民与中华民族的先锋队，这两个先锋队性质就决定了我们党的根本宗旨就是“全心全意为人民服务”。革命时期，密切联系人民群众是我党最大的政治优势，和平建设时期，应该继续发挥好这一独特的优势，坚决避免脱离群众的倾向。信仰人民，就要始终对人民群众保有一颗敬畏之心，无论在什么情况下都不损害、不侵犯广大民众的根本利益。信仰人民，就要全面贯彻“全心全意为人民服务”的宗旨，呵护好广大民众的切身利益。信仰人民，就要坚持“从群众中来，到群众中去”的工作方针，重视人民群众的主体创造性。

新时期，作为全面从严治党战略向纵深推进的重要一环，“两学一做”表现为学，重点在做。为确保“两学一做”落到实处，就要抓住领导干部这个“关键少数”，只有让他们在实践“两学一做”的整个过程中扮演好排头兵的角色，才能充分号召“普通多数”在整个党风建设过程中持续跟进。同时，也只有领导干部的作风问题得到明显改善，他们在“两学一做”中的执行力得到明显认可，才能保障“两学一做”实践全局的效果与成绩。首先，思维是行动的先导，科学的思维才能引导科学的实践。作为思维体系金字塔主体框架的四种思维，即“是非思维、规矩思维、道德思维、信仰思维”，是培养和锤炼领导干部科学用权的四个主要着力点。对于领导干部而言，科学用权的基础在于构建正确的“是非思维”，这就要求他们在“主仆”问题上、“党性”与“人民性”问题上、政绩问题上，始终做到严格划清“是”与“非”的界限。其次，科学用权的保障在于培养和锤炼“规矩思维”和“道德思维”，“规矩思维”要求领导干部逐渐形成对党纪的敬畏心、对国法的尊崇心、对社会监督的包容心。“道德思维”要求党员干部

① 国务院新闻办公室会同中央文献研究室、中国外文局. 习近平谈治国理政［M］. 北京：外文出版社，2014：41.

② 杨正午. 民本·民生·民主［M］. 北京：人民出版社，2007：35.

既要努力提高自己的道德修养，还要时刻用道德的理念约束和警示自己，与此同时还要增强用权的担当意识和道德关怀。最后，科学用权的动力源泉来自于“信仰思维”的树立，这就要求领导干部在“两学一做”的大背景下，进一步坚定对马克思主义的信仰，进一步坚定对共产主义事业的信仰，始终坚定对人民的信仰。只有在“两学一做”中培养和锤炼好“关键少数”的这四种思维，才能支撑起一个稳固的思维体系的金字塔，进而推动全面从严治党系列活动真正落到实处。

第三章　文化治理现代化研究

第一节　中华文化“走出去”的路径

在中国共产党建党 95 周年庆祝大会的重要讲话中，习近平总书记强调“文化自信，是更基础、更广泛、更深厚的自信”。由此，文化自信成为了继“道路自信、理论自信和制度自信”之后，中国特色社会主义的“第四个自信”。从改革开放的进程来讲，这是实践发展的逻辑必然。改革从经济体制迈开第一步，然后是政治体制，再进一步就是思想观念、文化心理的重塑。文化虽不是那么具体有形，却从更深层面影响着社会的发展。文化的“世界化”同国家的“现代化”交织在一起，共同推动了中国近代以来历史的走向。当前中国特色社会主义事业的不断向前，需要我们立足中国优秀传统文化，坚定中华文化“走出去”战略，以主动的姿态扩大与世界的共识，寻找文化心理上的共同话语，创造更多共识框架内的基本词汇，从而在更深层次上克服外界对中国文化心理上的阻力，积聚文化心理上的动力，对此，理论界和文化工作者应该发扬“角色自信”，真正做到“不负时代，不辱使命”。笔者将从“本源”思维、“主动”思维、“共识”思维和“使命”思维四个维度对文化“走出去”战略进行探索研究。

一、要有“本源”思维

一个民族的文化能否“走出去”，能够“走多远”，在很大程度上取决于对自身优秀传统文化的有效继承与血脉延续。“一种文化的活力不是抛弃传统，而是能在何种程度上吸收传统、再铸传统"。[①] 改革开放以来，我国取得举世瞩目的成就根由就在于此，我们的道路自信、制度自信和理论自信的根由也在于此。今天，我们提文化"走出去"仍然要牢牢把握这样一条。

世界上任何一种文明都是在特定的自然环境、经济环境和社会环境中被塑造出来的，是自身气质经过长期历史沉淀的结果，这种特有的沉淀以文化的方式内化于民族的意识之内，使其具有了区别于其他民族的基因识别。因此，我们可以说，一个民族的文化是历史积淀的产物，是不以人的意志为转移的客观存在。"文化自信"只能是基于文化血脉的历史延续而得以实现，而不能是无根的存在。基于"文化自信"提出的文化"走出去"战略更应牢记这一点。

中华民族拥有五千多年光辉灿烂的历史，孕育出了博大精深的特色文化，为人类文明的繁荣昌盛提供了中国动力。几千年来，中华文明历经磨难，始终屹立于世界文化之林，不仅做到了薪火相传，而且在兼容并包外来文化的过程中重新获得了新的生机和活力。一个民族不能没有自己的"主心骨"，而这个"主心骨"又必须能够支撑这个民族在世界上学会如何自立、自处，学会自强、进步，并且能够在历史转折的关键时刻为民族发展指明前进的方向和道路。在当今，中华优秀传统文化就是这个"主心骨"。2013 年 3 月习近平在中共十二届全国人大一次会议闭幕会上就曾强调："经过几千年的沧桑岁月，把我国 56 个民族、13 亿多人紧紧凝聚在一起的，是我们共同经历的非凡奋斗，是我们共同创造的美好家园，是我们共同培育的民族精神，而贯穿其中的、最重要的是我们共同坚守的理想信念。"由此，我们就应该理直气壮地把中华优秀传统文化作为我们"文化自信"的源泉，作为文化"走出去"战略的基本立足点。

今天，我们提"文化自信"，看起来好像只不过是回到了历史上早已有之的正确观点。然而，黑格尔曾经讲过，同样一句格言，从饱经风霜的老人口中说出来，比从涉世未深的青年口中说出来，内容要深刻得多。同样是对文化提出"自信"，我们今天来强调它，由于经受了整整一个历史阶段的正反两方面经验的涤荡，比起我们在历史上对它的认识，要深刻得多、饱满得多了。我们今天坚持"文化自信"，让文化"走出去"的自觉性、坚定性和持久性，比历史上要大很多了。

---

① 陈先达. 当代中国文化研究中的一个重大问题［J］. 中国人民大学学报，2009（6）：2-6.

二、要有“主动”思维

当今时代，信息技术的发展和各国经济交往的必要，使各国之间在精神文化领域内的接触变得越来越频繁，在价值认同、意识形态安全及文化软实力等方面的较量变得越来越严峻。在这样的大环境下，以主动的文化姿态推动中国文化“走出去”，有助于中国文化的健康成长与世界文化的真正繁荣。

首先，文化主动“走出去”有助于开辟更多“价值观对话”的通道。在国际交往中，文化问题可以说是西方一些政治势力向我们发起进攻、试图影响我们，以及西方人士希望了解我们的一个重要窗口。在文化问题上，只有把握主动才能抢占先机，才不至于坐以待毙或者疲于应对。“‘文明冲突论’就是将意识形态的冲突转化为文明冲突，文明冲突论具有掩盖意识形态斗争的政治本质，遮蔽其背后的经济根源和利益企图的作用。”[①] 只有积极主动地让中国思想文化走出国门，同不同文明展开善意对话，才能有效减少文明冲突所带来的潜在威胁与碰撞。

其次，文化主动“走出去”是对外开放的重要组成部分。“通过汲取与推广互动、引进来与走出去并行的双向文化开放，丰富和增强了中华文明的深刻内涵和顽强生命力。”[②] 当代的世界是开放的世界，中国已经实现了从封闭半封闭到开放的历史性转变，对外开放已经成为我们党基本路线的一个重要基本点。这样的战略安排不是暂时的，而是长期的。既然开放就要面对各种风险，需要我们时刻保持警惕意识，但是不能因为有风险，就走封闭、保守的回头路。对外开放是全方位的开放，我们不应该也不可能只把开放限制在经济领域。我们应该一方面在经济领域“走出去”的过程中，时刻把握思想主动，准备迎接来自于国际上的各种风险和挑战；另一方面在文化领域也要主动“走出去”，主动迎接和参与国际范围内的文化软实力的复杂较量。文化“走出去”，就要面临发生意识形态的安全问题。不走出去，表面上看可能不存在安全问题，但事实上，从更长远的角度来讲，只会留下更大的安全隐患。

再次，文化主动“走出去”是掌握话语主动权的需要。“要真正成为一个大

① 张骥. 马克思主义意识形态引领多样化社会思潮若干问题研究［M］. 北京：人民出版社，2013：209.

② 陈锦华等. 开放与国家盛衰［M］. 北京：人民出版社，2010：144.

国，必须在国际社会中有自己的话语权，特别是中华文化的话语权。”[①]也就是说，我们在经济上掌握了一定的国际话语权的同时，在文化上也应适时跟进，把文化话语权牢牢地拿到手里，而不是让给人家。我们认同文化是全人类共同关注的话题，在相当多的领域我们能找到一系列的文化共识，但同时我们也强调由于各国历史条件、发展阶段、社会制度不同，文化又有各自的特殊性和多样性。在文化交流过程中，我们强调相互尊重、平等对话、自主选择。

最后，文化主动“走出去”是中国文化获得更旺盛生命力的理性选择。我们要积极主动地学习其他国家和民族文化的宝贵之处，充分汲取世界优秀文明成果的营养。中国文化只有面向世界，在同世界文明成果的相互交流和相互汲取中，在同世界各种文化的相互激荡中，才能获得更多成长的动力。

自近代以来，中国的知识精英们就已经看到了在文化问题上采取“主动”的重要性。他们以开阔的视野，把世界上的优秀文化主动“请进来”，尝试用“世界化”的优秀文化来克服国人文化心理上的阻力，积聚文化心理上的动力，进而推动中国的“现代化”。文化的“世界化”同国家的“现代化”交织在一起共同推动了中国近代史的走向。即便是当年在东西方文化孰优孰劣问题上的持续争论，用今天历史的长镜头来看，这场争论也没有输家，它无疑更为深入地推动了中国人对文化体系的反思与重建。五四运动以来，新文化运动的精英们进一步主动“面向世界”，把西方的民主、科学作为新的观念、文化基因引进过来，用以改造我们的旧文化、建设我们的新文化。建党以来，作为中国工人阶级的先锋队，中国共产党人更是主动“面向世界”，把马克思主义作为文化建设的指导思想，并且不断推进了马克思主义与中国具体实际相结合。延安时期，毛泽东提出了“民族的、科学的、大众的”新民主主义文化，将民主、科学与大众联结在一起，应该说是对新文化运动口号的传承和发展，是在五四运动“民主、科学”的基础上增加了“大众”的基因。改革开放以来，邓小平针对教育提出的“面向现代化、面向世界、面向未来”的指导方针，也成为了整个文化事业发展的指南，并且推动中国的文化事业取得了举世瞩目的成就。

随着国力的不断提升，国家“现代化”因素的不断增长，我们对文化“世界化”又有了新的认识。新时期，我们在重视文化“请进来”的同时，把更多精力

① 冯俊. 哲学家 2008［M］. 北京：人民出版社，2009：181.

放在推动中国思想文化“走出去”上，进一步发展能够走出国门、走向世界的中国特色社会主义先进文化，而后者成为了我国现代化建设总布局中更具有战略意义的内容。世界范围内各种有深邃智慧的人们都在思考什么话题、讨论什么话题，我们应该主动去了解、主动去参与，结合我们的历史和实践，运用我们的智慧和风格，参与思考和讨论。在文化上面向世界、了解世界，用中国视角看世界，用世界视野看中国。这是我们应该有的“文化自信”，也是我们文化“走出去”的一项要求。

一个民族的文化心理包含着两个侧面：一个侧面是“文化忧患”，另一个侧面是“文化自信”。我们有“文化忧患”的侧面，即我们的民族历经一百多年救亡图存的奋斗，到目前为止还没有摆脱文化话语权被剥夺或被削弱的威胁。我们也有“文化自信”的侧面，即经过建党以来 96 年的奋斗，我们的文化事业取得了举世瞩目的成就。我们的“文化自信”是有基础的，其扎根于五千年的文化积淀，立足于中国特色社会主义事业的蓬勃发展。我们需要理性的“文化忧患”和科学谨慎的“文化自信”的结合，这两个侧面相生相长。世界上不存在没有“忧患意识”的“文化自信”，也不存在没有“自信意识”的“文化忧患”，否则就会演变成“盲目自信”或“盲目忧患”。近代以来，我们“面向世界”更多是突出了“文化忧患”的侧面，所以我们在文化上更多是强调“请进来”。当前，我们“面向世界”则更多是突出了“文化自信”的侧面，所以我们在文化上更为强调“走出去”。但是，无论是文化“请进来”还是文化“走出去”，这两种选择都是立足中国的现实需要，争取“主动”的结果。

三、要有“共识”思维

文化“走出去”要具有“共识”思维，其分为三种情况：第一种是“话语共识”，第二种是“和而不同”的价值共识，第三种是“和而相同”的价值共识。

不同文化之间的交往对话，要基于一定的“基本词汇”才能进行，也就是说对话双方首先要寻找到彼此之间都能够理解的“共同语言”，否则就只能是自说自话。文化“走出去”就是要说别人也在用的“共同语言”和“基本词汇”，从而促成彼此的理解。这属于“共识”思维的第一个层次，即“话语共识”或“表达共识”。文化“走出去”首先是一个学习和了解世界文化的过程，而不是盲目出行。

“共识”思维的第二个层次，就是“和而不同”的价值共识。就是指对话双方在价值观念上虽有不同，但可以实现对彼此价值观念的同情性了解，并尊重彼此的价值选择，接纳彼此的价值差异，这类情况也就是我们经常所说的“和而不同”的价值共识。文化“走出去”战略更多是着眼于这个层面的认知，主动“走出去”，让世界聆听中国声音，通过增强彼此间的交往和对话，从而克服由于不同文化所造成的文化心理上的阻力，凝聚更多共识，积聚更多发展动力。在这个层面上，我们文化“走出去”要高度重视对话与交往的重要性，“对话”更多是侧重于对话双方的交互性，而“交往”在某种程度上则更为关注交往双方的共同性。交互性和共同性作为主体间性的两个侧面，二者之间具有一定的互补性，通过文化“走出去”实现不同文化之间的对话和交往，有利于减少彼此之间由于文化差异而造成的摩擦。也就是说，我们“主张不同民族和国家应该通过文化的交往与对话，在对话（商谈）和讨论中取得某种‘共识’，即由‘不同’到某种意义上的相互‘认同’”。[①]

“共识”思维的第三个层次是指“和而相同”的价值共识，一方认同另一方的价值观念，并愿意将其接受为自己的价值观念。我们的文化“走出去”战略，并不寻求用自己的价值观念去规范别人的价值体系。我们强调“立足中国”，而不是“离开中国”去泛论全世界。至于我们的价值观念、思维方式和审美情趣，别人认为有哪些是可以参考、借鉴、汲取的，哪些是情况不同、不能照搬的，那是别人自己的选择，是别人自己的事情。只有懂得这样一条，才能让我们的文化真正“走出去”，并且走得从容久远。

四、要有“使命”思维

在文化“走出去”的国家战略中，文化人、理论界应该具有强烈的“使命”意识，展现出应有的国际担当。英国前首相撒切尔夫人曾在《治国方略》里讽刺道：“今天的中国出口的是电视机而不是思想。”[②] 在西方人看来，一个国家如果不能让自己的文化“走出去”，那么不管你对外输出了多少物质产品都不能算是一个真正意义上的强国。第二次世界大战期间，盟军在诺曼底登陆的时候，“随先期

① 傅治平. 观念的聚变：新世纪新阶段党的理论与实践创新［M］. 北京：人民出版社，2007：334.
② 冯颜利，廖小明. 问题·旨趣·路径：社会主义核心价值观新探究［M］. 北京：人民出版社，2014：74.

物资一起运来的还有不像是用于战争的武器：成箱的图书。”他们认为，“这些运抵的图书也是用于解放事业的，是解放人民的思想的。”① 能够在生死存亡的战争环境里，把图书当作一种武器输送到欧洲，用以抚慰饱受战争摧残的欧洲民众，这种对文化“走出去”的高度重视，是值得我们文化界和理论界好好学习的。

20 世纪末，许多社会主义国家在历史的挫折中发生了颠覆性的剧变，而中国不但在生死关头挺了过来，而且在改革开放中稳步发展，取得了现代化建设的伟大成就。对比之下，中国特色社会主义的道路、制度和理论在世界范围内引起了广泛的关注和思考。向世界上关心中国发展、关心中国社会主义前途和命运的人们，向希望了解和研究中国的人们，也包括其他一些政治意向的人们，介绍和说明中国特色社会主义成功的根由，讲清楚我们文化自信的根由，是中国理论界庄严而神圣的职责。

毛泽东曾在《青年运动的方向》《在延安文艺座谈会上的讲话》等许多文章中强调，广大的知识分子负有传播文化、教育人民的重要职责。新时期，习近平进一步强调指出，“要加强国际传播能力建设，精心构建对外话语体系，发挥好新兴媒体作用，增强对外话语的创造力、感召力、公信力，讲好中国故事，传播好中国声音，阐释好中国特色”②。作为文化工作者和理论工作者，我们应该在文化“走出去”的大战略背景下，真正做到“不负时代，不辱使命”。

中国的文化工作者和理论界不但要勇于担当，而且要善于担当。理论工作者要想不辱使命，向世界讲好中国故事、传递好中国声音，就必须首先用中国特色社会主义的“四个自信”的理论来武装自己，坚决把自己的思想统一到这个认识上来，形成坚定不移的自信和自觉。如果没有彻底地武装自己，便不能有效地去影响别人。这就需要我们广大理论工作者提高“政治意识、大局意识、核心意识、看齐意识”，以严肃认真、高度负责的态度开展好这项武装自己的工作，从而真正建立起自己的“角色自信”。

中国的理论界和文化工作者要想发挥好自身的角色优势，就应该深刻领会和把握文化“走出去”战略的具体内涵。笔者认为，可以分为以下几个层次来把握。

---

① [美] 约翰·B.亨奇. 作为武器的图书：“二战”时期以全球市场为目标的宣传、出版与较量 [M]. 北京：商务印书馆，2016：12-13.

② 习近平. 习近平谈治国理政 [M]. 北京：外文出版社，2014：162.

第一个层次，是文化工作这个层次。这是最基础的层面，由此而形成有关文化工作的一系列政策思想，它的作用是很重要的。要了解这个层面的含义，理论界和文化工作者就应该做到立足本职工作，牢记社会责任，自觉担负起传播中国优秀思想文化的历史职责，真正做到“为天地立心，为生民立命，为往圣继绝学，为万世开太平”，在世界上树立起中国文化工作者的良好形象。这就要求文化工作者下硬功夫，真正塑造出一批能体现当代中国价值观念的文化精品，并不遗余力地把这些文化精品推向世界。像我们这样一个庞大的国家，假如没有一个独立的、不依赖外国的、比较完善而不是残缺不全的文化体系的话，那我们就很难在世界上有立足之地，我们在世界范围内的话语权就会被剥夺，我们民族持久发展的基础就不稳固。当然，文化“走出去”战略的意义远不止于这个层面。它决不单单是只有从事文化工作的人员和管理文化工作的干部才需要了解和重视的战略思想。

第二个层次，是经济、政治、社会发展这个层次。文化“走出去”战略不仅是对文化领域提出的时代课题，同时也是对我国经济、政治和社会发展等各个领域提出的历史任务。一个民族的经济、政治、社会发展的不断进步，就是在不断克服文化心理的阻力，寻求文化心理的动力基础上实现的。要了解这个层面的含义，理论界和文化工作者就应该深入把握“文化的世界化”同“国家的现代化”之间的辩证关系。一方面，要避免忘记“国家的现代化”这个初衷，步入一味追求文化“走出去”的误区；另一方面，也要避免忽视文化“走出去”，而一味强调“国家的现代化”的认识误区。无论是文化“请进来”还是文化“走出去”，我们的初衷都是服务于“国家的现代化”的。具体来讲，我们应该从“国家发展战略的高度，制定国家对外传播政策，维护传播主权，提高包括对外报道在内的国际传播能力，在传播内容、传播产品与传播渠道等方面减少对西方强国的依赖性”。[①]

第三个层次，是中国特色社会主义的发展这个层次。中国特色社会主义的道路、制度、理论从某种意义上而言都是从中国特有的精神文明中“化”出来的产物。“道路自信”“制度自信”和“理论自信”均来自于“文化自信”这个母体。

---

① 郭光华. 全球化与国际传播研究丛书：对外传播理论与实务论集·基于全球化的视野［M］. 北京：人民出版社，2013：22.

过去在“左”倾的思想下，我们的文化、理论工作拘泥于僵化的教条，无法真正关照现实回应社会关切，或者草率地将一些无益或糟粕性的东西鼓吹为“成果”，这种教条主义和主观随意性严重破坏了中国思想文化的声誉，这是导致文化不自信的缘由之一。另外，面对社会主义在发展过程中遇到的挫折和困难，有些人经受不住考验也容易丧失对社会主义先进文化的信心。这些问题的解决只能靠不断发扬马克思主义的科学精神和创造活力，重塑中国文化的形象，重拾对民族的“文化自信”。

邓小平在 1982 年中共十二大的开幕词中提出了“走自己的道路，建设有中国特色的社会主义”的口号。这篇开幕词可以说是中国特色社会主义理论的奠基之作，通篇文字凝练，内涵深刻。他在开幕词中详细指出：“我们的现代化建设，必须从中国的实际出发。无论是革命还是建设，都要注意学习和借鉴外国经验。但是，照抄照搬别国经验、别国模式，从来不能得到成功。这方面我们有过不少教训。把马克思主义的普遍真理同我国的具体实际结合起来，走自己的道路，建设有中国特色的社会主义，这就是我们总结长期历史经验得出的基本结论。”[①]

当前，习近平总书记提出的“文化自信”应该说是对这一基本结论的继承和发展，从实践上强调“走自己的路”到文化上强调“文化自信”，体现了我党对 96 年历史经验的总结，是对社会主义再认识的最新理论成果。世界上有各种各样的文化选择，“文化自信”的提出，体现了我们不以别人的文化选择为社会主义范本，因而也不同别人的发展模式共命运。我们践行自己的选择，建设中国特色社会主义。我们的前途和命运，由我们自己来把握和创造。我们既从全人类的文化体系中汲取营养，同时又保持从我们自有母体中传承下来的特有文化基因，真正做到对外来文化不卑不亢，在文化“走出去”的时候对传播社会主义先进文化理直气壮。过去我们取得革命伟大胜利的根本就在于不盲从别人，今天我们在世界激荡的变局中站住脚更应坚信自己的文化选择。

总之，文化“走出去”战略的提出是适合中国实际情况的，是对“什么是社会主义、怎样建设社会主义”再认识的最新理论成果。与此同时，从我国的特殊实际出发的探索，必然涵盖许多具有普遍性的问题，涵盖社会主义到底应该怎么

---

① 中共中央文献研究室. 十一届三中全会以来重要文献选读（上）[M]. 北京：人民出版社，1987：466.

理解的问题。在这种实践探索中所形成的新的认识和成果，必将为科学社会主义理论注入新的内容。因此，它既是中国的，又具有世界的理论意义。

第四个层次，是马克思主义发展这个层次。马克思主义具有开放性和发展性，它能够随着世界和时代的变化而与时俱进，通过总结最新的实践经验，吸纳科学文化的最新成果，不断实现自身的丰富和发展。当前，世界形势日新月异，特别是世界范围内不同文化之间的对话和交往日益频繁，冲突和矛盾也日益凸显。作为理论界和文化工作者应该能够从马克思主义发展的高度来看文化“走出去”的影响和意义，这是我们“使命”思维的根由所在。

总的来讲，文化的“世界化”同国家的“现代化”交织在一起，共同推动了中国近代以来历史的走向。我们不能超越国家“现代化”发展的客观需要和所能提供的物质基础去谋划和实施文化“走出去”战略。不存在经济落后、现代化水平不高而文化能够真正“走出去”的。超越经济发展水平去推行文化“走出去”，是“大跃进”思维，不可能实现，并且会损害国家“现代化”的进程从而也损害文化健康发展。但是，我们也不应该缺乏足够的远见，忽视国家“现代化”对文化“走出去”的迫切需要，忽视软实力投资对国家长远发展的重大价值和效益。国家的“现代化”越来越需要文化的“世界化”。不存在文化不自信、不能大胆“走出去”而国家能真正实现“现代化”的。

当前，中国特色社会主义事业的不断向前，需要我们首先弄清本源，以中国优秀传统文化为立足点，推行文化“走出去”战略，以主动的姿态，扩大与世界的共识，寻找文化心理上的共同话语，创造更多共识框架内的基本词汇，从而在更深层次上克服外界对中国文化心理上的阻力，积聚文化心理上的动力，对此理论界和文化工作者应该发扬“角色自信”，真正做到“不负时代，不辱使命”。新时期，我们坚定“文化自信”，从容推进文化“走出去”战略，需要从思想方法上加以总体把握。只有在思想方法上培养和锤炼好理论界和文化工作者的“本源”思维、“主动”思维、“共识”思维和“使命”思维，才能在真正意义上支撑起“文化自信”，进而推动文化“走出去”系列举措真正落到实处。

第二节　马克思主义文化观的当代价值

中共十七届六中全会上中央提出了“文化强国”战略，这是中国共产党在新时期发展先进文化的“新自觉”。笔者尝试通过对马克思主义经典文献关于意识形态理论进行考察，从而对我国文化大发展大繁荣保持正确的方向进行理论探索与思考。

一、马克思主义的文化观

（一）马克思、恩格斯的文化观

一定的文化是一定社会的政治和经济的反映，又影响和作用于一定社会的政治和经济；而经济是基础，政治则是经济的集中表现。这是我们对于文化和政治、经济的关系及政治和经济的关系的基本观点。马克思在《〈政治经济学批判〉序言》中强调：“物质生活的生产方式制约着整个社会生活、政治生活、精神生活的过程。不是人们的意识决定人们的存在，相反，是人们的社会存在决定人们的意识。”① 正如他在《关于费尔巴哈的提纲》中指出的：“哲学家们只是用不同的方式解释世界，而问题在于改变世界。”② 这是自有人类历史以来第一次正确地解决意识和存在关系问题的科学的规定。

马克思和恩格斯在《德意志意识形态》中明确指出了经济基础对意识形态的决定关系，即“思想、观念、意识的生产最初是直接与人们的物质活动、与人们的物质交往、与现实生活的语言交织在一起的。人们的想象、思维、精神交往在这里还是人们物质行动的直接产物。表现在某一民族的政治、法律、道德、宗教、形而上学等的语言中的精神生产也是这样”。这段经典论述鲜明地阐述了物质生产对精神生产进而对文化生产的决定作用。一定的文化总是源于一定时代一定民族内

① 转引自：中央组织部，中央宣传部，中央编译局．马列主义经典著作选编（党员干部读本）［M］．北京：党建读物出版社，2011：55-56.

② 转引自：中央组织部，中央宣传部，中央编译局．马列主义经典著作选编（党员干部读本）［M］．北京：党建读物出版社，2011：5.

的现实的物质生产，并且匹配并服务于一定的现存生产方式。因而“意识在任何时候都只能是被意识到了的存在，而人们的存在就是他们的现实生活过程”。[①]

文化是一定历史与逻辑的统一体。正如恩格斯在《卡尔·马克思〈政治经济学批判·第一分册〉》（1859 年 8 月 3~15 日）中指出：“历史从哪里开始，思想进程也应当从哪里开始，而思想进程的进一步发展不过是历史过程在抽象的、理论上前后一贯的形式上的反映；这种反映是经过修正的，然而是按照现实的历史过程本身的规律修正的，这时，每一个要素可以在它完全成熟而具有典型性的发展点上加以考察。”[②] 历史总会通过一定的文化载体反映一定的历史存在，并在一定的历史发展规律中加以呈现，因而文化本身也像自然规律和社会规律一样有着自身发展的逻辑，因而文化在每一时代的展开总是体现为一定历史与逻辑的统一体。而这种逻辑是受一定的“中轴线”支配的，正如恩格斯在《致瓦尔特·博尔吉乌斯》（1894 年 1 月 25 日）的信中指出的，“历史上所有其他的偶然现象和表面的偶然现象都是如此。我们所研究的领域越是远离经济，越是接近于纯粹抽象的意识形态，我们就越是发现它在自己的发展中表现为偶然现象，它的曲线就越是曲折。如果您画出曲线的中轴线，您就会发现，所考察的时期越长，所考察的范围越广，这个轴线就越是接近经济发展的轴线，就越是同后者平行而进”[③]。

（二）列宁的文化观

列宁关于利用资本主义的文化遗产建设社会主义的思想在《在全俄中央执行委员会、莫斯科苏维埃和全俄工会代表大会联席会议上的讲话》（1919 年 1 月 17 日）中进行了明确的阐述：“必须利用现成的机构，因为不利用资本主义的遗产，就不能把社会主义建立起来。必须利用资本主义为反对我们而创造的一切文化珍品。”[④] 列宁的这一关于经济文化落后国家建设社会主义的思想是对我国目前处在社会主义初级阶段建设社会主义如何看待和利用西方资本主义的文化的重要启示。马克思和恩格斯早在《共产党宣言》中就曾指出：“资产阶级，由于开拓了世

---

① 转引自：中央组织部，中央宣传部，中央编译局. 马列主义经典著作选编（党员干部读本）[M]. 北京：党建读物出版社，2011：8.

② 转引自：艾思奇. 艾思奇全书（第 3 卷）[M]. 北京：人民出版社，2006：757–758.

③ 转引自：中央组织部，中央宣传部，中央编译局. 马列主义经典著作选编（党员干部读本）[M]. 北京：党建读物出版社，2011：176–177.

④ 中共中央马克思恩格斯列宁斯大林著作编译局. 列宁全集（第 35 卷）[M]. 北京：人民出版社，1985：415–416.

界市场，使一切国家的生产和消费都成为世界性的了”，因此“过去那种地方的和民族的自给自足和闭关自守状态，被各个民族的各个方面的互相往来和各方面的互相依赖所代替了。物质的生产是如此，精神的生产也是如此。各民族的精神产品成了公共的财产。民族的片面性和局限性日益成为不可能，于是许多种民族的和地方的文学形成了一种世界的文学”。[①] 世界性历史代替地域性的民族史的同时也使文化呈现出国际化与全球化。各民族之间互相汲取有利于自身发展的文化要素，使自身获得更快的发展。在文化全球化的今天，西方文化对我国的文化大发展大繁荣既是机遇也是挑战。我们需要积极发扬中华文化，切实提高中华文化的国际影响力；提高文化开放水平，推动中华文化走向世界，积极吸收外国优秀文化，同时必须时刻捍卫国家安全。

（三）毛泽东的文化观

毛泽东在《新民主主义论》中指出：“这种新民主主义的文化是民族的。它是反对帝国主义压迫，主张中华民族的尊严和独立的。它是我们这个民族的，带有我们民族的特性。它同一切别的民族的社会主义文化和新民主主义文化相联合，建立互相吸收和互相发展的关系，共同形成世界的新文化；但是决不能和任何别的民族的帝国主义反动文化相联合，因为我们的文化是革命的民族文化。”同时指出：“中国应该大量吸收外国的进步文化，作为自己文化食粮的原料，这种工作过去还做得很不够。这不仅是当前的社会主义文化和新民主主义文化，还有外国的古代文化，例如各资本主义国家启蒙时代的文化，凡属我们今天用得着的东西，都应该吸收。”并且提出了对待外国文化的重要方法原则，即“一切外国的东西，如同我们对于食物一样，必须经过自己的口腔咀嚼和胃肠运动，送进唾液、胃液、肠液，把它分解为精华和糟粕两部分，然后排泄其糟粕，吸收其精华，才能对我们的身体有益，决不能生吞活剥地、毫无批判地吸收”。[②] 毛泽东该段论述经典地阐明了民族文化与世界文化的辩证关系以及如何对待外国文化，为我国新时期进一步深化改革开放、全面推进我国文化事业和文化产业大发展大繁荣提供了理论指引，同时也是我国积极参与全球文化发展、增强中华文化自身影

① 转引自：中央组织部，中央宣传部，中央编译局. 马列主义经典著作选编（党员干部读本）[M]. 北京：党建读物出版社，2011：23-24.

② 毛泽东. 毛泽东选集（第2卷）[M]. 北京：人民出版社，1991：705-706.

响力和吸引力的关键。民族的、科学的、大众的社会主义文化是彰显我国社会主义意识形态、突出社会主义优越性的根本，按照这样的文化理念全面打造和培育社会主义核心价值体系是我国的兴国之魂。

马克思主义的文化观详细地阐明了经济基础和文化发展之间的辩证关系，为我们更为自觉地处理好二者之间的关系提供了理论指导。另外，马克思主义的文化观有效论证了文化是基于一定时代和民族的产物，是历史与逻辑的结合体，这为我国发展和培育更为具体的现实的文化提供了思想指引。最后，马克思主义的文化观也给我们正确处理民族文化与世界文化的逻辑关系，从而实现二者的有机统一提供了理论指导。

二、从马克思主义文化观看我国的文化发展

马克思主义关于意识形态的理论精辟地阐述了关于物质生产与精神生产、民族文化与世界文化、文化的历史与逻辑的辩证关系。通过对马克思主义意识形态理论的研究，可以阐明我国文化发展的脉络与规律。

当今世界正处在大发展大变革大调整时期，文化在综合国力竞争中的地位和作用更加凸显，维护国家文化安全的任务更加艰巨，增强国家文化软实力、中华文化国际影响力的要求更加紧迫。当代中国进入了全面建成小康社会的关键时期和深化改革开放、加快转变经济发展方式的攻坚时期，文化越来越成为民族凝聚力和创造力的重要源泉，越来越成为综合国力竞争的重要因素，越来越成为经济社会发展的重要支撑，丰富精神文化生活越来越成为我国人民的热切愿望。笔者从马克思主义关于意识形态理论的经典文本入手，分析马克思主义意识形态理论对我国发展文化事业和文化产业的指导作用。

（一）马克思主义文化观的理论价值

马克思和恩格斯指出："思想、观念、意识的生产最初是直接与人们的物质活动、与人们的物质交往、与现实生活的语言交织在一起的。人们的想象、思维、精神交往在这里还是人们物质行动的直接产物。表现在某一民族的政治、法律、道德、宗教、形而上学等的语言中的精神生产也是这样。"[①] 物质生产对精神

① 转引自：中央组织部，中央宣传部，中央编译局. 马列主义经典著作选编（党员干部读本）[M]. 北京：党建读物出版社，2011：8.

生产进而对文化生产的决定作用体现在我国的具体政策上即是“一个中心、两个基本点”的论述。中共十一届三中全会以来，我国逐步确立起来的“一个中心、两个基本点”政策，突出反映了一定的文化总是源于一定时代一定民族内的现实的物质生产，并且匹配于并服务于一定的现存生产方式。因而“意识在任何时候都只能是被意识到了的存在，而人们的存在就是他们的现实生活过程”[①]。坚持以经济建设为中心，毫不动摇地发展生产力，从而才能更好地推进社会主义先进文化的健康发展。

马克思指出：“物质生活的生产方式制约着整个社会生活、政治生活、精神生活的过程。不是人们的意识决定人们的存在，相反，是人们的社会存在决定人们的意识。”[②] 正如他在《关于费尔巴哈的提纲》中指出的：“哲学家们只是用不同的方式解释世界，而问题在于改变世界。”[③] 物质生产和精神生产的逻辑就在于“我们所研究的领域越是远离经济，越是接近于纯粹抽象的意识形态，我们就越是发现它在自己的发展中表现为偶然现象，它的曲线就越是曲折。如果您画出曲线的中轴线，您就会发现，所考察的时期越长，所考察的范围越广，这个轴线就越是接近经济发展的轴线，就越是同后者平行而进”[④]，这是关于文化与物质生产矛盾运动辩证发展的逻辑。弄清精神生产与物质生产的辩证关系，有利于我们进一步尊重文化自身发展的客观物质规律，时刻将其建立在现实的物质生产基础之上。只有将其建立在现实的物质生产基础之上，才能将文化的发展作为一种人类的社会科学加以继承和弘扬。

文化是历史的具体的统一体。正如恩格斯指出的，“历史从哪里开始，思想进程也应当从哪里开始，而思想进程的进一步发展不过是历史过程在抽象的、理论上前后一贯的形式上的反映”[⑤]。历史总会通过一定的文化载体反映一定的历史存在，并在一定的历史发展规律中加以呈现，因而文化本身也像自然规律和社会

---

① 转引自：中央组织部，中央宣传部，中央编译局. 马列主义经典著作选编（党员干部读本）[M]. 北京：党建读物出版社，2011：8.

② 转引自：中央组织部，中央宣传部，中央编译局. 马列主义经典著作选编（党员干部读本）[M]. 北京：党建读物出版社，2011：55-56.

③ 转引自：中央组织部，中央宣传部，中央编译局. 马列主义经典著作选编（党员干部读本）[M]. 北京：党建读物出版社，2011：5.

④ 转引自：中央组织部，中央宣传部，中央编译局. 马列主义经典著作选编（党员干部读本）[M]. 北京：党建读物出版社，2011：176-177.

⑤ 转引自：艾思奇. 艾思奇全书（第 3 卷）[M]. 北京：人民出版社，2006：757-758.

规律一样有着自身发展的逻辑，因而文化在每一个时代的展开总是体现为一定的历史与逻辑的统一体。

文化的民族性与世界性既是对立的又是统一的，二者是矛盾运动、辩证发展的。马克思和恩格斯就曾指出，“资产阶级，由于开拓了世界市场，使一切国家的生产和消费都成为世界性的了”，因此“过去那种地方的和民族的自给自足和闭关自守状态，被各个民族的各个方面的互相往来和各方面的互相依赖所代替了。物质的生产是如此，精神的生产也是如此。各民族的精神产品成了公共的财产。民族的片面性和局限性日益成为不可能，于是许多种民族的和地方的文学形成了一种世界的文学”。[①] 关于对待西方资本主义的文化遗产应该采取的态度，列宁也进行了明确的阐述：“必须利用现成的机构，因为不利用资本主义的遗产，就不能把社会主义建立起来。必须利用资本主义为反对我们而创造的一切文化珍品。”[②] 列宁的这一关于经济文化落后国家建设社会主义的思想是对我国目前处在社会主义初级阶段建设社会主义如何看待和利用西方资本主义的文化的重要启示。毛泽东指出：“中国应该大量吸收外国的进步文化，作为自己文化食粮的原料，这种工作过去还做得很不够。”并且提出了对待外国文化的重要方法原则，即“一切外国的东西，如同我们对于食物一样，必须经过自己的口腔咀嚼和胃肠运动，送进唾液胃液肠液，把它分解为精华和糟粕两部分，然后排泄其糟粕，吸收其精华，才能对我们的身体有益，决不能生吞活剥地毫无批判地吸收”[③]。

先进文化应体现“以人为本”的价值选择。马克思在《关于费尔巴哈的提纲》中指出：“旧唯物主义的立脚点是市民社会，新唯物主义的立脚点则是人类社会或社会化的人类。”[④] 社会主义先进文化是以追求真理、创造价值为导向的进步文化，是代表人类文化发展方向、符合社会发展潮流的精神生产。列宁指出，“劳动者渴求知识，因为知识是他们获得胜利所必需的。十分之九的劳动群众都懂得

---

① 转引自：中央组织部，中央宣传部，中央编译局. 马列主义经典著作选编（党员干部读本）［M］. 北京：党建读物出版社，2011：23-24.

② 中共中央马克思恩格斯列宁斯大林著作编译局. 列宁全集（第 35 卷）［M］. 北京：人民出版社，1985：415-416.

③ 毛泽东. 毛泽东选集（第 2 卷）［M］. 北京：人民出版社，1991：705-706.

④ 转引自：中央组织部，中央宣传部，中央编译局. 马列主义经典著作选编（党员干部读本）［M］. 北京：党建读物出版社，2011：5.

知识是他们争取解放的武器，他们遭到挫折就是因为没有受教育”[①]，同时还指出，“教育工作者和共产党这个斗争的先锋队的基本任务，就是帮助培养和教育劳动群众，使他们克服旧制度遗留下来的旧习惯、旧风气”[②]。人民群众是历史的主体，是历史的创造者，发展社会主义文化也应遵循群众路线，从群众中来，到群众中去，相信人民群众自己创造自己文化历史的观点，坚持文化“为人民服务、为社会主义服务”的方针，积极落实“百花齐放、百家争鸣”，真正做到文化发展依靠人民、文化发展为了人民、文化发展成果由人民大众共享。

马克思主义关于意识形态的理论精辟地阐述了关于物质生产与精神生产、民族文化与世界文化、文化的历史与逻辑的辩证关系以及文化“以人为本”的发展理念。马克思主义关于意识形态的理论指引着我们正确认识和处理物质生产和精神生产之间的辩证关系，通过发展物质生产促进文化大繁荣大发展，进而通过文化的力量更好地服务于社会主义生产力的解放和发展。文化是基于一定时代和民族的产物，它的发展是历史与逻辑的结合体，从而为我们发展具体的现实的文化提供了方向指引，同时也给我们正确处理民族文化与世界文化的辩证关系，从而捋顺二者之间的逻辑关系提供了重要借鉴和启发。文化发展“以人为本”的理念是社会主义本质的应有之意，是社会主义优越性的重要体现。

（二）新时期的文化自觉

在中共十七届六中全会上，中央提出了“文化强国”战略，这是中国共产党在新时期发展先进文化的“新自觉”。其中，社会主义核心价值体系是兴国之魂，是社会主义先进文化的精髓，决定着中国特色社会主义发展方向。必须把社会主义核心价值体系融入国民教育、精神文明建设和党的建设全过程，贯穿改革开放和社会主义现代化建设各领域，体现到精神文化产品创作、生产、传播各方面，坚持用社会主义核心价值体系引领社会思潮，在全党全社会形成统一指导思想、共同理想信念、强大精神力量、基本道德规范。要坚持马克思主义指导地位，坚定中国特色社会主义共同理想，弘扬以爱国主义为核心的民族精神和以改革创新为核心的时代精神，树立和践行社会主义荣辱观。

---

① 转引自：中央组织部，中央宣传部，中央编译局. 马列主义经典著作选编（党员干部读本）[M]. 北京：党建读物出版社，2011：287.

② 转引自：中央组织部，中央宣传部，中央编译局. 马列主义经典著作选编（党员干部读本）[M]. 北京：党建读物出版社，2011：291.

第三节　民族文化生态修复与民族农村经济发展联动

文化是上层建筑，经济是文化发展的基础，另外文化产业是经济发展重要的动力因子，因此与文化相关的包括文化生态修复在内的行为必然和经济有密切关联。基于文化和经济的密切关系，民族文化生态修复和民族农村经济自然有一定的联动潜质，因此对于二者联动的探讨有助于达成民族文化生态修复与民族农村经济发展的共赢态势。文化生态既包括文化的内生系统，又包含文化的外部环境，笔者从民族文化生态修复所覆盖的文化设施、节庆习俗、文化传承和文化产品整理等内容着手，分析了其中的文化要素与民族农村经济互动的可能性和内在机理。

自然生态关乎民众身心健康，文化生态影响民众内心世界构筑，自然生态要修复保护，文化生态同样需要重视。民族文化生态是发生于民族民众之中，在民族各种意识观念作用下自发形成的原生文化生境，民族文化生态的发展与民族地区精神文明建设密切相关。因经济、需求及其他因素作用，少数民族传统文化在现代场景中的功能趋于淡化，民族节庆习俗等文化赖以生存的民族传统场景也逐渐消失，再加上其他因素的影响，民族地区文化生态现状堪忧。民族农村地区因受信息闭塞、交通不便等因素制约，民族文化保存相对完整，拥有良好的文化生态，但是因近年来物质条件的巨大改变，原生民族文化生态受到了极大冲击。为了使民族地区的社会变革与传统文化保持良好的链接，促进民族民众保持精神世界的稳定，推进民族文化传承发展，修复民族地区的文化生态便成为包括民族农村在内的众多民族地区的必然选择。一方面，民族文化生态源于民族民众的日常生活，因此文化生态的修复自然不能脱离民族民众生活来展开；另一方面，发展经济是民族农村日常生活的头等大事，也是当务之急，因此民族文化生态修复与民族农村经济发展在内在上有一定关联，二者联动关系的有效处理不仅可以使民族文化生态修复在民族农村落地生根，获得持续发展的动力，同时也可以使民族农村经济依托文化生态修复获得更多的发展机会。

一、民族文化设施建设可纳入民族农村经济发展规划来展开

民族文化表现形式不一，文化的展开也需要借助特定设施和场所来进行。在长期的文化浸润中，这些文化所赖以展开的建筑或设施已经成为文化生态不可分割的显性组成部分，因此文化生态的修复首先便是对相应的文化设施进行修复。[①] 文化设施建设形式不一、各有特色，如在汶川震后所修建的茂县古羌城、茂县非遗展示中心、北川民俗博物馆等文化建筑在功能和特色上各有不同。文化设施具有文化意义，具有文化符号意义的文化设施建设在选址方面需要考虑历史、便利、资源等多种因素。而从民族农村经济发展视角来看，民族文化产业发展是农村经济发展的重要方向，因此民族文化设施建设可以在相关因素考虑的基础上把经济发展规划因素考虑其中，使文化设施建设不仅成为民族文化生态修复的一部分，同时也成为农村经济发展规划的一部分。对民族农村而言，不同地区的地理条件和资源条件各有不同，因此不同地区的经济发展思路和经济布局各有不同，农业、文化产业、旅游产业是民族农村经济发展的主要方向，不同产业之间既各自独立发展，同时又保持着联动关系，因此在经济布局上往往有一定的规划。因文化对民族农村经济发展的功能，文化设施的建设实际上也可以归纳为民族农村经济发展的一部分，在农村经济发展的整体视角上对相关文化设施进行布局，把民族文化设施建设作为经济发展布局的一个支点，使得民族文化设施建设在完成民族文化生态修复使命的同时，也蕴含着一定的经济意义。以锦屏平桥镇为例，北侗民族文化是当地独有的文化特色，斗牛、侗族服饰、民族歌谣是当地比较具有代表性的民族文化符号。在当地民族文化生态修复中，平桥镇就围绕斗牛这个文化符号修建斗牛场，在经济因素的综合考量下，形成了以平秋村为轴心，辐射周边地区的北侗斗牛文化圈，民族文化设施建设和民族农村经济在斗牛场的选址中达成了统一，形成了文化设施建设和经济发展的良好互动关系。从文化生态视角来看，文化设施建设是为了促进民族文化生态的修复；而从文化和经济的共同视角来看，民族文化设施建设实际是经济体系中的文化组成部分，文化设施成为

① 赵婷婷. 基于遗产开发的城市文化生态系统研究——对丽江古城民族文化生态的思考［J］. 贵州民族研究，2012（6）：128-132.

文化和经济联动的共通点。[①] 另外，民族文化设施和民族农村经济规划布局的统一并没有淡化文化设施的文化意味，只是在文化意味保持的同时，充实了经济功能。市场经济下，文化的发展需要经济的参与才能具有更多的动力，文化设施的经济功能使文化设施在未来的持续运转中具备了前行的经济支持。

二、民族节庆习俗可依托民族农村经济发展需求来恢复

民族文化生发于民间，因民众的实用功能需求而产生，表现在民众日常生活中，特别是民族节庆习俗更成为民族文化展示的平台，每一种习俗或节庆都是特定区域具体文化的具体表现。因自然条件所限，多数少数民族相对封闭的生活环境构成了民族文化的自循环系统，在民族这个特定的场景下，民族民众的各种文化跟随着习俗节庆变化，轮流展现，因文化作用而形成的节庆习俗在某些特定仪式形式下成为文化具体表现的平台。在少数民族地区因受经济因素、技术、社会环境影响，越来越多的民族民众为增加经济收入而外出打工，民族原有的节庆习俗因缺乏必要的人口支持而不得不停下来。另外，在便利的通信条件下，外界文化更多地进入到民族地区，加上外出打工民众对外部文化的吸收和认知，以及民族习俗原有的实用功能弱化，民族固有的文化习俗传统因外界的文化冲击而逐渐被忽略而停止。民族节庆习俗的简化或消失意味着民族文化原有赖以生存发展和表现价值的平台被解构，与节庆习俗相关的文化活动自然难以为继，要修复民族文化生态，就必须恢复少数民族原有的生活习俗。[②] 而从实际来讲，少数民族原有的节庆习俗本身的展开是为了某些实用需求，而在现实条件下，这些实用需求被弱化或者不复存在，因此单纯地人为地恢复节庆习俗在实际上缺乏内在的实用功能的支撑，从节庆习俗本身发展的机理来讲，显然难以取得长久的成效，因此为修复文化生态而展开的节庆习俗必须在新的环境下找到新的支点。经济发展是当下社会发展的主流，民族农村经济发展是民族民众当前最为关注的问题，因此促进民族农村经济发展与民族节庆习俗的展开进行联动显然对二者都有所帮助。从民族农村经济发展来看，少数民族农村需要更多的机会来聚集人流，增加贸易

① 王乐君，孙鹏，周曦. 贵州苗族村寨风景园林的文化生态论 [J]. 贵州民族研究，2014 (5)：128-131.

② 林庆. 民族文化的生态性与文化生态失衡——以西南地区民族文化为例 [J]. 云南民族大学学报（哲学社会科学版），2010 (2)：29-35.

机会。另外民族农村旅游业发展也需要更多的亮点来支撑，相对其他地区的经济活跃情况，民族农村地区需要在原有生活中找到更多的经济机会，民族农村经济的多种需求和民族节庆习俗特征达成了高度一致，少数民族农村开展各种节庆习俗的时间往往也是民众聚集的时间，各种各样的节庆习俗聚集了众多的人流，同时也是富有特色的民族文化节庆仪式的展示，这些条件使得民族节庆习俗天然具备了经济开发的潜力，节庆习俗不仅有利于民族农村地区的经济交流，同时通过节庆习俗也形成了更多的经济发展机会。① 以蒙古族那达慕大会为例，那达慕聚会本身是游牧民族感情交流和经济贸易的机会，近年来通过各种方式的调整，那达慕大会本身被赋予了更多的经济意义，吸引投资、促进经济贸易和交流已经成为大会新的内涵，同时也保留了大会原有的民族内涵，创造了节庆习俗和经济发展相结合的新模式。其他民族旅游中以民族节庆习俗活动为卖点的旅游线路也是如此，民族节庆习俗为经济发展提供机会，而经济因素的参与也将为民族节庆习俗在新时代中的持续展开提供了扎实的需求支撑。

三、民族文化传承可借助民族农村经济的文化资源开发来推进

文化生态修复的目标在于使某种文化原有的文化氛围和文化模式能够以原生的姿态继续传承发展，文化传承是文化生态修复的重要内容。少数民族文化历史悠久，内容丰富，虽然相对于其他文化，部分民族文化的发展水平相对较低，但是并不能因此就否定民族文化的珍贵价值和其顽强的生命力，发展和传承民族文化是民族发展的重要课题。但是在现有环境下，民族文化的传承因社会变迁冲击而出现了传承危机。在原有传承环境下，民族文化的传承因其能满足传承者在生活等方面的实际需求或者传承者其他压力较小而形成了自发的原生的传承模式，如民族的歌舞多是民族民众的自娱自乐活动，民族民众以歌舞为娱乐，歌舞传承和民族生活需求自觉地结合在一起。而在现实市场环境的社会经济发展大潮下，虽然民族民众的生活水平有所提高，但是各种各样的经济需求和文化冲击使得民族民众有了更多的压力，追求更多的经济利益成为民族民众的生活主题，在此环境下，经济基础薄弱的民族文化自然缺乏了更多人的关注，民族生活场景的改变使得原有建立在其上面的文化传承方式也受到了冲击，缺乏传承主体或者传承意

① 王太盈. 浅论文化与经济的关系 [J]. 经济研究导刊，2014（30）：265-266.

向不强烈成为民族文化传承的现实问题。部分民族文化因传承者难以得到一定的经济回报和缺乏必要的经济支撑而失去现实发展的基础，如何从根本上改变当下的文化传承危机、促进民族文化传承是民族文化生态修复必须要解决的问题。从根本上来看，民族文化传承的危机一方面在于外来文化的冲击，另一方面在于民族文化传承的经济动力不足，后者也是民族文化传承的根本问题。对于相关问题的解决也需要从经济根本上进行解决。与此相对应的是，民族文化是民族农村经济发展的重要资源，只有民族文化得以延续才能在民族农村经济发展中发挥相应的作用，民族文化生态修复因此和经济再次在内在上形成了联动的潜质。对于二者在文化传承方面的联动可以从经济和文化传承两个视角来思考对接，各个民族都有自己的特色文化，民族文化特色是其经济发展的重要资源，挖掘开发民族文化资源是当地经济发展的重要思想，因此对文化进行各种各样的开发可以为民族农村经济提供更多的机会。而相关文化的展示和文化产品的生产自然需要相应的人力，为了开发文化价值进行的人才培养实际上便是文化的变相传承。反过来，通过民族文化人才的培养促进经济对文化的开发利用，同样存在发展空间，二者在需求方面的调整和配合便形成了民族文化传承和民族农村经济发展的互动模式。

四、民族文化产品挖掘可与民族农村文化资源的产品开发并行发展

民族文化是抽象的，但文化的表现形式却是多种多样的，有较为抽象的文学表现形式，也有物态化的表现形式，如手工皮具蕴含着一定的手工文化，而民族刺绣则蕴含着相应的民族文化在其中。文化的物态化表现使得抽象的文化得以具体化，同时也使得文化的价值开发不仅可以从文化内涵中来寻求，同时也可以从文化的物态化形式来着手。文化产品是文化的具体表现，同时又是文化的载体，不同文化产品有不同的内涵，对于其他文化人群而言，某种具有特定文化内涵的文化产品实际上便是其所蕴含的文化的象征。文化的表征、独特的审美、具体的实用功能等使得民族文化产品在某种程度上具有潜在的开发价值。民族农村经济的发展是在现有资源基础上的发展，民族文化产品所潜藏的开发价值使得其在市场环境下转化为经济价值具有了可行性，对于相关文化产品的开发，实际上也是民族农村经济发展对文化资源的深度挖掘和有效利用。而在民族文化生态修复中，与文化相关的产品必然要进行整理，众多民族文化产品的有效整理实际上也

是为民族农村经济发展提供新的开发方向和机遇。现有民族地区部分文化工艺产品的开发便是对文化产品潜在价值进行开发的例证。在此意义上，民族文化生态修复中的民族文化产品的收集整理实际上契合了民族农村经济发展的目标。而从民族文化产品的收集和整理方面来看，文化产品的收集和整理需要相应的人力和物力，同时文化产品还需要相应的保护措施，民族文化产品的各种工作开支意味着民族文化产品需要相应的资金来支撑，而这对于民族地区并不富裕的农村经济来说有一定难度。民族农村经济发展需要资源来支撑，需要有效的资源可以利用，而民族文化产品具有一定的开发价值且在资金方面有缺口，因此二者具有一定的联动潜质。[①] 对于二者的联动可以根据文化产品的特征通过合理的方式来开发，如对于较为稀少且有价值的民族文化产品可以通过民族文化博物馆的形式进行开发，在其售票或者与其他旅游或文化产业进行联合时，民族文化产品的经济价值便可以得到有效开发。而对于较为常见的民族文化产品则可以作为旅游纪念品等形式来进行推广实现经济效益。民族文化产品多种多样，经济价值不等，作为民族文化的表征，相关产品的经济价值开发主要从审美、历史、文化等方面来体现，由此，民族文化产品的经济价值开发才能形成更多的价值，同时在经济价值实现的同时也使民族文化得以传播推广。

总的来讲，良好的民族文化生态有助于民族民众的精神世界构筑，从长远利益来看，民族文化生态保护对民族、国家都大有裨益。但在现实环境下，经济利益的追求和制度规范的缺失使得多数地区民族文化生态在有意无意中遭到极大破坏，因此修复民族文化生态已成为民族地区可持续发展的重要任务。文化与经济密切相关，民族文化生态修复必然为民族农村经济的发展带来更多的发展机会，同时文化生态的修复与可持续发展也需要农村经济的支撑，因此民族文化生态修复和民族农村经济发展天然上存在联动的潜质，二者合理的联动必将取得文化与经济的双赢结局。

---

① 黄健英. 民族地区农村经济发展研究［M］. 北京：中央民族大学出版社，2006：9.

第四章　生态文明治理现代化研究

中共十八大首次把“美丽中国”作为未来生态文明建设的宏伟目标，把生态文明建设摆在总体布局的高度进行阐述，这标志着中国共产党对执政规律、社会主义建设规律、人类社会发展规律认识的进一步深化，将中国特色社会主义与生态文明创造性地有机结合起来，丰富和发展了中国特色社会主义的科学内涵。

第一节　中国特色社会主义生态文明的形成和发展

一、生态文明的相关概念和内涵

（一）生态文明

生态是指生物和非生物之间的相互关系和存在状态。文明是人类文化发展的结晶，是人类改造物质世界和精神世界成果的总和，是人类社会进步的标志。迄今为止，人类文明经历了三个阶段：原始文明、农业文明和工业文明。

纵观历史，人类文明基本上走的是一条认识自然、改造自然、支配自然，向自然不断索取的道路，这是一条以破坏生态环境为代价的道路。尤其是进入资本主义生产方式之后，这条道路的副作用表现得更为激烈了。在 300 年的工业文明里，人类在不断征服自然的过程中实现着向自然索取的目的，全球工业化突飞猛进的发展让人与自然的关系日趋紧张，甚至达到了危机的巅峰。工业化使人类对大自然的支配实现了极速的发展，在生产力获得迅速发展的同时，也使得现代工业社会陷入了生态危机的困境。

近些年，全球性的生态危机事件一再证明地球承载工业社会继续发展的潜力被不断损耗，可持续发展的空间被日益挤压，人类的发展走到了濒临崩溃的边缘。在这样一种发展危机面前，人类不得不培育一种新的文明形态来延续人类的生存，这就是生态文明。生态文明是人类遵循人、自然、社会和谐发展这一客观规律而取得的物质成果、精神成果和制度成果的总和，是指人与自然、人与人、人与社会和谐共生、良性互动、全面协调、永续发展的社会文明形态。生态文明是人类文明的一种新形态，它坚持尊重自然、维护自然的价值取向，以推进人与人、人与自然、人与社会的和谐发展为目标，通过建立可持续的生产方式和消费方式从而使人类走上和谐、共生、可持续的发展道路。生态文明是人类对传统文明形态尤其是工业文明进行深刻反思的结果，是贯穿于经济建设、政治建设、文化建设、社会建设全过程和各方面的系统工程，反映了一个社会的文明进步状态。

（二）社会主义与生态文明的内在相通性

资本主义制度是以生产资料私有制为基础的社会制度，资本的无限扩张性和生态系统的有限性之间存在不可调和的矛盾，这就注定了资本主义条件下必然会产生生态危机。资本主义以追逐利润和积累财富为最终的价值取向，并且不惜一切代价追求经济增长，这样就必然会引起自然资源的过度消耗和环境污染的日益加剧。同时，资本追求利润更注重短期回报，这一发展理念与环境保护和可持续发展的生态文明理念又是背道而驰的。资本的本性决定了它更关注以最小的成本换取最大的价值回报，资本主义对利润回报的关注程度要远胜于对人的自由全面发展和生态环境的关注。尽管这些年，伴随一系列生态危机事件的出现，资本主义国家也慢慢体验到了生态危机对本国可持续发展造成的威胁，但他们主要采取的对策是将资源环境的危机转嫁给广大发展中国家和欠发达地区，这样就进一步造成了生态危机的全球化。由于资本主义制度自身的缺陷，在资本主义工业文明的框架内，生态危机不可能找到根本性的解决方案。

社会主义制度是以生产资料的公有制为基础的社会制度，在公有制条件下，人民的根本利益是一致的，这样就能保障国家从整体上协调人民的长远利益和当前利益、整体利益和局部利益之间的关系，真正实现人口、资源、环境的和谐发展。

社会主义的本质是解放生产力、发展生产力、消灭剥削、消除两极分化，最终达到共同富裕。社会主义的解放生产力和发展生产力是建立在可持续发展的原则基础之上的，它谋求的是人与自然和解基础之上的改造自然与利用自然。这一点和生态文明遵循的可持续发展原则是一致的。社会主义主张的消灭剥削、消除两极分化，最终达到共同富裕的本质是实现人与人、人与社会的和解，体现了公平公正的价值观。而生态文明坚持树立人与自然的平等观以及由此延伸出人与人、人与社会的平等观，从维护社会、经济、自然系统的整体利益出发，坚持公平公正原则，推进社会发展。简而言之，生态文明既是社会主义解放生产力和发展生产力需要遵循的基本原则和前提，同时也是社会主义生产力发展的目的和归宿，生态文明内含的公平公正原则与社会主义消灭剥削、消除两极分化，最终达到共同富裕的精神是互融相通、殊途同归的。

生态文明应成为社会主义文明体系的有机组成部分。它是对社会主义物质文明、精神文明和政治文明的整合、重塑与升华。物质文明主要是处理人与自然的关系，政治文明主要是处理人与人的关系，精神文明是处理人与自身的关系。生态文明在整体推进人与自然、人与人、人与社会和谐共生的同时，还赋予社会主义文明体系许多新观念、新内容。

生态文明是人类文明的最新形态，是对传统工业文明的反思和超越，它代表了一种更为合理完善的人类文明形态。社会主义思想作为对资本主义的超越，代表了一种更为科学合理的社会理想。两者内在的一致性使得它们能够互融相通、互为发展。

（三）中国特色社会主义是我国生态文明建设的必由之路

回顾我国社会主义建设的历史，我们经历了传统社会主义和中国特色社会主义两个历史阶段。虽然社会主义与生态文明从理论上而言具有内在的一致性，但在现实发展中，由于传统社会主义“左”的发展思维方式和粗放型发展模式，造成了传统社会主义无法包容生态文明的内在增长。改革开放以前，中国实行了高度集中的计划经济体制，走的是高投入、高消耗、高速度的发展道路，但是这条道路却造成了低产出、低收益、低质量的发展结果。在指导思想上将人与自然对立起来，单纯强调对自然界的征服与索取，在战略上强调快速推进重工业化进程，给中国的生态环境造成了严重的影响。

我国的社会主义探索实践诠释了传统社会主义与生态文明是无法兼容的。只有中国特色社会主义才是我国生态文明建设的根本出路。与此同时，生态文明也要成为中国特色社会主义文明体系的重要组成部分。二者具有内在的一致性，具体体现在：中国特色社会主义与生态文明在处理人与自然关系上都强调以人为本，在社会发展观上都强调科学发展，在历史使命上都强调实现人与自然、人与人、人与社会的真正和解与共生，在价值追求上都强调实现公平、公正。中共十七大提出建设生态文明，这标志着中国共产党对执政规律、社会主义建设规律、人类社会发展规律认识的进一步深化，将中国特色社会主义与生态文明创造性地有机结合起来，丰富和发展了中国特色社会主义的科学内涵。

二、中国生态文明建设的思想基础

对于人与自然关系问题的思考自古以来一直是人类文明探索的一个重要话题，对这一问题的不同回答与实践也体现了人类社会发展在不同阶段的成熟度与健康度。古今中外的生态思想为生态文明的构建提供了丰富的思想养分。当今，我们应该充分挖掘中国传统文化中所蕴含的丰富多彩的生态智慧资源，并且从当代西方主流生态思想中合理吸收一些营养成分，进一步弘扬和发展马克思主义生态思想，从这些思想中取其精华、去其糟粕，为构建中国特色社会主义生态文明奠定坚实的思想基础。

（一）中国古代生态思想文化

中国古代文化博大精深、源远流长，尤其表现在春秋战国时期，诸子百家思想的不断涌现兴起、文化的多元繁荣与冲突争锋使得古人有机会对生态问题进行深入和有价值的思考，这些思考中产生的生态思想火花能给当代中国的生态文明建设提供很多有价值的启示。

1. 儒家的生态思想

儒家提倡“天人合一”的思想。荀子曰：“天地合而万物生，阴阳接而变化起。”[①] 董仲舒说：“天人之际，合而为一，同而通理，动而相益，顺而相受，谓之德道。”[②] 由此可以看出，儒家思想强调天、地、人三者共属一个体系之中，认为人与自然是互融相通、互为发展的和谐共生的关系。儒家倡导“畏天命”“知天命”“制天命”，要求人们对自然要有敬畏之心，不能随心所欲，自然界有其自

① 转引自：张岱年. 中国哲学史史料学［M］. 北京：生活·读书·新知三联书店，1982：22-23.
② 转引自：中国哲学编辑部. 中国哲学（第 14 辑）［M］. 北京：人民出版社，1988：227-228.

身的规律，人类应该尊重规律、认识规律，运用规律为人类谋福利，使天地万物为人类发挥好的作用。正如荀子指出的："天有行常，不为尧存，不为桀亡。应之以治则吉，应之以乱则凶。"[①] 孟子也说："不违农时，谷不可胜食也。数罟不入洿池，鱼鳖不可胜食也。斧斤以时入山林，材木不可胜用也。谷与鱼鳖不可胜食，材木不可胜用，是使民养生丧死无憾也。"[②] 儒家思想的核心是"仁爱"，提倡不仅要"仁者爱人"，而且要爱及天地万物，把融入大自然看作是最大的快乐、人生追求的最高志趣。儒家还提倡勤俭节约，认为对大自然要"用之有节"。

2. 道家的生态思想

道家认为人要以尊重自然规律作为最高准则。强调天、地、人同源，提倡人们应该"知常"即认识天地运动变化的规律，"知和"即认识到和谐是自然的根本规律，"知止"即认识、把握天地万物的限度，从而约束自己的行为，"知足"即人们要摆脱不符合实际的欲望。在天人关系上主张"道生一，一生二，二生三，三生万物。万物负阴而抱阳，冲气以为和"[③]，并提出"人法地，地法天，天法道，道法自然"[④]，强调"以道观之，物无贵贱"[⑤]，指出了天地万物的同源性、同律性，认为人与自然具有平等的尊严和价值，强调人与天地万物和谐共生，而不是把自然看作是人类征服、控制和索取的对象，反对用人为的力量任意地改变自然和破坏自然的行为。

3. 佛家的生态思想

首先，佛教倡导众生平等，这一思想是佛教生态观的核心。它认为自然界的万物和人类一样有感情、有悟性、有灵性，一样享有生存权利和生命尊严，认为不应无所限制地伤害自然、破坏生物间的和谐共生。其次，佛教还主张因果相依，认为生命主体和生存环境同属一个有机整体，二者是紧密相连、不可分割、相辅相成的，一切现象都处在相互依存、相互制约的因果关系中，一切生命都是自然界的有机组成部分。再次，佛教还主张报众生恩，认为任何生命都是其生存环境的产物，人接受万物的恩惠，就应该为环境和其他生物做出回报。最后，佛

---

① 转引自：崔大华. 儒学引论［M］. 北京：人民出版社，2001：92-93.

② 转引自：国际儒学联合会. 国际儒学研究（第 1 辑）［M］. 北京：人民出版社，1995：166-167.

③ 转引自：杨克忠. 存在与本源［M］. 上海：上海大学出版社，2015：12-13.

④ 转引自：张兆端. 穿透历史的智慧光芒　先秦诸子管理箴言 42 句［M］. 北京：群众出版社，2016：47-48.

⑤ 赵鑫珊. 庄子的哲学空筐　把当代世界放进去也装不满［M］. 上海：文汇出版社，2011：48-49.

教还宣扬不杀生，寻求人类以及人类与众生之间的和谐共生。

（二）马克思、恩格斯的生态思想

1. 人与自然是辩证的统一体

恩格斯在《自然辩证法》中指出：“我们必须时时记住：我们统治自然界，决不像征服者统治异民族一样，决不像站在自然界以外的人一样——相反地，我们连同我们的肉、血和头脑都是属于自然界。”[①] 这就一针见血地指出了人与自然并不是对立、对抗的关系，人属于自然界的一部分，人在利用自然、改造自然的时候不能置身于外地毫无节制地向大自然索取。因此，恩格斯告诫说：“我们不要过分陶醉于我们对自然界的胜利。对于每一次这样的胜利，自然界都报复了我们。”[②] 这体现了恩格斯在认识人与自然关系的时候，警告世人应该注意到人改造自然的行为的长远影响，尤其是负面影响，应该对自然存有敬畏之心，而不能一心只想着征服自然。这其中就蕴含了对人的肆无忌惮的工业行为必然会导致生态危机的预见性认识，强调了人与自然的辩证统一性，指出了人只有在与自然的和谐中才能共生。

2. 资本主义制度具有反生态性

马克思、恩格斯认为，资本主义制度是以生产资料私有制为基础的社会制度，资本的无限扩张性和生态系统的有限性之间存在不可调和的矛盾，这就注定了资本家无止境地追求利润的时候必然是以牺牲生态环境为代价，最终导致资源的枯竭和生态危机。马克思、恩格斯认为，只有对人与自然的物质变换进行合理的调节和控制，对资本主义制度进行彻底的变革，才能使人与自然的紧张关系得到最终的解决。

3. 共产主义制度是生态文明的根本出路

马克思、恩格斯一方面剖析了资本主义制度的反生态性，另一方面也探讨了如何从根本上摆脱生态危机的问题。他们指出，共产主义制度是生态文明的根本出路。他们指出，共产主义“作为完成了的自然主义，等于人道主义，而作为完成了的人道主义，等于自然主义，它是人和自然之间、人和人之间的矛盾的真正

---

① 中央组织部，中央宣传部，中央编译局. 马列主义经典著作选编（党员干部读本）[M]. 北京：党建读物出版社，2011：108-109.

② 中央组织部，中央宣传部，中央编译局. 马列主义经典著作选编（党员干部读本）[M]. 北京：党建读物出版社，2011：108.

解决，是存在和本质、对象化和自我确证、自由和必然、个体和类之间的斗争的真正解决”。[①] 这样就从社会制度的顶层设计中为人与自然实现和解，最终实现人与自然、人与人、人与社会的持续健康发展找到了根本出路。

（三）当代西方主流生态思想

20 世纪西方国家先后出现的生态危机，促使很多具有社会责任感的西方学者开始反思人与自然的关系，并试图找到合理科学的途径来解决人与自然之间的关系困境。其中最有影响的是非人类中心主义生态伦理思想和生态马克思主义两个理论派别。

非人类中心主义是与人类中心主义相对的一种生态伦理思想。人类中心主义主张在人与自然的相互作用中将人类的利益放在首要地位，认为人类的利益是人类处理自身与外部生态环境关系的价值依据。非人类中心主义对此持否定和批判的态度，认为应该建立一个以自然生态为价值原点和道德评价依据的伦理价值体系和相应的发展观。西方的非人类中心主义生态伦理学引导着人们重新审视人与自然之间的关系，论证了人类保护自然生态环境的伦理依据和道德价值，虽然这些思想还有很多的缺陷和瑕疵，但它们在客观上促进了人类对生态问题的思考。

生态学马克思主义是当代国外马克思主义中最有影响的思潮之一。该流派从资本主义生产方式与生态危机的关系入手，对资本主义进行系统批判，通过对自然观念的重新思考，赋予了自然历史和文化的内涵，并以此来改造传统的生产力和生产关系理论，重新解读自然、文化、社会劳动之间的关系，以此重构历史唯物主义，并提出了生态学马克思主义—生态社会主义。这一流派试图寻找一种能够指导解决生态问题及人类自身发展问题的双赢理念。生态学马克思主义所提供的解决生态危机的方案以及可持续发展的社会模式，为人类社会进步提供了重要的参考，对中国的生态文明建设具有深刻的启示。

三、中国共产党对生态文明思想的探索

（一）毛泽东思想对生态文明的初步探索

以毛泽东为核心的第一代中央领导集体提出了一些保护生态环境的主张，

① 马克思等，中国社会科学院哲学所历史唯物主义研究室，中国历史唯物主义研究会. 马克思恩格斯列宁斯大林论人性异化人道主义［M］. 北京：清华大学出版社，1983：191–192.

1952年10月，毛泽东视察黄河时叮嘱“要把黄河的事情办好”，1956年3月，毛泽东发出了“绿化祖国”的号召，紧接着又提出了“实现大地园林化”的任务。在兴修水利的同时，毛泽东主张坚持治水与改土相结合，狠抓水土保持工作。

为了协调人口、资源与环境之间的关系，1955年中共中央指示，要在人口稠密的地区宣传计划生育工作，减少人口发展带来的压力。1957年，毛泽东在最高国务会议第十一次（扩大）会议上发表重要讲话，强调“要提倡节育、要有计划地生育”。1962年12月，中共中央、国务院发出的《关于认真提倡计划生育的指示》，“提倡节制生育和计划生育，不仅符合广大群众的要求，而且符合有计划地发展我国社会主义建设的要求”①。

在生态环境建设探索的过程中，毛泽东提出农林牧副渔综合平衡、突出发展林业、重视水利建设的思路和主张。毛泽东认为，农、林、牧、副、渔这五业是一个相互联系、相互影响的生产系统、生态系统，五业的综合平衡发展不但可以发展经济、满足人民的生活需要，而且可以改善生存环境和生态环境。

我国在1972年受邀参加了联合国人类环境会议。周恩来要求代表团要通过这次会议，了解世界环境状况和各国环境问题对经济、社会发展的重大影响，并以此作为镜子，认识中国的环境问题。1973年8月，国务院召开第一次全国环境保护会议。会议得出了环境问题“现在就抓，为时不晚”的结论；审议通过了“全面规划、合理布局、综合利用、化害为利、依靠群众、大家动手、保护环境、造福人民”的环境保护工作方针；审议通过了中国第一个环境保护文件《关于保护和改善环境的若干规定》。实践证明，这些认识和措施对于我国恢复生态、保护环境都起到了重要作用。

（二）中国特色社会主义理论体系对生态文明的深入探索

改革开放之初，党中央深刻把握改革开放和社会主义现代化建设的大局，高度重视我国人口多、底子薄、生产力水平低的基本国情，将人口控制、资源节约和环境保护作为我国社会主义现代化建设的重要内容，提出了一系列理论观点和方针政策，比如，1982年9月，中共十二大就提出“把全部经济工作转移到提高效益为中心的轨道上”；1987年10月，中共十三大进一步提出“要从粗放经

---

① 中央档案馆，中共中央文献研究室. 中共中央文件选集（1949年10月~1966年5月）（第41册）[M]. 北京：人民出版社，2013：462.

济为主逐步转上集约经济为主的轨道”。这样就通过经济发展方式的转变为我国的生态保护工作奠定了坚实的基础。

1979 年 9 月，《中华人民共和国环境保护法（试行）》颁布，这是中华人民共和国历史上第一次以法律的形式要求各部门和各级政府在制定国民经济和社会发展计划时必须统筹考虑环境保护，这样就为环境和经济社会协调发展构筑了法律保障，使我国的生态文明建设朝着法制化的道路不断迈进。1983 年 12 月，国务院召开第二次全国环境保护会议，明确提出环境保护是国家的一项基本国策，并制定了“经济建设、城乡建设和环境建设要同步规划、同步实施、同步发展，做到经济效益、社会效益、环境效益相统一”的指导方针，明确了“预防为主、防治结合”“谁污染、谁治理”和“强化环境管理”的环境保护三大政策。1984 年 5 月，国务院发出《关于环境保护工作的决定》，环境保护开始被列为国民经济和社会发展计划，成为经济和社会生活发展的重要组成部分。

20 世纪 90 年代以来，我国人口、资源、环境的矛盾日益突出，党中央立足于我国改革开放不断深化的实际，对中国生态环境问题的紧迫性和重要性有了更深刻的认识，制定和实施了可持续发展战略。中共十四届五中全会第一次使用“可持续发展”概念，1997 年 9 月，中共十五大报告对可持续发展战略又进行了系统阐述，强调指出可持续发展道路就是生态良好的文明发展道路，核心问题是实现经济社会和人口资源的协调发展，统筹考虑人口、环境、资源。

2002 年 11 月，中共十六大报告明确提出了全面建设小康社会的目标，其中强调要做到可持续发展能力不断增强，生态环境得到改善，资源利用效率显著提高，促进人与自然的和谐，推动整个社会走上生产发展、生活富裕、生态良好的文明发展道路；在谈到经济建设和经济体制改革时，提出了走新型工业化发展道路，强调要大力实施科教兴国战略和可持续发展战略；坚持以信息化带动工业化，以工业化促进信息化，走出一条科技含量高、经济效益好、资源消耗低、环境污染少、人力资源优势得到充分发挥的新型工业化路子。

与此同时，党中央还制定和实施了西部大开发战略，把加强生态环境保护和建设作为西部大开发的重要内容和紧迫任务，提出了“再造秀美山川”的口号；同时，还做出了国际生态合作的决策，强调当今环境领域的挑战是全球性的，保护与改善生态环境是国际社会的共同责任，需要世界各国人民的通力合作和长期努力，并提出了充分运用国际国内“两种资源、两个市场”发展环境保护事业。

进入 21 世纪之后，中国作为最大的发展中国家，在实现工业化和现代化的进程中，面临着经济发展和资源短缺、环境恶化的双重压力。2003 年，在中共十六届三中全会上，党中央正式提出了科学发展观的理念，强调树立以人为本、全面协调可持续的发展观。科学发展观的根本方法是统筹兼顾，统筹人与自然和谐发展是科学发展观“五个统筹”的重要组成部分。中共十六届四中全会完整提出了构建社会主义和谐社会的重大战略任务，强调人与自然和谐相处是社会主义和谐社会的基本特征之一。中共十六届六中全会做出了《中共中央关于构建社会主义和谐社会若干重大问题的决定》，明确提出建设资源节约型、环境友好型社会，并提出了比较系统的加强环境治理保护、促进人与自然相和谐的措施。

2007 年 10 月，中共十七大第一次明确提出了“生态文明”的科学概念，并把建设生态文明作为建设小康社会的新要求提出来，并列入了 2020 年全面建成小康社会的重要目标之一。中共十七届四中全会进一步指出，全面推进社会主义经济建设、政治建设、文化建设、社会建设以及生态文明建设，开始把生态文明建设纳入中国特色社会主义事业的总体布局。2010 年中共十七届五中全会通过了“十二五”规划的建议，强调要“坚持把建设资源节约型、环境友好型社会作为加快转变经济发展方式的重要着力点”。2012 年 11 月，中共十八大报告从全局和战略高度，将生态文明建设与经济建设、政治建设、文化建设、社会建设一起，列入中国特色社会主义“五位一体”总体布局。

（三）习近平对新常态下生态文明建设的积极探索

中共十八大以来，习近平总书记着眼于中华民族伟大复兴的历史背景，立足于中华民族长远发展的战略高度，围绕建设美丽中国、推动社会主义生态文明建设，提出了一系列新思想、新论断、新举措。

1. 绿水青山就是金山银山

习近平把人与自然、经济与社会的关系，用“两座山”的理论加以形象地阐释，他强调，既要金山银山，又要绿水青山，绿水青山就是金山银山。[①] 他还把人们对这“两座山”之间关系的认识梳理为三个阶段：第一个阶段是用绿水青山去换金山银山，不考虑或者很少考虑环境的承载能力，一味索取资源。第二个阶段是既要金山银山，也要保住绿水青山，这时候经济发展和资源匮乏、环境恶化

① 人民日报社理论部. 深入领会习近平总书记重要讲话精神（上）[M]. 北京：人民出版社，2014：368.

之间的矛盾开始凸显出来，人们意识到环境是我们生存发展的根本，只有“留得青山在”，才能“不怕没柴烧”。第三个阶段是认识到绿水青山可以源源不断地带来金山银山，绿水青山本身就是金山银山，我们种的常青树就是摇钱树，生态优势变成经济优势，形成了一种浑然一体、和谐统一的关系，这一阶段是一种更高的境界。这样习近平就通过简单易懂的语言把生态环境与生产力发展的辩证关系阐述清楚了，体现了他对当前社会发展的深入把握与理性分析。

习近平在中共中央政治局第六次集体学习时强调，要正确处理好经济发展同生态环境保护的关系，牢固树立保护生态环境就是保护生产力、改善生态环境就是发展生产力的理念，更加自觉地推动绿色发展、循环发展、低碳发展，决不以牺牲环境为代价去换取一时的经济增长。① 这一重要论述把我国经济发展同生态环境建设有机地统一起来，继承并发展了马克思主义关于发展的理论。

2. 要像保护眼睛一样保护生态环境，像对待生命一样对待生态环境

习近平多次讲到我国生态环境矛盾有一个历史积累过程，不是一天变坏的，但不能在我们手里变得越来越坏，他要求共产党人应该有这样的胸怀和意志。他强调，要像保护眼睛一样保护生态环境，像对待生命一样对待生态环境，对破坏生态环境的行为，不能手软，不能下不为例。这就需要全面深化生态文明体制改革，依靠制度和法治建设让透支的资源环境逐步休养生息。

中共十八届三中全会明确提出，建设生态文明，必须建立系统完整的生态文明制度体系，用制度保护生态环境；要健全自然资源资产产权制度和用途管制制度，划定生态保护红线，实行资源有偿使用制度和生态补偿制度，改革生态环境保护管理体制。习近平强调，只有实行最严格的制度、最严密的法治，才能为生态文明建设提供可靠保障。

3. 良好生态环境是最公平的公共产品，是最普惠的民生福祉

2013 年 4 月，习近平在海南考察时强调，良好生态环境是最公平的公共产品，是最普惠的民生福祉。5 月 24 日，他又在中央政治局第六次集体学习时指出，建设生态文明，关系人民福祉，关乎民族未来。他强调，生态环境保护是功在当代、利在千秋的事业；要清醒认识保护生态环境、治理环境污染的紧迫性和

① 《习近平总书记系列重要讲话精神学习解读》编写组. 习近平总书记系列讲话精神学习读本［M］. 北京：中共中央党校出版社，2013：85-86.

艰巨性，清醒认识加强生态文明建设的重要性和必要性，以对人民群众、对子孙后代高度负责的态度和责任，真正下决心把环境污染治理好、把生态环境建设好，努力走向社会主义生态文明新时代，为人民创造良好的生产和生活环境。[①]他强调，生态工作重在行动，要求采取切实措施让城市融入大自然，让居民望得见山、看得见水、记得住乡愁。

在给生态文明贵阳国际论坛 2013 年年会发的贺信中习近平系统阐述了中国的生态发展政策。他指出，走向生态文明新时代，建设美丽中国，是实现中华民族伟大复兴的中国梦的重要内容。中国将按照尊重自然、顺应自然、保护自然的理念，贯彻节约资源和保护环境的基本国策，更加自觉地推动绿色发展、循环发展、低碳发展，把生态文明建设融入经济建设、政治建设、文化建设、社会建设的各方面和全过程，形成节约资源、保护环境的空间格局、产业结构、生产方式、生活方式，为子孙后代留下天蓝、地绿、水清的生产生活环境。[②]

在全面建成小康社会的背景下，习近平同志提出，“小康全面不全面，生态环境质量是关键”，一针见血地指出了生态环境对于小康社会的重要性。他在中共十八届三中全会上做关于《中共中央关于全面深化改革若干重大问题的决定》的说明时指出：“我们要认识到，山水林田湖是一个生命共同体，人的命脉在田，田的命脉在水，水的命脉在山，山的命脉在土，土的命脉在树。”[③] 在另一次重要会议上，他进一步指出：“如果破坏了山、砍光了林，也就破坏了水，山就变成了秃山，水就变成了洪水，泥沙俱下，地就变成了没有养分的不毛之地，水土流失、沟壑纵横。”[④] 2014 年 2 月 26 日，他在专题听取京津冀协同发展工作汇报时指出，华北地区缺水问题本来就很严重，如果再不重视保护好涵养水源的森林、湖泊、湿地等生态空间，再继续超采地下水，自然报复的力度会更大。同年 3 月，中央财经领导小组第 5 次会议上，他又指出：“原油可以进口，世界石油资源用光后还有替代能源顶上，但水没有了，到哪儿去进口？”这些发人深思的讲

①《习近平总书记系列重要讲话精神学习解读》编写组. 习近平总书记系列讲话精神学习读本［M］. 北京：中共中央党校出版社，2013：219.

②《习近平总书记系列重要讲话精神学习解读》编写组. 习近平总书记系列讲话精神学习读本［M］. 北京：中共中央党校出版社，2013：86.

③ 习近平. 习近平谈治国理政［M］. 北京：外文出版社，2014：85.

④《中共中央关于全面推进依法治国若干重大问题的决定》辅导读本编写组.《中共中央关于全面推进依法治国若干重大问题的决定》辅导读本［M］. 北京：人民出版社，2014：265.

话无不体现着他对生态环境的忧心和对民生福祉的关心。他谈到的这些生态资源问题都是关乎我国能否全面建成小康社会的重要问题。11 月 10 日，习近平又在 APEC 欢迎宴会上致辞时表示，希望北京乃至全中国都能够蓝天常在、青山常在、绿水常在，让孩子们都生活在良好的生态环境之中，这也是中国梦中很重要的内容。无论是全面建成小康社会还是实现中国梦都是与民生福祉息息相关的重要话题，习近平把生态环境作为全面建成小康社会和实现中国梦的重要内容，体现了他治国理政的全局意识和心系民生的责任意识。

4. 首提“绿色化”，“四化”变“五化”

2015 年 3 月 24 日，中央政治局会议上首次提出了“绿色化”的概念，这是在中共十八大提出的“新四化”——“新型工业化、城镇化、信息化、农业现代化”概念的基础上，又加入了“绿色化”，也就是说由过去的“新四化”扩容为“五化”。

习近平提出的“绿色化”概念涵盖了多个层面的意义。首先，“绿色化”推动了“绿色生产”，即“科技含量高、资源消耗低、环境污染少的产业结构和生产方式”。其次，“绿色化”推动了“绿色生活”，即“生活方式和消费模式向勤俭节约、绿色低碳、文明健康的方向转变，力戒奢侈浪费和不合理消费”。最后，“绿色化”推动了“绿色价值”，即“把生态文明纳入社会主义核心价值体系，形成人人、事事、时时崇尚生态文明的社会新风”。

由此可以看出，习近平首先通过“推动国土空间开发格局优化、加快技术创新和结构调整、促进资源节约循环高效利用、加大自然生态系统和环境保护力度”实现生产方式的“绿色化”，在此基础之上进而实现生活方式与价值取向的“绿色化”目标，在推进生态文明建设的过程中使“五位一体”的总布局得以更加协调统一地推进。

第二节　中国特色社会主义生态文明建设的必要性

一、中国生态文明建设的国内因素

（一）自然灾害的频发

自然灾害警示我们对大自然要有敬畏之心。下面我们来共同看一下我国近几年的自然灾害都造成了什么样的严重后果。2010 年中国有 25 个省份遭受重旱，全国七大流域暴雨洪水都创下本世纪以来的极值，地质灾害是上一年同期的近 10 倍，11 个省份遭受地震灾害，5 场台风先后在我国登陆。2011 年全国各类自然灾害共造成 4.3 亿人（次）不同程度受灾，因灾死亡、失踪 1126 人，紧急转移安置 939.4 万人（次）。同时，各类自然灾害还造成农作物受灾面积 3247.1 万公顷，其中绝收面积 289.2 万公顷；倒塌房屋 93.5 万间，损坏房屋 331.1 万间；因灾直接经济损失 3096.4 亿元。2012 年，各类自然灾害共造成 2.9 亿人（次）受灾，直接经济损失 4185.5 亿元（不含港澳台地区数据）。2012 年，各类自然灾害共造成 1338 人死亡（包含森林火灾死亡 13 人）、192 人失踪、1109.6 万人次紧急转移安置；农作物受灾面积 2496.2 万公顷，其中绝收 182.6 万公顷；房屋倒塌 90.6 万间，严重损坏 145.5 万间，一般损坏 282.4 万间。2013 年，各类自然灾害共造成全国 38818.7 万人（次）受灾，1851 人死亡，433 人失踪，1215 万人（次）紧急转移安置；87.5 万间房屋倒塌，770.3 万间房屋不同程度损坏；农作物受灾面积 31349.8 千公顷，其中绝收 3844.4 千公顷；直接经济损失 5808.4 亿元。这些自然灾害中虽然很多是以天灾的形式表现出来的，但是作为大自然一部分的人类，我们需要反思天灾背后是否是人类肆无忌惮的行为所导致的结果，我们需要认识到自然灾害的严重性，对大自然怀有一颗敬畏之心，不能总是以征服者的姿态与大自然打交道。

（二）生态破坏事件的警示

生态破坏事件警示我们人类不要以破坏环境为代价谋求经济利益，否则将悔之晚矣。2004 年四川沱江水污染事件，造成沱江周围五个市区上百万居民饮水困难，直接经济损失达 2 亿多元。2005 年 11 月 13 日，吉林石化公司双苯厂一车间发生爆炸，致使约 100 吨苯类物质（苯、硝基苯等）流入松花江，造成了江水严重污染，沿岸数百万居民的生活受到影响。2006 年，甘肃徽县发生铅污染事件，导致 300 人血铅超标。2006 年 9 月 8 日，湖南省岳阳县城饮用水源地新墙河发生水污染事件，砷超标 10 倍左右，8 万居民的饮用水安全受到威胁和影响。2010 年 7 月 3 日，福建省紫金矿业集团有限公司紫金山铜矿湿法厂发生铜酸水渗漏，9100 立方米的污水顺着排洪涵洞流入汀江，导致汀江部分河段严重污染，当地渔民的数百万千克网箱养殖鱼死亡，直接经济损失达 3187.71 万元人民币。2011 年 6 月 4 日，中海油与康菲石油合作的蓬莱 19–3 油田发生漏油事故，这起事故已造成渤海 6200 平方千米海水受污染，大约相当于渤海面积的 7%，其中大部分海域水质由原一类沦为四类，所波及地区的生态环境遭严重破坏，河北、辽宁两地大批渔民和养殖户损失惨重。2013 年，“雾霾”成为年度关键词。这一年的 1 月，4 次雾霾过程笼罩 30 个省（自治区、直辖市），在北京，仅有 5 天不是雾霾天。有报告显示，中国最大的 500 个城市中，只有不到 1%的城市达到世界卫生组织推荐的空气质量标准，与此同时，世界上污染最严重的 10 个城市有 7 个在中国。

（三）生态资源日趋紧张

耕地规模下降已经接近红线。2009 年，中国耕地 18.26 亿亩，接近 18 亿亩红线。矿产资源可供能力日渐缩小。据估计，到 2020 年，国内石油、铀、铁、锰、铝土矿、锡、铅、镍、锑、金 10 种矿产品的可供能力将下降到 40%~70%；铬、铜、锌、铂族金属、镍、硼、金刚石等 9 种矿产品可供能力将小于 40%。21 世纪以来，资源性缺水问题日渐严重，全国每年因缺水造成的直接经济损失已超过 2000 亿元。

20 世纪 90 年代以来，随着经济的高速发展，能源需求不断增多，部分能源进口依存度不断提高。1993 年中国成为原油净进口国，石油进口依存度逐年提高，到 2009 年已提高到 52%，突破 50%的国际警戒线。能源短缺制约着中国经济的发展，2004 年 8 月，全国共有 24 个省级电网拉闸限电；仅国家电网公司就累计拉闸限电 84.37 万条次，损失电量 224.17 亿千瓦时。2004 年，中国 90%的经济总量受到电力供应不足的影响。

2013 年公布的《中国环境状况公报》显示，我国环境质量总体一般：地表水总体为轻度污染，部分城市河段污染较重；海水环境状况总体较好，近岸海域水质一般；城市环境空气质量不容乐观；城市声环境质量总体较好；辐射环境质量总体良好；生态环境质量总体稳定。这些情况的总结显示了我国经过大力整治生态环境，建设生态文明方面取得了一些显著成就，但是问题依然不容乐观。

二、中国生态文明建设的国际因素

中国的经济出口空间受到发达国家绿色贸易壁垒的制约。绿色贸易壁垒是国际贸易中的一种以保护有限资源、环境和人类健康为名，通过蓄意制定一系列苛刻的、高于国际公认或绝大多数国家不能接受的环保标准，限制或禁止外国商品的进口，从而达到贸易保护目的而设置的贸易壁垒。西方发达国家通过绿色标准不仅压缩了我国的出口空间，而且增加了中国出口产品的成本。另外，不合理的绿色规则增加了中国减排压力。根据《京都议定书》的条款，温室气体减排被分配给二氧化碳的产生国，这就导致“境外排放”并未纳入西方国家的排放范围。这无形中就加大了中国减排的压力。要缓解减排压力，关键要通过建设生态文明，走“绿色发展”的道路。当前，发达国家开始大力发展低碳经济，力图保持自身优势，进一步限制新兴发展中国家的发展空间。因此，未来中国发展的战略空间要想进一步拓展，就必须转变经济发展方式，推进以低碳经济为特征的产业升级，只有这样才能打破西方绿色遏制。

三、新的文明转换是中国生态文明建设的时代因素

纵观世界国家兴衰与文明转换的历史，可以观察到一些规律性现象：一是一个国家的兴衰通常发生在文明转换时期；二是一个国家发展能否跟上文明发展的节奏决定着国家兴衰的程度与持久性。也就是说，一个国家的兴衰取决于这个国家能否跟随人类文明发展潮流，站在人类文明的制高点上向前走。当前，人类文明开始进入从工业文明向生态文明的转换时期。这是一个民族实现崛起的关键历史机遇，抓住这一机遇的根本在于使民族的崛起进程主动适应文明转换的时代背景。当前，中华民族要复兴，就必须紧紧抓住文明形态从工业文明向生态文明转换的时代背景，利用我国后发优势，在现有工业文明基础上，通过跨越式发展，加快建设生态文明，从而实现中华民族的伟大复兴。

四、中国特色社会主义生态文明建设的重要意义

（一）生态文明建设是社会主义“五位一体”的关键性内容

中共十八大报告强调，生态文明“要融入经济建设、政治建设、文化建设、社会建设各方面和全过程”。这实际上体现了生态文明在“五位一体”中的关键性作用。

首先，生态文明是经济建设的前提和基础，经济建设的发展不能背离生态文明的客观要求，生态文明能有效保障经济建设沿着持续健康的方向发展。新时期，生态文明建设将推动我国探索构建新的经济发展方式，协调经济增长与环境保护间的冲突，切实走出一条可持续的经济发展道路。

其次，生态文明建设能够促进政治文明的完善和发展。一方面，生态文明尊重公平公正的价值理念，注重利益的协调与平衡，这样就可以化解利益的斗争和权利的滥用。另一方面，从目前来看，我国生态环境问题所引发的社会问题日益增多。这就使得政治体制不得不进行相应的健全和完善工作，使政治决策更加科学化、环境立法更加到位、危机处理机制的构建更加完善，从而更好地保障生态问题的解决。从这个角度而言，生态文明建设也就为政治体制改革找到了新的突破口。

再次，生态文明建设赋予文化建设新的观念和内涵。生态文明提倡尊重自然、认知自然，培育人自身全面发展的文化与氛围。生态文明作为人类新的文明形态是对人类历史上的文化沉淀进行重塑升华的结果，它作为一种文化价值理念赋予文化更多新的观念和内涵，让社会主义文化建设内容更加充实。

最后，生态文明是社会民生的重要组成部分。美丽的自然环境、良好的生态文明，是我们健康、幸福生活的源泉，建设生态文明是关系人民福祉的长远大计。

（二）中国特色社会主义生态文明是全面建成小康社会的内在要求

全面建成小康，涵盖了经济、政治、文化、社会、生态等多个方面的内容。随着中国共产党治国理念的不断进步，作为物质文明、政治文明、精神文明重要推动力的生态文明被提上了日程。四种文明理念共同推动着我国在新时期全面建成小康社会的步伐。生态文明是经济增长、社会稳定、民众幸福的关键性因素，没有良好的生态环境，民众就不能充分享受物质文明带来的进步，也不可能有比

较畅快的精神生活和政治享受。没有基本的生态保障，人类自身将会陷入深刻的生存危机。谋求社会主义物质文明的进步，必然是建立在社会经济与自然生态协同发展、持续发展、平衡发展的基础之上的；谋求社会主义精神文明的进步，必然是建立在环境友好和生态文明的基础之上的；谋求社会主义政治文明的进步，必然是建立在契合生态文明建设的制度设计和政策法规基础之上的。因此，中国特色社会主义生态文明建设是全面建成小康社会的内在要求。

（三）中国特色社会主义生态文明建设助力中国梦

实现中华民族伟大复兴，就是中华民族近代以来最伟大梦想。我国的生态文明建设必须立足于当前特殊的自然生态环境现状、经济发展水平、文化建设状况、社会政治条件以及人口素质等，走符合国情的社会主义生态文明建设道路。中国特色社会主义生态文明体现了和谐发展、全面发展、可持续发展和循环发展的思想。而这种发展理念正是谋求中华民族实现伟大复兴的中国梦的核心理念，也就是说，实现中华民族的伟大复兴就必须坚持走中国特色社会主义道路，走绿色发展的道路，即走中国特色社会主义生态文明的道路。

第三节　大力推进中国特色社会主义生态文明建设

一、建设社会主义生态文明的总体思路

中共十八大报告强调指出，建设生态文明是关系人民福祉、关乎民族未来的长远大计，提出大力推进生态文明建设，并系统阐述了推进生态文明建设的总体要求，并把生态文明建设放在事关全面建成小康社会的战略地位，纳入建设中国特色社会主义总体布局。

我国的生态文明建设必须立足于当前特殊的自然生态环境状况、生产力发展水平、文化构建的现状、社会政治状况和国民意识等，走符合国情的社会主义生态文明建设道路。中共十八大指出，面对资源约束趋紧、环境污染严重、生态系统退化的严峻形势，必须树立尊重自然、顺应自然、保护自然的生态文明理念，

把生态文明建设放在突出地位，融入经济建设、政治建设、文化建设、社会建设各方面和全过程，努力建设美丽中国，实现中华民族永续发展。

对于我国进行中国特色社会主义生态文明建设需要遵循的指导思想，中共十八大也做出了明确的概括，指出生态文明建设必须以科学发展观为指导，更加自觉地把全面协调可持续发展作为深入贯彻落实科学发展观的基本要求，全面落实经济建设、政治建设、文化建设、社会建设、生态文明建设“五位一体”总体布局，促进现代化建设各方面相协调，促进生产关系与生产力、上层建筑与经济基础相协调，不断开拓生产发展、生活富裕、生态良好的文明发展道路。

中国特色社会主义生态文明体现了和谐、全面、可持续和循环发展的理念。为了更好地贯彻和落实这一思想，中共十八大针对我国的生态文明建设工作提出了具体的指导方针，强调指出：坚持节约资源和保护环境的基本国策，坚持节约优先、保护优先、自然恢复为主的方针，着力推进绿色发展、循环发展、低碳发展，形成节约资源和保护环境的空间格局、产业结构、生产方式、生活方式，从源头上扭转生态环境恶化趋势，为人民创造良好的生产生活环境，为全球生态安全做出贡献。中共十八大针对我国生态文明建设还提出了具体的工作部署，从四个方面进行了详细的规划：优化国土空间开发格局；全面促进资源节约；加大自然生态系统和环境保护力度；加强生态文明制度建设。

中共十八届三中全会进一步强调，紧紧围绕建设美丽中国深化生态文明体制改革，加快建立生态文明制度，健全国土空间开发、资源节约利用、生态环境保护的体制机制，推动形成人与自然和谐发展的现代化建设新格局。

为了更加自觉主动地关爱生态，更加积极地保护生态，全力走向社会主义生态文明新时代，需要我们从中国当前的现实国情出发，走中国特色社会主义生态文明建设的道路。到 2020 年实现全面建成小康社会时，生态文明建设的目标是：资源节约型、环境友好型社会建设取得重大进展；主体功能区布局基本形成，资源循环利用体系初步建立；单位国内生产总值能源消耗和二氧化碳排放大幅下降，主要污染物排放总量显著减少；森林覆盖率提高，生态系统稳定性增强，人居环境明显改善。

二、“五位一体”协调推进我国生态文明建设

中共十八大强调指出：“把生态文明建设放在突出地位，融入经济建设、政

治建设、文化建设、社会建设各方面和全过程，努力建设美丽中国，实现中华民族永续发展”。这样就把生态文明建设纳入到了中国特色社会主义事业总体布局当中去了，在总布局中，生态文明建设不仅找到了着力点，同时也能从其他四方面建设中汲取营养形成自身发展的新动力，最终使得“五位一体”真正发挥凝聚效应、一体化效应，促进现代化建设各方面相协调。

（一）物质文明建设为生态文明建设提供坚实的物质基础

物质文明是指人类物质生活的进步状况，表现为物质生产方式和经济社会进步。物质文明的高度发展一方面体现为人类控制自然、改造自然的能力，同时更表现为人类保护自然、修缮自然、回馈自然的实力。生态文明与经济发展是相辅相成、互相促进的，脱离生态文明去谈经济发展，就会造成发展的不可持续性，偏离发展的原本目标。同样，脱离经济发展谈建设生态文明，就会失去维护生态环境所需要具备的实力与能力，也不会有真正的建设。

经济的发展为生态文明建设提供必要的物质保障，生态文明中遇到的一切问题都需要依赖发展来解决。中共十七大明确提出了转变经济发展方式的重要方针，其实质在于提高经济发展的质量，即主要通过科技进步和创新，在优化结构、提高效益和降低能耗、保护环境的基础上，实现包括速度质量效益相协调、投资消费出口相协调、人口资源环境相协调、经济发展和社会发展相协调在内的全面协调，真正做到又好又快地发展。应该说，这种改进与转变是生态文明建设的重要内容，是建设生态文明的必由之路。综上所述，我们完全可以通过发展经济的方式促进生态文明的建设。

（二）政治文明建设为生态文明建设提供制度保障

政治文明是指人类社会政治生活的进步状态和政治发展取得的成果，包括政治制度和政治观念两个方面的内容。政治文明是对物质文明、精神文明和生态文明建设的制度化、规范化和程序化，并为这三个文明的发展构建相应的制度、法制和政治观念，从而保障其有序建设。

首先，要加强社会主义民主政治制度建设，推动人民代表大会制度与时俱进，推进协商民主广泛多层制度化发展，发展基层民主。推进决策科学化、民主化，充分体现人民当家做主的意志，维护广大人民群众的利益。生态文明建设需要人民的广泛参与，发挥人民群众的主体作用，保障人民群众生态文明建设的知情权、参与权和监督权。

其次，强化权力运行制约和监督体系。把生态文明建设的绩效纳入各级党委、政府的政绩考核体系，引导各级领导干部深刻认识发展与人口、资源、环境之间的相互关系，用可持续发展的理念发展当地经济，走资源节约型、环境友好型的发展道路。

最后，加强生态法制建设，建立完备的法律制度保障体系。随着我国社会主义现代化建设事业的推进，生态保护的法律法规在生态文明建设中发挥着越来越重要的作用。制定和完善与社会主义生态文明建设相关的法律、法规，切实贯彻落实对这些法律、法规的监督与实施关系到生态文明建设能否健康有序进行。

（三）生态文化建设为生态文明建设提供软动力

生态文化就是从人征服自然的文化过渡到人与自然和谐共生的文化。我国生态文化一方面萃取了中华民族传统的生态智慧，另一方面也注入了现代文明和时代精神，它是推动人与自然和谐共生、走向生态文明新时代的软动力，是实现中华民族伟大复兴的重要驱动力。

生态文化是转变经济发展方式、实现科学发展的核心推动力，它能够更好地带动生态环境建设和生态产业发展。只有大力建设生态文化才能从根本上在全社会树立生态文明理念，使节约资源和保护环境成为人们的共识和自觉行动，使人们走上健康文明的生产和生活道路。

（四）“两型社会”建设是实现生态文明的重要途径

中共十七大明确指出，建设生态文明的实质是要建设以资源环境承载力为基础、以自然规律为准则、以可持续发展为目标的资源节约型、环境友好型社会。其中，资源节约型社会和环境友好型社会就是指“两型社会”。资源节约型社会强调在社会生产、流通、消费的各个领域，通过采取积极的措施，提高资源利用效率，以最少的资源消耗获得最大的经济和社会效益。环境友好型社会强调实现人与自然、人与人的和谐共生，在环境资源承载力范围内，采取有利于环境保护的生产方式、生活方式和消费方式，建立人与自然环境、社会环境的良性互动发展。由此可见，生态文明建设包含“两型社会”的要求，“两型社会”与生态文明具有内涵与目标上的一致性，二者互为支撑、互相促进。“两型社会”建设是实现生态文明的重要途径，“两型社会”实现的过程也就是建设生态文明的过程。

三、积极参与国际互动推进我国生态文明建设

一方面，当今时代，生态环境问题已经远远超越一国范围，这样就越来越需要加强我国同其他各国之间的国际合作，从而更好应对全球生态环境问题带来的挑战。另一方面，我国目前工业化水平还比较落后，面临着资源短缺和环境保护的双重压力，这就要求我们必须走国际合作的道路来建设生态文明，积极引进国内短缺资源和国外先进的环境保护理念、管理模式、污染治理技术和资金。而且，中国积极参加了大量环境保护国际公约，如《联合国气候变化框架公约》《京都议定书》《关于消耗臭氧层误会的蒙特利尔议定书》及《关于持久性有机污染物的斯德哥尔摩公约》等，并认真遵守、积极履行相关责任和义务。我国与国际互动的节奏也在不断加强，仅 2007 年胡锦涛和温家宝等前国家领导人就先后八次参加环境和国际合作与交流活动，发表了 《携手合作，共同创造可持续发展的未来》等重要讲话。与此同时，我国也在国际环境公约、核安全和放射性废物管理安全等公约的框架下，积极担当起一个大国的责任和义务，积极参与环境与贸易相关谈判和相关规则的制定，促进我国环境与对外贸易的协调工作；提升产业层次，完善外贸结构，科学引导国际资金直接投资生态产业；扩大出口关税征收范围，加征高污染产品出口环境关税，设计并实施以环境保护为目的的市场准入和准出制度。

第五章　社会治理现代化研究

第一节　“和谐”理念的当代价值

1915 年，以陈独秀在上海创办《青年杂志》为标志，开启了影响一个世纪的新文化运动，2015 年正是新文化运动 100 周年。在这一百年历程中，中国文化不断对自己的传统价值进行着重估，推动着传统观念实现现代化转化。“五四新文化运动是中国历史上前所未有的思想文化大革新，是先驱者为使中国社会适应现代世界潮流而掀起的一场思想启蒙运动。”[①]

在新文化运动百年之际，笔者尝试对中国传统文化中的“和谐”（Harmony）观念进行一下现代化的重新审视。“和谐”作为中国特色社会主义核心价值观的重要一部分，我们应该如何看待和理解它在中国谋求民族伟大复兴的过程所能发挥的现代价值，这是本节探讨的重点。

“现代，不是单纯的时间概念，而是同特定社会发展阶段相联系的历史性概念”[②]，中国传统文化的现代化，是中国走向全面现代化的关键性因素，因此探寻“和谐”的现代性价值就显得很有必要。

和谐是中国传统文化的重要组成部分，在中国社会从传统走向现代的过程中曾起到过非常大的作用。我们应该在新时期对“和谐”价值进行再审视，从而不断挖掘它的时代价值。

---

① 严家炎. 五四新文化运动与传统文化［J］. 鲁迅研究月刊，1995（9）：4-6.

② 姜琳.“五四”新文化运动与传统文化现代化［J］. 重庆社会科学，2009（5）：13-16.

一、“和谐”是中国传统文化的内核

“和谐”一词源于古希腊的音乐，原意是指一组听起来同步，或是彼此起伏的音符。在中国古代文献典籍中“和”与“谐”是同义词，“和谐”基本上是以“和”的表述出现。如《尚书·尧典》：“百姓昭明，协和万邦。”如《广韵》：“和，顺也，谐也，不坚不柔也。”如《新书·道术》：“刚柔得适谓之和，反和为乖。”由此可以看出，中国传统文化非常重视事物之间的差异性，并认为“和”的本质在于不同事物之间的协和统一，差异性、多样性的“不同”是事物发展的根本。

西周末年，史伯同郑桓公探讨西周末年政局时，就提到了“和实生物，同则不继”的观点。儒家孔子在前人“和”“同”观的基础上，提出了“和而不同”的思想，主张“和为贵”与“中庸之道”。刻在孔庙大成殿前的“中和位育”四个字是儒家和谐思想的精髓体现。《中庸》中讲道：“中也者，天下之大本也；和也者，天下之达道也。致中和，天地位焉，万物育焉。”这是在强调，天地孕育万物的根本在于“中”“和”，即尊重多样性、差异性的协和统一。孟子提出“老吾老以及人之老，幼吾幼以及人之幼”的和谐思想。墨家墨子提出“兼相爱”“爱无差”。道家老子提出“邻国相望，鸡犬之声相闻，民老死不相往来”，“甘其食，美其服，安其居，乐其俗”的和谐社会理想。庄子提出了一个“同心”“同德”的和谐社会方案。中国佛家提倡博爱众生，和谐处世。在近代，康有为的《大同书》、梁启超的新民学说、孙中山的“三民主义”和“天下为公”理想等都集中体现了我国传统的“和谐”思想。

可以说，从古代的诸子百家到近代的维新革命之士，在他们的思想体系中都有一个持久而稳定的思想内核，那就是崇尚“和谐”的价值取向。“和谐”是最具中华民族特色的核心价值观，它集中体现着中国精神、凝聚着中国力量、实践着中国道路，同时也代表了中国文化和中国传统的最高价值标准。“和谐”作为第一层次的核心价值观提出来，反映了中华民族的文化自觉和文化自信。

二、“和谐”是中国特色社会主义的特质

马克思主义的诞生，为“和谐”的理念注入了科学的内涵，并指出了实践的途径。马克思、恩格斯在《共产党宣言》中明确提出：“代替那存在着阶级和阶级对立的资产阶级旧社会的，将是这样一个联合体，在那里，每个人的自由发展是

一切人的自由发展的条件。”①

社会主义制度的建立，为“和谐”的社会理念最终转化为现实奠定了科学的制度基石。从经济基础上说，社会主义社会废除了以生产资料私人占有为主的制度，实行以公有制为主体的基本经济制度，为人与人之间构建和谐的合作关系提供了物质保障；从上层建筑上说，社会主义社会建立了人民当家做主的政治制度，确立了着力保障和改善民生、共同富裕和公平正义的社会目标，这就为建立人与社会之间的和谐关系创造了制度条件。只要我们坚定“道路自信、理论自信、制度自信”，“不动摇、不懈怠、不折腾”，努力奋斗，就一定能在中国共产党成立一百年时全面建成小康社会，就一定能在新中国成立一百年时建成富强民主文明和谐的社会主义现代化国家。

“社会和谐”是中国特色社会主义的本质属性，是国家繁荣稳定、民族走向复兴、人民生活幸福的根本保障。构建社会主义和谐社会是我们党带领全国各族人民把中国特色社会主义伟大事业推向前进的必然选择。2005 年 12 月，时任国家主席胡锦涛在中央党校省部级主要领导干部提高构建社会主义和谐社会能力专题研讨班上发表的重要讲话中指出：“我们所要建设的社会主义和谐社会，应该是民主法治、公平正义、诚信友爱、充满活力、安定有序、人与自然和谐相处的社会。”以上六个方面囊括了人与人、人与社会、人与自然的协和统一。

可以说，“和谐”既是中国特色社会主义优越性的外在体现，同时也是中国特色社会主义本质属性的内在要求。在新时期，坚持走“和谐”发展之路就是真正坚持中国特色社会主义道路，二者彼此不可或缺。因此，“和谐”作为中国特色社会主义的特质，必然成为中华民族价值观的一个内核而存在。

三、“和谐”是中国共产党不懈奋斗的目标

中国共产党的最高理想和最终目标是实现共产主义，而共产主义正是社会“和谐”的终极体现。中国共产党自成立之日起，历经几代人的努力，为实现中华民族的“和谐”愿景做出了卓越的贡献。

毛泽东在《论十大关系》《关于正确处理人民内部矛盾的问题》等著作中提

① 中共中央马克思恩格斯列宁斯大林著作编译局. 马克思恩格斯选集第一卷［M］. 翻译局译. 北京：人民出版社，1995：294.

出，坚持百花齐放、百家争鸣的方针以解决科学文化领域里的矛盾，坚持长期共存、互相监督的方针以解决共产党与民主党派的矛盾，坚持统筹兼顾、适当安排的方针以解决全国城乡各阶层以及国家、集体、个人三者之间的矛盾。邓小平强调，社会主义的本质，是解放生产力，发展生产力，消灭剥削，消除两极分化，最终达到共同富裕；江泽民进一步强调实现经济社会协调发展是我国社会主义现代化建设的一个重要指导方针。中共十六大报告明确把社会更加和谐列为全面建设小康社会的一个重要目标。2006 年 10 月，中共十六届六中全会审议通过了《中共中央关于构建社会主义和谐社会若干重大问题的决定》。中共十七大再次强调了构建社会主义和谐社会的重要性。

中共十八大报告中强调要把保障和改善民生放在更加突出的位置，加强和创新社会管理，正确处理改革、发展、稳定之间的关系，团结一切可以团结的力量，最大限度增加和谐因素，增强社会创造活力，确保人民安居乐业、社会安定有序、国家长治久安。

可以说，中国共产党自成立之日起，就始终把构建社会和谐、推动社会各方面协调发展作为党一以贯之的核心任务。这一方面体现了党全心全意为人民服务的根本宗旨，另一方面也体现了中国共产党人为之奋斗始终的价值观根源。

四、“和谐”与“中国梦”互融相通

2012 年 11 月 29 日，在国家博物馆，中共中央总书记习近平在参观“复兴之路”展览时，第一次阐释了“中国梦”的概念，在中共十二届全国人大一次会议闭幕会上对中国梦又进行了系统阐述，他指出：“实现全面建成小康社会、建成富强民主文明和谐的社会主义现代化国家的奋斗目标，实现中华民族伟大复兴的中国梦，就是要实现国家富强、民族振兴、人民幸福。”他同时强调指出：“中国梦归根到底是人民的梦，必须紧紧依靠人民来实现，必须不断为人民造福。”从习总书记的重要讲话中我们可以领悟到，“和谐”理念和“中国梦”同途共向，二者彼此互融相通。

可以说，党领导全国各族人民共圆“中国梦”的最终目的，就是实现好、维护好、发展好最广大人民的根本利益，就是要进一步提升社会和谐的水平。中共十八大着重强调了构建和谐社会的重要性，将“坚持维护社会公平正义”“坚持走共同富裕道路”“坚持促进社会和谐”纳入夺取中国特色社会主义新胜利的基本要求，将“保障和改善民生”作为社会建设的重点。这些都是为了构建“和谐”社会所做出的重大决策，这些决策更为清晰地诠释了“中国梦”的阶段性特征，也为“中国梦”增添了更为殷实的内容。

中国梦是民族的梦，同时也是人民的梦，它鲜活地反映着人民的期待和诉求。每个个人的梦可能不尽相同，但是对和谐、稳定的期待却是大家共同的梦。从这个意义上而言，实现中国梦，就要实现社会的和谐、稳定。实现“中国梦”也离不开和谐的社会环境，一个相对和谐、稳定的社会环境，是社会全面发展必不可少的基本条件。只有国家稳定、社会和谐才能使每个人都乐于筑“梦”，勇于逐“梦”。

以上从中国传统文化、中国特色社会主义、中国共产党的历史使命和“中国梦”四个维度诠释了“和谐”的科学内涵，反映了我国构建“和谐”社会的重要意义，更为重要的是，进一步明确了构建“和谐”社会的着力点和努力方向。可以说，“和谐”作为第一层次的核心价值观提出来，是中国传统文化的核心沉淀，是中国特色社会主义的特质体现，是中国共产党坚定不移的历史使命，与“中国梦”互融相通、同途共向。今后，我们要继续发挥中国传统文化在构建“和谐”社会中的基因性，强调中国特色社会主义在构建“和谐”社会中的方向性，坚持中国共产党的领导性和共圆“中国梦”的实践性，进一步推动“和谐”社会的构建。

总的来讲，文化的创造者与传播者是人，文化的核心问题也是关于人的问题，尤其是关于人的观念的问题。人的价值观念会因民族的不同、地域的差异和历史时代的变迁而显示出种种不同的特质。深入分析新文化运动以来中国在文化方面的变迁，会发现其最根本的变迁在于人的价值观念的变化。

中国人从古至今一直推崇“和谐”的价值观念，应该说这一点从没有褪色。但是，“和谐”在经历了一百年前的“五四”新文化运动的洗礼之后，真正实现了其现代性的华丽转身，在其传统的“和谐”因子之内又加入了一些现代性因子。以往的“和谐”观念更多倾向于集体的价值取向、大我的观念认同，但是“五四”新文化运动通过高扬“个性解放”突出个人的主体价值，这样就把传统的“和谐”观念转变为认同个体价值基础之上的集体价值取向，也就是说在认同“小我”的前提下，尽量照顾“大我”。同时，“五四”新文化运动弘扬的价值观念不是封闭的，不是狭隘民族主义的，它更多是倾向于同世界各大民族互融相通的价值取向。这样就使得中国传统的“和谐”观念更具有世界性，这样就使得经过现代性转化的“和谐”观念更具多元性与包容性，更能彰显“和谐”价值观念的普适性。

新文化运动之后，中国人学会了以更为开放的心态去面对世界。让中国的传统价值观念同世界其他民族的现代价值观念充分交流，积极汲取其他民族的一切优秀价值观念，才能使得中国传统的价值观念更具活力与生命力，更为适应现代社会的发展，真正将中国人塑造为既具有传统秉性同时又具有现代特质的人。

和谐是中国传统文化的重要组成部分，在中国传统社会的发展过程中曾经起到过很强的民族凝聚力作用。20 世纪爆发的新文化运动最重要的贡献就是反思传统，用“民主”与“科学”的精神来推动中国传统文化的现代转型。经过一百年的震荡与反思，“和谐”在当前中国社会被列为中国特色社会主义核心价值观的重要组成部分，在充分继承了传统“和谐”观念的基础之上，又融入了现代性的因子。这种新的“和谐”观必将在推动中华民族伟大复兴的过程中发挥举足轻重的价值。

第二节　价值观转型需要“活的灵魂”

毛泽东是中华民族精神现代化启蒙的主要推动者，而“实事求是、群众路线、独立自主”作为毛泽东思想“活的灵魂”，则是他启蒙中华民族精神实现现代化转型的三个神经中枢。笔者重点以毛泽东文稿，尤其是早期文稿为考证素材，以毛泽东思想“活的灵魂”为三个考证维度，进而挖掘毛泽东在中华民族精神现代化过程中的启蒙作用。

中华民族的近现代史既是一部中国人民难以释怀的屈辱史，同时也是一部展现中华儿女可歌可泣民族精神的历史，在这个千年未有之大局变的时代舞台上，既有传统儒家精神对民族命运的保守型思考与挣扎，也有西学东渐下的全盘西化风，其中无论哪一种选择都无法最终从根本上拯救中华民族命运于水火。从“体用”之争到“保守”与“激进”的角逐，每一次碰撞火花背后无不以民族元气的内损为代价。“中华民族应该往何处去？”成为拷问每一个中国人的现实问题。正是在这样的时代背景下，毛泽东开始了启蒙中华民族精神现代化的征程。

一、中华民族精神的嬗变

（一）孔孟启蒙阶段

中华民族的文明史源远流长，孕育了丰富而优秀的民族精神，是黑格尔所说的“精神的太阳”最初升起的地方。在古代，受孔孟儒家思想的影响，当时的中国人提出了“和实生物，同则不继”“和而不同”等和谐的思想，主张“和为贵”与“中庸之道”。秉承“天下为公”的无私精神、“自强不息”“厚德载物”的处世精神，以及“克勤克俭”“杀身成仁、舍生取义”的为人精神等，这些都是我们的先辈们留给我们的宝贵精神财富，是中华民族精神的重要组成部分。[①]

（二）西方近代理性启蒙阶段

自近代以来，在西学东渐的风潮下，西方近代理性启蒙精神被引入中国。梁启超在《辛亥革命之意义与十年双十节之乐观》一文中，把辛亥革命视为现代中国人自觉的结果和“民族精神自觉”的结果，并用“道中庸与重和谐”“重统一与团结”“重德”“重爱国”“重人文”来概括中华民族精神的内核。[②] 孙中山认为，我们要恢复地位，便先要恢复民族的精神，到民族主义恢复以后，我们便可进一步去研究怎样恢复我们民族的权利。[③]

（三）毛泽东思想“活的灵魂”对民族精神的现代化启蒙阶段

以“五四”运动为起点，中华民族精神在继承和发扬传统民族精神的基础上，又被赋予了许多新的内涵，出现了许多富有时代特色的新民族精神形态，诸如井冈山精神、长征精神、延安精神、遵义精神、西柏坡精神等，而在这一历程中，毛泽东思想“活的灵魂”为中华民族精神实现现代化转型起到了关键的启蒙作用。

二、“活的灵魂”对中华民族精神的启蒙结晶

毛泽东是中华民族精神现代化启蒙的主要推动者，而“实事求是、群众路线、独立自主”作为毛泽东思想“活的灵魂”则是他启蒙中华民族精神的三个神

① 杨叔子等. 弘扬与培育民族精神研究［M］. 北京：经济科学出版社，2009：108.

② 参见：郑师渠. 梁启超的中华民族精神伦［J］. 北京师范大学学报，2007（1）.

③ 转引自：龚学增. 民族精神教育读本［M］. 北京：中共中央党校出版社，2003：3.

经中枢。

（一）毛泽东把“崇实黜虚”“格物致知”“的“求真”意识拓展为“实事求是”的“务实”精神

马克思曾经在《关于费尔巴哈的提纲》一文中指出“哲学家们只是用不同的方式解释世界，问题在于改变世界。”[①] 恩格斯在致弗·凯利·威士涅维茨基夫人的信中指出：“我们的理论不是教条，而是对包含着一连串互相衔接的阶段的发展过程的阐明。”[②] 可以说，作为毛泽东思想活的灵魂——“实事求是”思想是在马克思主义指导下，对中国传统文化精髓进行现代化创新的一个重要成果。

早在《湘江评论》时期，毛泽东就发表过一篇《不信科学便死》的文章，文章中讲道：“两星期前，长沙城里的大雷，电触死了数人……城里街渠污秽，电气独多，应建高塔，设避雷针数处。老树电多，不宜在他的下面筑屋。……长沙城里的警察，长沙城里三十余万的住民，没一人有闲工夫注意他。有些还说是‘五百蛮雷，上天降罚’。死了还不知死因。可怜！”[③] 这是毛泽东早期对当时民智愚钝、迷信盛行的一些批判文字，初步展露了他在“求真”中“务实”的精神。

毛泽东的“求真”“务实”思想在其《改造我们的学习》一文中得到了系统精辟的阐述。他指出，“实事”就是客观存在着的一切事物，“是”就是客观事物的内部联系，即规律性，“求”就是我们去研究。我们要从国内外、省内外、县内外、区内外的实际情况出发，从其中引出其固有的而不是臆造的规律性，即找出周围事变的内部联系，作为我们行动的向导。[④] 从这一论述中我们可以看出，毛泽东不仅继承了中华民族传统精神中的“崇实黜虚”“格物致知”的“求真”精神，同时更为强调在“求真”中“务实”。他在对党内进行教育时指出，“对于理论脱离实际的人，提议取消他的‘理论家’的资格。只有用马克思主义观点来研究实际问题、能解决实际问题的，才算实际的理论家”，[⑤] 并警告，“如果一个人

---

① 转引自：中央组织部，中央宣传部，中央编译局. 马列主义经典著作选编（党员干部读本）［M］. 北京：党建读物出版社，2011：5.

② 中共中央马克思恩格斯列宁斯大林著作编译局. 马克思恩格斯文集（第 10 卷）［M］. 北京：人民出版社，2009：560.

③ 中共中央文献研究室，中共湖南省委《毛泽东早期文稿》编辑组. 毛泽东早期文稿（第 2 版）［M］. 长沙：湖南人民出版社，2008：353.

④ 毛泽东. 毛泽东选集（第 3 卷）（第 2 版）［M］. 北京：人民出版社，1991：801.

⑤ 中共中央文献研究室. 毛泽东文集（第 2 卷）［M］. 北京：人民出版社，1993：374.

只知背诵马克思主义的经济学或哲学，从第一章到第十章都背得烂熟，但是完全不能应用，这样是不是就算得一个马克思主义的理论家呢？这还是不能算理论家的”[①]。

毛泽东强调在群众中寻找真理。他在《反对本本主义》中指出：“共产党的正确而不动摇的斗争策略，绝不是少数人坐在房子里能够产生的，它是要在群众的斗争过程中才能产生的。”[②]

毛泽东强调在运动中发展真理。他在《实践论》中提出：“要使新的革命任务和新的工作方案的提出，适合于新的情况的变化。革命时期情况的变化是很急速的，如果革命党人的认识不能随之而急速变化，就不能引导革命走向胜利。”[③]

毛泽东强调在不同的实践中灵活运用真理。他在《论抗日游击战争的基本战术——袭击》一文中提出：“一切战术都以适合情况为原则，文字条文仅能作为实战的参考，不能死板应用。”[④] 他在谈论文艺工作时指出：“如果我们按照教科书，找到什么是文学、什么是艺术的定义，然后按照他们来规定今天文艺运动的方针，来评判今天所发生的各种见解和争论，这种方法是不正确的……我们现在讨论文艺工作，也应该这样做。”[⑤] 他在谈论经济工作时批评脱离实际情况的行为，认为“做起来不是效率快慢的问题，而是老碰钉子，根本没有效果的问题”，[⑥] 在谈论中国农村的社会主义建设时认为，“人的思想必须适应已经变化了的情况”，并强调“任何人不可以无根据地胡思乱想，不可以超越客观情况所许可的条件去计划自己的行动，不要勉强地去做那些实在做不到的事情”[⑦]。

（二）毛泽东把古代传统的“仁”“和”思想拓展为现代自由平等的民主精神

中国古代文化传统强调“执中贵和”“仁民爱物”的伦理意识，因此衍生出了“修身、齐家、治国、平天下”的行为模式和“君王一统”的政治观念。传统的“仁”“和”思想中的“民本”思想虽然一定程度上强调“民”为“本”的重要性，但是仍然无法避免与生俱来的封建归属性和局限性。传统文化中的民本思

① 毛泽东. 毛泽东选集（第 2 版）第 3 卷［M］. 北京：人民出版社，1991：814.
② 毛泽东. 毛泽东选集（第 2 版）第 1 卷［M］. 北京：人民出版社，1991：115.
③ 毛泽东. 毛泽东选集（第 2 版）第 1 卷［M］. 北京：人民出版社，1991：294.
④ 中共中央文献研究室. 毛泽东文集第 2 卷［M］. 北京：人民出版社，1993：87.
⑤ 毛泽东. 毛泽东选集（第 2 版）第 3 卷［M］. 北京：人民出版社，1991：853.
⑥ 毛泽东. 毛泽东选集（第 2 版）第 3 卷［M］. 北京：人民出版社，1991：1016.
⑦ 毛泽东. 建国以来毛泽东文稿第 5 册［M］. 北京：中央文献出版社，1991：486-487.

想，归属于封建社会的君主专制体系，以民为本目的是维护封建社会的政治稳定，以民为本的“民”最终还是无自由和权利可言。毛泽东以马克思主义为指导，在继承传统儒家“仁”“和”思想精髓的基础上，进一步注入了现代理性启蒙的意识，进而将其拓展为现代自由平等的民主精神。

他在《湘江评论创刊宣言》中指出：“世界什么问题最大？吃饭问题最大。什么力量最强？民众联合的力量最强。什么不要怕？天不要怕，鬼不要怕，死人不要怕，官僚不要怕，军阀不要怕，资本家不要怕。”[①] 由此可见，毛泽东从强调民众联合的思想出发，宣扬了其自由平等的民主意识。他进而指出，“各种改革，一言蔽之，‘由强权得自由’而已”，并提出“各种对抗强权的根本主义，为‘平民主义’（兑莫克拉西。一作民本主义、民主主义、庶民主义）”[②]。

毛泽东同时也观察到了当时的中国人，尤其是青年人对自由平等观念等民主意识的萌动与渴望，他写道：“我们关在洞庭湖大门里的青年，实在是饿极了！我们的肚了（子）固然是饿，我们的脑筋尤饿！替我们办理食物的厨师们，太没本钱。我们无法！我们惟有起而自办！这是我们饿极了的哀声！千万不要看错！”[③]

他在《时事新报》中还专门呼吁国人的责任感，主张国民应该有民主意识、主体意识。他指出：“因为中国之乱，连亘八九年了。乱不足奇，乱而毫没有半点结果乃是大奇。社会的腐朽，民族的颓败，非有绝大努力，给他个连根拔起，不足以言摧陷廓清。这样的责任，乃全国人民的责任，不是少数官僚政客武人的责任。”[④]

根据张昆弟日记手稿记载：“毛君润芝云，现在国民性惰，虚伪相崇，奴隶性成，思想狭隘，安得国人有大哲学革命家，大伦理革命家，如俄之托尔斯泰其人，以洗涤国民之旧思想，开发其新思想。余甚然其言。”[⑤] 这段文稿从侧面体现

---

① 中共中央文献研究室，中共湖南省委《毛泽东早期文稿》编辑组．毛泽东早期文稿（第 2 版）[M]．长沙：湖南人民出版社，2008：270.

② 中共中央文献研究室，中共湖南省委《毛泽东早期文稿》编辑组．毛泽东早期文稿（第 2 版）[M]．长沙：湖南人民出版社，2008：271.

③ 中共中央文献研究室，中共湖南省委《毛泽东早期文稿》编辑组．毛泽东早期文稿（第 2 版）[M]．长沙：湖南人民出版社，2008：304.

④ 中共中央文献研究室，中共湖南省委《毛泽东早期文稿》编辑组．毛泽东早期文稿（第 2 版）[M]．长沙：湖南人民出版社，2008：438.

⑤ 中共中央文献研究室，中共湖南省委《毛泽东早期文稿》编辑组．毛泽东早期文稿（第 2 版）[M]．长沙：湖南人民出版社，2008：575.

了毛泽东的家国情怀和浓郁的国民主体意识。

同时，毛泽东也提出了开启民智、培育民主意识的途径就是教育。他观察到："近年欧潮东渐，学说日新。全国学界人士，靡不振臂奋起，顺应潮流，从事改革。独吾邑教育，既不能应时势之需要，力谋刷新，复不能本固有之精神，维持原状。"毛泽东认为："教育为促使社会进化之工具，教育者为运用此种工具之人。"所以他主张，"教育学理及教育方法必日有进化，乃能促社会使之进化；教育者之思想必日有进化，乃能吸收运用此种进化之学理及方法而促社会使之进化"，[①] 并且提出了践行发展教育的措施。比如他发起文化书社的倡议，他倡议："文化书社由我们一些互相了解完全信得过的人发起。不论谁投的本永远不得收回，亦永远不要利息。此书社但永远为投本的人所共有。书社发达了，本钱到了几万万元，彼此不因以为利；失败至于不剩一元，彼此无怨，大家共认地球之上，长沙城之中，有此'共有'的一个书社罢了呵！"[②] 这些文稿都体现了毛泽东已经具有鲜明的现代意义上的自由平等的民主意识，并且在不断地践行这些民主思想。

（三）毛泽东把传统的"自强不息"意识拓展为"独立自主"的民族精神

自强不息，语出《周易·乾·象》："天行健，君子以自强不息。"自近代以来，中华民族遭受了前所未有的大局变，在乱世之中又裹挟着西学东渐的风潮。毛泽东在历史的关口提出了革命和建设的处事标准，即独立自主，而独立自主意识也的确是贯穿毛泽东革命的一生的。

毛泽东在早年的一篇文章《体育之研究》中曾经大力提倡强身健体对于国民的意义，而这个篇章从某种程度上来说，可以看作是毛泽东"独立自主"意识的一颗种子。他指出："国力恭（苶）弱，武风不振，民族之体质日趋轻细，此甚可忧之现象也。"[③] 他认为："夫命中致远，外部之事，结果之事也；体力充实，内部之事，原因之事也。体不坚实，则见兵而畏之，何有于命中，何有于致远？

---

① 中共中央文献研究室，中共湖南省委《毛泽东早期文稿》编辑组. 毛泽东早期文稿（第2版）[M]. 长沙：湖南人民出版社，2008：446.

② 中共中央文献研究室，中共湖南省委《毛泽东早期文稿》编辑组. 毛泽东早期文稿（第2版）[M]. 长沙：湖南人民出版社，2008：449.

③ 中共中央文献研究室，中共湖南省委《毛泽东早期文稿》编辑组. 毛泽东早期文稿（第2版）[M]. 长沙：湖南人民出版社，2008：56.

坚实在于锻炼，锻炼在于自觉。”[①] 他进而把锻炼身体与开化大脑之间的关系做出了论证，他认为：“体者，为知识之载而为道德之寓者也，其载知识也如车，其寓道德也如舍。体者，载知识之车而寓道德之舍也。”[②] 他认为，自强不息的根本在于体强，体强则智丰，由自强而至于民族强。这颗独立自主的种子从侧面体现了毛泽东坚定的民族自尊心、自信心以及独立自主的意识。

同时，毛泽东有预见性地看到了民族独立运动的未来前景，他认为，“我们中华民族原有伟大的能力！压迫愈深，反动愈大，蓄之既久、其发必速”，并且断言，“他日中华民族的改革，将较任何民族为彻底。中华民族的社会，将较任何民族为光明。中华民族的大联合，将较任何地域任何民族而先告成功”，并呼吁，“我们总要努力！我们总要拼命地向前！我们黄金的世界，光华灿烂的世界，就在前面”。[③]

毛泽东同时也有着为民族独立自主的事业而愿意付出一切的大无畏精神，他在《〈新湖南〉周刊第七号刷新宣言》中指出，“本报第七号以后的宗旨是：一、批评社会。二、改造思想。三、介绍学术。四、讨论问题……第七号以后的本报，同人尽其力之所能，本着这四个宗旨去做；‘成败利钝’自然非我们所顾。就是一切势力 Authority 也更非我们所顾。因为我们的信条是‘什么都可以牺牲，唯宗旨绝对不能牺牲’”，[④] 并提出要结合一个高尚、纯粹、勇猛、精进的同志团体。他指出：“我们同志，在准备时代，都要存一个‘向外发展’的志。”[⑤]

毛泽东提倡的“独立自主”的精神，并不是狭隘的民族主义，相反毛泽东本人非常赞同世界主义，他在《致张国基信》中提到：“惟弟对于湘人往南洋有一意见，即湘人往南洋应学李石曾先生等介绍学生往法国的用意，取世界主义，而不采殖民政策。世界主义，愿自己好，也愿别人好，质言之，即愿大家好的主

① 中共中央文献研究室，中共湖南省委《毛泽东早期文稿》编辑组．毛泽东早期文稿（第 2 版）［M］．长沙：湖南人民出版社，2008：56.

② 中共中央文献研究室，中共湖南省委《毛泽东早期文稿》编辑组．毛泽东早期文稿（第 2 版）［M］．长沙：湖南人民出版社，2008：57.

③ 中共中央文献研究室，中共湖南省委《毛泽东早期文稿》编辑组．毛泽东早期文稿（第 2 版）［M］．长沙：湖南人民出版社，2008：359.

④ 中共中央文献研究室，中共湖南省委《毛泽东早期文稿》编辑组．毛泽东早期文稿（第 2 版）［M］．长沙：湖南人民出版社，2008：373.

⑤ 中共中央文献研究室，中共湖南省委《毛泽东早期文稿》编辑组．毛泽东早期文稿（第 2 版）［M］．长沙：湖南人民出版社，2008：418.

义……苟是世界主义，无地不可自容……世界大同，必以各地民族自决为基，南洋民族而能自决，即是促进大同的一个条件。”①

三、“活的灵魂”对中华民族精神的启蒙价值

纵观人类历史的现代化进程，不难发现在各民族的现代化进程中，各民族的民族精神无一例外都扮演了举足轻重的角色。正如美国汉学家艾恺所言：“人们必须要有一种特殊的机动力量，一种心理，愿意接受有利于现代化的各种价值和主义。”② 美国社会学家英格尔斯也认为：“如果没有从心理、思想和行为方式上实现由传统人到现代化的转变，使之具备人的现代人格、现代品质，就不可能成功地实现现代化。”③ 因此美国学者费正清指出：“如果说现代化是人民对于现代科技的发展和适应，那就总是和本国固有的文化价值和倾向交织地进行。”④

精神对于物质的反作用是马克思主义向来强调的核心内容，而民族精神作为凝民众之智、聚举国之力、求国族之发展、造民众之福祉的动力之源更有着无可替代的作用，而这一作用尤其是在民族走向复兴、实现现代化的过程中显得尤为突出。

毛泽东思想“活的灵魂”对中华民族精神的现代化启蒙与改造不仅为中国社会主义革命和建设事业提供了坚实的精神支撑，同时也为我国在新时期进一步弘扬和发展中华民族传统精神找到了不变的“活的灵魂”。

第三节　知识群体人生价值实现存在的问题

“大学生村官”是我国政府针对当前国内形势推行实施的一项综合工程，然而，在农村建设取得长足发展的背后，多数“大学生村官”人生价值实现问题却

① 中共中央文献研究室，中共湖南省委《毛泽东早期文稿》编辑组. 毛泽东早期文稿（第 2 版）［M］. 长沙：湖南人民出版社，2008：502-503.

② ［美］艾恺. 世界范围内的反现代化思潮——论文化守成主义［M］. 贵阳：贵州人民出版社，1991：8.

③ 转引自：宇文利. 中华民族精神现当代发展新论［M］. 北京：北京大学出版社，2007：107.

④ ［美］费正清. 伟大的中国革命［M］. 刘尊棋译. 北京：国际文化出版公司，1989：7.

没能得到足够的重视，“大学生村官”人生价值的实现出现了一些问题。笔者从外部环境和村官自身两方面谈了“大学生村官”人生价值实现中遇到的问题。

“大学生村官”为农村带来了新技术、新思想、新理念，为当前社会主义新农村建设注入了新鲜的活力，促进了农村的发展。但是，“大学生村官”在实现其自身人生价值的过程中也遇到了不少问题。工作的平淡和生活的颓废使他们产生了强烈的自卑感和失落感，领导的漠视和村民的误解使他们感到无助和孤独，以至于大学生由壮志满怀、激情澎湃，变为心灰意冷，在自我人生价值实现的道路上显得有些茫然。他们为农村发展做出了贡献，而其自我价值实现却或多或少被忽视了，没有实现社会价值和自我价值的统一。

20 世纪 90 年代中期开始，“大学生村官”从无到有，到快速发展，经历了长时间的积累发展的过程。面对基层工作的艰苦以及未来发展的不确定性，“大学生村官”们喜忧参半，在村官岗位上工作一段时间后自身发展遇到了相应的问题。

一、外部环境的问题

（一）政策上对“大学生村官”没有明确定位带来的尴尬

国家对大学生到农村去做“村官”虽然出台了一系列优惠政策，包括解决农村户口问题、提供乡镇公务员待遇等，但是这些政策并不十分完美。当前，大部分省份对“大学生村官”一般定义为“助理”角色（村支部书记助理或者村委会主任助理），而且在服务的 3 年期限中，这种身份都是恒定不变的。这种不是那么有分量的身份定位，在某种程度上决定了大学生村官地位的尴尬和在农村发展建设中的边缘化。一些村官就曾颇为自我嘲讽地概括自身工作为“跑跑腿、打印材料、沏茶倒水”。在农村工作几年之后，他们可能还是要投身到人才市场去参与自己新的竞争，这样的职业定位，大大降低了“村官”的吸引力，也使得很多人将其作为一种职业跳板。

（二）地方政府对“大学生村官”缺乏有效的培养和管理

“大学生村官”到村任职前，对农村情况缺乏了解，对农村工作的方式方法更是知之甚少甚至一无所知。有些基层干部对“大学生村官”的工作认识不足，有的把大学生村官看作是外面来的“飞鸽”，是上级派下来的挂职锻炼干部，早晚得走。对“大学生村官”缺乏有效的培养和管理，只是应付上级的工作任务，致使“大学生村官”处于闲置的状态。另外，部分“大学生村官”有诸如开办夜校、设立农技讲习班、创办农产品深加工基地等惠农想法，也受到村民的广泛欢迎，但是由于得不到资金的支持，很多想法都被搁置。

（三）村民委员会没有真正交任务、压担子

虽然村民对“大学生村官”寄予了很大期待，但多数的“大学生村官”反映农村工作缺乏动力。村委会给其安排的工作简单琐碎，平时只是做一些整理村里的档案、做会议记录、管理宣传栏等简单的工作，不让他们承担重要工作，影响了大学生村官素质能力的全面提高，导致部分“大学生村官”处于被边缘化的境地。所学的专业知识派不上用场，自身能力无法得以发挥，最终导致“大学生村官”资源浪费。

二、“大学生村官”自身的问题

（一）个别村官融入不够

先做“村民”，再做“村官”，听懂老百姓的话，努力说老百姓听得懂的话，这是“大学生村官”到农村任职很重要的一项。一些在大城市长大的“大学生村官”面对陌生的农村社会环境，适应融入比较慢，有的工作半年多了，还稳不下来、融不进去。

（二）工作热情的缺乏或不能持久地保持

通过对“大学生村官”的调查问卷发现，回答“真心地希望为村子做贡献”的仅占 13.5%，回答“想通过当村官锻炼自己”的占 32.5%，而回答“有很好的优惠政策”的占 54%，这体现了现今“大学生村官”很大一部分并不是出于对农村工作的热爱而做出的选择，出发点决定了他们到了农村之后缺乏一定工作热情。部分“大学生村官”刚到村里工作时，雄心勃勃，充满激情。但工作一段时间后，感到农村事务繁杂，有的认为所学专业难有用武之地，干事创业热情有所消退，这样的大学生担任村官后，很多对工作抱以抱怨、责怪的态度，而不是真正希望通过努力在这个岗位上干出成绩。

（三）“大学生村官”的心理健康问题

“大学生村官”进入农村社会以后，可能会因遇到的现实问题，如恋爱婚姻、与本地群众沟通困难、缺少创业资金、未来出路等问题造成心理的失衡。原有的理想与现实之间的落差给他们带来了很大的心理压力。2009 年 1 月 2 日，北京通州区宋庄镇小堡村一“大学生村官”因理论与现实之间找不到平衡点而患上抑郁症，最终自杀身亡，据报道其此前曾两次割腕自杀未遂。虽然这只是个案，但也折射出目前“大学生村官”的心理健康状况令人担忧。

三、问题点评

“大学生村官”的这种处境，政府有责任，“大学生村官”也有责任。选聘大学生担任“村官”是一个新生事物。开展好“大学生村官”工作，不仅是缓解当前大学生就业难的一剂良方，更是引导大学生投身农村，实现人才资源合理配置，培养来自基层后备干部，加快农村发展的长远之策。

政府高度关注“大学生村官”群体，在政策制定方面也在不断地健全完善，为“大学生村官”实现社会价值与自我价值提供更为科学务实的平台。

2008 年底，习近平同志在“大学生村官”代表座谈会上提出，要切实关心“大学生村官”的成长成才，着力构建“大学生村官”工作长效机制，努力使“大学生村官”下得去、待得住、干得好、流得动。各地、各有关部门既要关心“大学生村官”的眼前问题，又要关注他们的长远问题，不断完善政策机制，使“大学生村官”工作得以健康发展。

2010 年 1 月 5 日，习近平同志通过全国基层党建工作手机系统向全国 100 万基层党组织书记和“大学生村官”发出问候短信：“全国基层党建工作手机信息系统今天正式开通！我代表党中央，向全国的基层党组织书记、大学生村官致以亲切的问候！习近平”。基层干部在第一时间收到来自中央的问候，这在中华人民共和国历史上、在中国共产党历史上都是“开天地”的大事情。习近平发出的短信虽意在问候，但必将给基层干部送去福音，鞭策“大学生村官”和基层党组织书记发奋努力，在基层带好队。

对照中央精神，笔者在外部环境和“大学生村官”自身两方面谈几点完善“大学生村官”工程的措施。

（一）在外部环境方面需要进一步完善几方面内容

（1）完善培养机制。不能让“大学生村官”成为“花瓶”“看客”或“高级杂工”，不仅要给他们明确职务，更重要的是要明确分工，多压担子多交任务。在“大学生村官”基本了解农村情况后，要大胆放手让他们单独负责一片或一方面的工作。只有这样，才能真正发挥“大学生村官”的作用，体现他们的价值。

（2）建立科学有效的考核管理体系。各地应建立健全科学的考核管理体系，细化考核标准，强化管理措施，通过量化考核和严格管理，引导“大学生村官”努力干出实实在在的业绩。

（3）保障流动渠道的畅通。要努力使“大学生村官”下得去、待得住、干得好、流得动。为了让“大学生村官”流得动，打消他们的思想顾虑，各地应按照中央的有关政策，进一步细化定向从“大学生村官”中招录公务员、选聘优秀“大学生村官”充实事业单位等制度，为日后“大学生村官”流得动早做准备。同时，按照政策规定，在让“大学生村官”正常合理流动的同时，也要加强思想引导，鼓励一部分人扎根基层，安心农村工作，为农村培养一批高素质的基层干部，推进新农村建设，促进农村的发展。

（二）“大学生村官”自身要克服主观和客观上的种种障碍，积极融入、主动融入农村

“大学生村官”要从认识上和心态上珍惜这个岗位，珍惜这个机遇，避免自己成为“看客”或“局外人”。

（1）要熟悉农业，了解农业生产、农情。一定要从了解农事开始，了解农事就是要知道什么时候该干什么、怎么干，知道农民想干什么，自己能帮什么。了解农事是在奠定“大学生村官”做农村工作的基础，是砺炼成长的过程，是在积累今后发展的资本。天天在办公室，不实地调查，不深入走访，是绝对不行的。

（2）要熟悉农民，先做“村民”，再做“村官”，听懂老百姓的话，努力说老百姓听得懂的话，拉近与村民的感情距离，赢得村民的信任与支持。

（3）要了解农村现实情况，农村情况具有一定的复杂性，尤其是刚从书本中走出来步入社会的大学生，现实与理论之间有一定的差距，心里要有充分的思想准备，从农村现实情况出发，务实地开展力所能及的工作，进而扎实自己的群众基础，赢得他们的信任与支持。

总的来讲，“大学生村官”是一个特殊的群体，这个群体的存在对于缓解就业压力、促进农村经济发展、实现大学生自身素质的提高等方面具有相当重要的意义，可谓一举多得。通过外部环境的改善以及“大学生村官”自身的努力，相信他们的自我价值与社会价值都会得到很好的实现。

参考文献

著作类：

［1］包月阳. 中国特色新型智库与国家治理现代化［M］. 北京：中国发展出版社，2015.

［2］北京林业大学. 生态文明论丛（2011~2014）［M］. 北京：光明日报出版社，2015.

［3］本书编委会. “两学一做”学习教育常态化制度化党的思想政治建设进行时［M］. 北京：中共中央党校出版社，2017.

［4］毕玉江. 人民币汇率波动、贸易调整与外部经济冲击的传导效应［M］. 北京：中国经济出版社，2017.

［5］财新传媒编辑部. “一带一路”引领中国［M］. 北京：中国文史出版社，2015.

［6］曹德本. 修身治国平天下：中国和谐文化纵横论［M］. 北京：世界图书出版西安公司，2006.

［7］常杰. 生态文明中的生态原理［M］. 杭州：浙江大学出版社，2017.

［8］陈继勇. 中国特色社会主义经济建设研究［M］. 武汉：武汉大学出版社，2008.

［9］陈劲. 企业创新生态系统论［M］. 北京：科学出版社，2017.

［10］陈明明，任勇. 国家治理现代化理念、制度与实践［M］. 北京：中央编译出版社，2016.

［11］陈少雷. 文化价值观的哲学省思［M］. 北京：社会科学文献出版社，2015.

［12］陈锡喜. 马克思主义意识形态和话语体系［M］. 上海：华东师范大学出

版社，2011.

［13］陈学礼. 民族文化生态村：当代中国应用人类学的开拓传统知识发掘［M］. 昆明：云南大学出版社，2008.

［14］陈玉荣. “一带一路”中国统筹发展大棋局［M］. 北京：中国水利水电出版社，2016.

［15］成金华. 我国工业化与生态文明建设研究［M］. 北京：人民出版社，2017.

［16］程惠芳，陈超. 开放经济下知识资本与全要素生产率［M］. 北京：中国社会科学出版社，2016.

［17］单培勇. 论国民素质均衡发展与和谐文化建设［M］. 北京：党建读物出版社，2008.

［18］邓小平. 邓小平文选（第 1 卷）［M］. 北京：人民出版社，1989.

［19］邓小平. 邓小平文选（第 2 卷）［M］. 北京：人民出版社，1983.

［20］邓小平. 邓小平文选（第 3 卷）［M］. 北京：外文出版社，2004.

［21］邸敏学，赵满华，薛蓝明. 中国特色社会主义经济回顾与展望［M］. 太原：山西经济出版社，2009.

［22］丁元竹. 社会治理现代化的探索［M］. 北京：国家行政学院出版社，2016.

［23］杜道明. 通向和谐之路：中国的和谐文化与和谐美学［M］. 北京：国防大学出版社，2000.

［24］杜祥琬，谢和平，刘世锦. 生态文明建设的重大意义与能源变革研究（第 1 卷）［M］. 北京：科学出版社，2017.

［25］段联合，王立洲，桑业明. 当代中国马克思主义文化观［M］. 北京：中国社会科学出版社，2011.

［26］范文. 推进国家治理现代化与政治学前沿问题［M］. 北京：国家行政学院出版社，2015.

［27］方时姣. 生态文明创新经济［M］. 北京：中国环境出版有限责任公司，2015.

［28］冯波，杜仕菊. 当代中国社会价值观和社会整合研究［M］. 北京：中国传媒大学出版社，2016.

［29］冯更新. 中国特色社会主义经济发展研究［M］. 郑州：河南人民出版社，2009.

［30］冯国权，林瑞华. 聚焦“两学一做”若干重要问题深度解析［M］. 北京：国家行政学院出版社，2016.

［31］冯留建. 马克思主义国家理论与中国国家治理现代化［M］. 北京：人民出版社，2017.

［32］傅宁军. 大学生“村官”［M］. 南京：江苏人民出版社，2009.

［33］高培勇. 财税体制改革与国家治理现代化［M］. 北京：社会科学文献出版社，2014.

［34］郭国祥. 马克思主义意识形态理论中国化、时代化、大众化研究［M］. 上海：上海三联书店，2014.

［35］郭淑敏. 北京大学生村官调查［M］. 北京：中央民族大学出版社，2009.

［36］何爱平. 以生态文明看待发展［M］. 北京：科学出版社，2017.

［37］何建章. 中国特色的社会主义经济［M］. 南昌：江西人民出版社，1996.

［38］何克勇，刘立. 中国文化走出去对比研究［M］. 南京：江苏人民出版社，2015.

［39］何炼成，李忠民. 中国特色社会主义经济问题研究［M］. 北京：人民出版社，2010.

［40］何小刚. 生态文明新论［M］. 上海：上海社会科学院出版社，2016.

［41］侯惠勤. 国外马克思主义意识形态研究著作评析［M］. 北京：中国社会科学出版社，2015.

［42］侯惠勤等. 马克思主义意识形态论［M］. 南京：南京大学出版社，2011.

［43］胡鞍钢. 中国国家治理现代化［M］. 北京：中国人民大学出版社，2014.

［44］胡锦涛. 胡锦涛文选（第 1 卷）［M］. 北京：人民出版社，2016.

［45］胡锦涛. 胡锦涛文选（第 2 卷）［M］. 北京：人民出版社，2016.

［46］胡锦涛. 胡锦涛文选（第 3 卷）［M］. 北京：人民出版社，2016.

［47］胡正塬. “一带一路”战略［M］. 北京：中共中央党校出版社，2017.

［48］湖南省行政管理学会. 国家治理现代化研究［M］. 长沙：湖南人民出版社，2014.

［49］黄河. 一带一路与国际合作［M］. 上海：上海人民出版社，2015.

［50］黄凯锋. 安妥今生：信仰生活的价值观研究［M］. 上海：上海社会科学院出版社，2016.

［51］黄平，赵晨. 一带一路与欧洲［M］. 北京：时事出版社，2017.

［52］黄亚钧，刘红忠. 人民币汇率走向［M］. 上海：上海文化出版社，1993.

［53］黄易宇，王本奎. 中华文化与生态文明［M］. 北京：知识产权出版社，2015.

［54］贾治邦. 论生态文明（第 2 版）［M］. 北京：中国林业出版社，2015.

［55］贾治邦. 论生态文明［M］. 北京：中国林业出版社，2014.

［56］《建设和谐文化与构建和谐社会》编写组. 建设和谐文化与构建和谐社会［M］. 北京：学习出版社，2006.

［57］《〈江泽民文选〉学习读本》编写组.《江泽民文选》学习读本［M］. 北京：人民日报出版社，2006.

［58］江奔东. 中国特色社会主义经济论纲［M］. 济南：山东大学出版社，1998.

［59］江必新，王红霞. 国家治理现代化与社会治理［M］. 北京：中国法制出版社，2016.

［60］姜子叶. 人民币汇率、贸易平衡与政策选择［M］. 北京：中国金融出版社，2014.

［61］黎玉琴. 秩序与和谐的文化追求：超越个体理性和集体理性［M］. 贵阳：贵州人民出版社，2006.

［62］李昌庚. 社会转型与制度变迁：国家治理现代化的法治思维［M］. 北京：中国政法大学出版社，2014.

［63］李晨. 大学生村官［M］. 银川：阳光出版社，2010.

［64］李锦. 民族文化生态与经济协调发展对泸沽湖周边及香格里拉的研究［M］. 北京：民族出版社，2008.

［65］李连仲，李连第. 建设有中国特色社会主义的经济［M］. 昆明：云南人民出版社，1993.

［66］李明. 后马克思主义意识形态理论研究［M］. 北京：人民出版社，2011.

［67］李楠. “互联网+”与国家治理现代化［M］. 济南：山东大学出版社，2016.

［68］李义良. 大学生村官发展研究［M］. 北京：中国农业出版社，2013.

［69］李泽中. 中国特色社会主义经济问题研究［M］. 武汉：武汉出版社，1999.

［70］梁柱. 毛泽东民主政治建设的思想探析毛泽东政治思想下［M］. 济南：山东人民出版社，1993.

［71］廖峥嵘. “一带一路”中国与世界［M］. 北京：社会科学文献出版社，2017.

［72］林永和，冯晓春. 大学生“村官”心理成长［M］. 北京：国家行政学院出版社，2010.

［73］刘少华，刘宏斌，余凯. 国家治理体系现代化与政治治理［M］. 长沙：湖南人民出版社，2015.

［74］刘卫东，田锦尘，欧晓理. “一带一路”战略研究［M］. 北京：商务印书馆，2017.

［75］刘星星. “两学一做”系列：廉政舆情观察［M］. 北京：人民日报出版社，2016.

［76］柳枫，周献红. 和谐文化理论与实践［M］. 开封：河南大学出版社，2008.

［77］罗亚拉. 伟人毛泽东的政治智慧与诗人情怀［M］. 长沙：湖南人民出版社，2013.

［78］马抗美. 全国大学生村官成长成才机制实证研究［M］. 北京：中国政法大学出版社，2016.

［79］马小芳. 人民币汇率制度选择研究［M］. 北京：国家行政学院出版社，2012.

［80］茅笛. 文明的觉醒迈向生态文明时代［M］. 北京：中国书籍出版社，2016.

［81］盘古智. 盘古智库谈“一带一路”［M］. 太原：山西经济出版社，2016.

［82］祁一平. 国家治理现代化与腐败治理［M］. 北京：中国发展出版社，2016.

［83］［英］乔治·拉雷恩. 马克思主义与意识形态：马克思主义意识形态论研究［M］. 北京：北京师范大学出版社，2013.

[84] 钦北愚. 中国特色社会主义经济理论研究 [M]. 杭州：浙江大学出版社，2004.

[85] 秦凤鸣. 人民币汇率过去、现在与未来 [M]. 北京：中国金融出版社，2012.

[86] 秦刚. 中国特色社会主义理论体系研究 [M]. 北京：中共中央党校出版社，2014.

[87] 秦敬民. 和谐文化建设与研究 [M]. 济南：山东大学出版社，2008.

[88] 秦丽莉. 国别文化价值观研究概论 [M]. 北京：中国出版集团世界图书出版公司，2017.

[89]《清华管理评论》编写组. 互联网时代的企业创新 [M]. 北京：清华大学出版社，2017.

[90] 曲士英，牛涛，陈宏伟. 马克思主义意识形态与国家文化安全 [M]. 杭州：浙江工商大学出版社，2013.

[91] 权丽华. 国家治理能力现代化背景下的乡村治理研究 [M]. 北京：光明日报出版社，2016.

[92] 人民日报评论部. 习近平用典 [M]. 北京：人民日报出版社，2015.

[93] 任洁，中国社会科学院马克思主义研究院. 文化与国家治理现代化 [M]. 杭州：浙江人民出版社，2015.

[94] 沙健孙. 中国新民主主义革命概论毛泽东政治思想上 [M]. 济南：山东人民出版社，1993.

[95] 邵军. 利用外资与中国制造业全要素生产率增长 [M]. 南京：东南大学出版社，2010.

[96] 申文杰. 马克思主义意识形态政治功能及实现形式研究 [M]. 北京：中国社会科学出版社，2015.

[97] 深圳创新发展研究院. 中国改革创新报告 2014——国家治理现代化研究 [M]. 北京：人民出版社，2015.

[98] 沈勇. 中国特色社会主义经济理论 [M]. 南京：南京师范大学出版社，1996.

[99] 施惟达，胡正鹏. 和谐文化建设论 [M]. 昆明：云南大学出版社，2008.

[100] 史亚军. 如何当好大学生村官 [M]. 北京：中国农业出版社，2011.

［101］［美］斯塔尔，中共中央文献研究室《国外研究毛泽东思想资料选辑》编辑组. 毛泽东的政治哲学［M］. 北京：中央文献出版社，1992.

［102］［美］斯塔尔. 国外毛泽东研究译丛毛泽东的政治哲学［M］. 曹志为，王晴波译. 北京：中国人民大学出版社，2008.

［103］宋阳. 中国文化“走出去”发展战略研究［M］. 深圳：海天出版社，2012.

［104］孙士聪. 影响与对话：西方马克思主义意识形态批评研究［M］. 上海：上海人民出版社，2008.

［105］孙占元. 中国特色社会主义理论体系研究［M］. 济南：山东人民出版社，2014.

［106］孙忠娟. 中国企业的创新路径［M］. 北京：经济管理出版社，2017.

［107］唐春元. 毛泽东政治战略［M］. 哈尔滨：黑龙江人民出版社，1998.

［108］涂明君. 通往善治之路互补系统论视角下国家治理现代化求索［M］. 北京：社会科学文献出版社，2017.

［109］汪立峰. 中国特色社会主义研究书系：中国特色社会主义经济建设研究［M］. 北京：中国人民大学出版社，2017.

［110］王福兴. 马克思主义意识形态革命论研究［M］. 北京：中国社会科学出版社，2014.

［111］王广信. 中国特色社会主义经济建设［M］. 北京：中共中央党校出版社，2006.

［112］王海兵. 人力资本、物质资本与中国全要素生产率［M］. 北京：经济科学出版社，2016.

［113］王浩斌. 马克思主义的意识形态理论及其当代价值研究［M］. 长沙：中南大学出版社，2016.

［114］王镭，王立强. “一带一路”合作共赢［M］. 北京：社会科学文献出版社，2017.

［115］王丽丽. 开放视角下产业集聚与全要素生产率关系研究［M］. 北京：经济日报出版社，2014.

［116］王灵桂，赵江林. 全球视角下的“一带一路”［M］. 北京：社会科学文献出版社，2017.

［117］王明华."一带一路"战略与国际区域经济合作［M］.北京：法律出版社，2016.

［118］王浦劬.国家治理现代化理论与策论［M］.北京：人民出版社，2016.

［119］王庆五.马克思主义意识形态指导地位研究［M］.北京：中国社会科学出版社，2012.

［120］王守山.毛泽东政治工作理论研究［M］.北京：军事科学出版社，1993.

［121］王文杰.文化走出去［M］.北京：人民日报出版社，2013.

［122］王晓升等.西方马克思主义意识形态理论［M］.北京：社会科学文献出版社，2009.

［123］王欣.我国装备制造业全要素生产率测度［M］.上海：复旦大学出版社，2012.

［124］王秀华，程瑞山.为政治立"法"：毛泽东政治伦理思想研究［M］.北京：人民出版社，2008.

［125］王义桅.世界是通的："一带一路"的逻辑［M］.北京：商务印书馆，2016.

［126］王永贵等.马克思主义意识形态理论与当代中国实践研究［M］.北京：人民出版社，2013.

［127］王元龙.人民币汇率与国际化战略［M］.北京：中国金融出版社，2012.

［128］王仲颖，张有生.生态文明建设与能源转型［M］.北京：中国经济出版社，2016.

［129］卫兴华.中国特色社会主义经济理论体系研究［M］.北京：中国财政经济出版社，2015.

［130］魏加宁.如何实现国家治理现代化对改革基本问题的思考［M］.北京：中国发展出版社，2017.

［131］魏巍贤.人民币汇率研究［M］.哈尔滨：黑龙江教育出版社，2008.

［132］［美］沃马克.毛泽东政治思想的基础（1917~1935）（典藏本）［M］.北京：中国人民大学出版社，2013.

［133］吴东立.人民币汇率变动的出口价格传递效应研究［M］.北京：经济

管理出版社，2017.

[134] 吴宗杰，方凡，赵伟黎. 话语与和谐文化构建 [M]. 杭州：浙江大学出版社，2005.

[135]《习近平总书记系列讲话精神学习读本》编写组. 习近平总书记系列重要讲话精神学习读本 [M]. 北京：中国方正出版社，2014.

[136] 习近平. 习近平谈治国理政 [M]. 北京：外文出版社，2014.

[137] 夏洪胜，张世贤. 企业创新 [M]. 北京：经济管理出版社，2014.

[138] 向春玲. 推进国家治理体系现代化 [M]. 北京：中共中央党校出版社，2015.

[139] 萧超然，晓韦，金安平. 毛泽东政治发展学说概要 [M]. 北京：北京大学出版社，2003.

[140] 谢和平. "一带一路"沿线国家纵览 [M]. 成都：四川大学出版社，2016.

[141] 谢天振. 中国文化走出去：理论与实践　他乡的石头记 [M]. 天津：南开大学出版社，2014.

[142] 辛向阳. 中国特色社会主义与国家治理现代化 [M]. 杭州：浙江人民出版社，2015.

[143] [美] 熊彼特. 经济发展理论赶（第一版）[M]. 何畏，易家祥等译. 北京：商务印书馆，1991.

[144] 熊俊. 要素投入、全要素生产率与中国经济增长的动力 [M]. 北京：中国财政经济出版社，2008.

[145] 徐贵相. 中国特色社会主义理论体系 [M]. 广州：广东教育出版社，2014.

[146] 徐霜北，许正中，高常水. 人民币汇率怎么了 [M]. 北京：中国财政经济出版社，2011.

[147] 徐伟新. 社会主义核心价值观研究 [M]. 北京：中共中央党校出版社，2016.

[148] 徐育苗. 毛泽东政治学说 [M]. 武汉：华中师范大学出版社，1998.

[149] 许门友. 毛泽东思想和中国特色社会主义理论体系通论 [M]. 西安：陕西人民出版社，2015.

[150] 薛力.“一带一路”中外学者剖析 [M]. 北京：中国社会科学出版社，2017.

[151] 闫纪建，刘振江，彭富明等. 社会主义和谐文化建设论纲 [M]. 开封：河南大学出版社，2009.

[152] 严昭柱. 中国和谐文化建设 [M]. 北京：人民日报出版社，2007.

[153] 颜晓峰. 国家治理现代化学习读本 [M]. 北京：人民日报出版社，2014.

[154] 杨碧琴. 人民币汇率对跨境贸易人民币结算的影响研究 [M]. 成都：西南财经大学出版社，2017.

[155] 杨耕，吴向东. 社会主义核心价值观理论与方法 [M]. 成都：四川人民出版社，2017.

[156] 杨海蛟，程竹汝. 国家治理现代化丛论 [M]. 上海：上海人民出版社，2017.

[157] 杨军昌，吴学军，王兴明. 人类文明第三高度大走势民族文化与生态文明建设的探索与实践 [M]. 北京：知识产权出版社，2013.

[158] 杨倩. 和谐文化的溯源与辨析 [M]. 北京：世界知识出版社，2011.

[159] 杨生平. 论马克思主义意识形态理论的形成和发展 [M]. 北京：首都师范大学出版社，1998.

[160] 杨涛，张立明.“一带一路”国情文化丛书伊朗概论 [M]. 世界图书出版广东有限公司，2016.

[161] 杨永利. 中国特色社会主义理论体系内涵研究 [M]. 北京：人民日报出版社，2015.

[162] 叶峻，李梁美. 社会生态学与生态文明论 [M]. 上海：上海三联书店，2016.

[163] 尹绍亭. 民族文化生态村：当代中国应用人类学的开拓理论与方法 [M]. 昆明：云南大学出版社，2008.

[164] 尹绍亭. 云南山地民族文化生态的变迁 [M]. 昆明：云南教育出版社，2009.

[165] 于连坤. 中国特色社会主义经济论 [M]. 北京：国防大学出版社，2011.

［166］于文夫. 中国文化“走出去”发展报告［M］. 长春：吉林人民出版社，2014.

［167］于霞. 和谐文化建设研究［M］. 济南：明天出版社，2009.

［168］俞可平. 论国家治理现代化［M］. 北京：社会科学文献出版社，2015.

［169］俞可平. 推进国家治理与社会治理现代化［M］. 北京：当代中国出版社，2014.

［170］虞崇胜，唐皇凤. 第五个现代化国家治理体系和治理能力现代化［M］. 武汉：湖北人民出版社，2015.

［171］袁恩桢，汤静波等. 中国特色社会主义经济［M］. 上海：上海人民出版社，1995.

［172］翟丽艳等. 社会主义和谐文化研究［M］. 石家庄：河北教育出版社，2008.

［173］张锋. 国家战略建设“一带一路”［M］. 西安：西安交通大学出版社，2017.

［174］张骥. 马克思主义意识形态引领多样化社会思潮若干问题研究［M］. 北京：人民出版社，2013.

［175］张良. 国家治理现代化进程中公共管理教学案例研究［M］. 上海：华东理工大学出版社，2016.

［176］张璐璐. “一带一路”的多元化解析［M］. 北京：知识产权出版社，2017.

［177］张松辉. 致中和：中国传统和谐文化漫谈［M］. 长沙：岳麓书社，2008.

［178］张西平，管永前. 中国文化“走出去”研究总论［M］. 北京：北京大学出版社，2016.

［179］张秀琴. 西方马克思主义意识形态理论的当代阐释［M］. 北京：中国传媒大学出版社，2005.

［180］张宇燕. “一带一路”中国智库观点［M］. 北京：中国社会科学出版社，2017.

［181］张蕴岭，袁正清. “一带一路”与中国发展战略［M］. 北京：社会科学文献出版社，2017.

［182］赵继伟. 马克思主义意识形态接受论［M］. 武汉：武汉大学出版社，2009.

［183］赵晋平. 重塑“一带一路”经济合作新格局［M］. 杭州：浙江大学出版社，2016.

［184］赵维绥，王文章. 中国文化发展与和谐文化建设［M］. 北京：文化艺术出版社，2008.

［185］赵心愚，余仕麟. 生态文明利用与厚生［M］. 成都：四川大学出版社，2014.

［186］郑晓云，杨正权. 红河流域的民族文化与生态文明（上）［M］. 北京：中国书籍出版社，2010.

［187］《中国特色社会主义经济发展道路》编写组. 中国特色社会主义经济发展道路［M］. 北京：中央文献出版社，2013.

［188］中共贵州省委党校研究生部. “两学一做”与党性修养［M］. 北京：红旗出版社，2017.

［189］中共山东省委宣传部. 我们的价值观［M］. 济南：山东人民出版社，2015.

［190］中共中央马克思恩格斯列宁斯大林著作编译局. 马克思恩格斯全集（1~50卷）［M］. 北京：人民出版社，2016.

［191］中共中央文献研究室. 毛泽东文集［M］. 北京：人民出版社，2008.

［192］中国生态文明研究与促进会. 生态文明　美丽中国［M］. 北京：中国环境出版社，2014.

［193］中国战略与管理研究会. 战略与管理1：国家治理现代化［M］. 北京：中国计划出版社，2016.

［194］中联华文，马振清. 学术之星文库：国家治理现代化中的道德治理与法律治理［M］. 北京：中国书籍出版社，2017.

［195］中央党校图书馆.《马克思恩格斯全集》注释选编（上）［M］. 出版者不详，1973.

［196］钟海帆. 互联网与国家治理现代化［M］. 北京：社会科学文献出版社，2015.

［197］周攀. 和谐文化与中华文化认同［M］. 北京：中国工商出版社，2007.

［198］周熙明，徐平，包路芳等. 马克思主义文化观［M］. 北京：中国藏学出版社，2004.

［199］朱玉珍，于杰，臧慧微. 新形势下高校马克思主义意识形态建设研究［M］. 哈尔滨：东北林业大学出版社，2013.

［200］祝成生. 和谐文化与伦理秩序的当代重建［M］. 北京：群众出版社，2008.

［201］邹磊. "一带一路"合作共赢的中国方案［M］. 上海：上海人民出版社，2016.

［202］邹征远. 建设中国特色社会主义经济［M］. 北京：解放军出版社，2003.

期刊类：

［1］安娜. 论中国现代化进程中的价值观转型［J］. 科技信息，2012（22）：58.

［2］白秀银. 马克思主义文化观在民族文化发展中的应用［J］. 贵州民族研究，2015（12）：35-38.

［3］班惠英. 论科学理解中国特色社会主义理论体系的三个基本维度［J］. 大众文艺（理论），2009（14）：18，29.

［4］包心鉴. 国家治理现代化与中国特色社会主义新发展［J］. 中共福建省委党校学报，2015（2）：41-51.

［5］包心鉴. 以制度现代化推进国家治理现代化［J］. 中共福建省委党校学报，2014（1）：4-10.

［6］包心鉴. 制度现代化：国家治理现代化的实质与指向［J］. 社会科学研究，2015（2）：6-10.

［7］蔡昉. 中国经济增长如何转向全要素生产率驱动型［J］. 中国社会科学，2013（1）：56-71，206.

［8］蔡武. 坚持文化先行建设"一带一路"［J］. 求是，2014（9）：44-46.

［9］蔡一铭. 抗战时期毛泽东政治传播形式探析［J］. 经济研究导刊，2015（16）：307-309.

［10］曹凤岐. 人民币汇率形成机制研究［J］. 金融研究，2005（1）：43-51.

［11］曹凌燕. 借助文化软实力推进社会治理现代化的探索与思考［J］. 科学社

会主义，2015（2）：84–88.

［12］曹淑英. 建设和谐文化促进青海和谐发展［J］. 攀登，2006（6）：122–125.

［13］查振祥. 企业创新的内涵与条件研究［J］. 特区经济，2006（3）：300–302.

［14］陈殿林，田慧萍. 深入开展“两学一做”推动全面从严治党［J］. 红旗文稿，2016（9）：32–34.

［15］陈虹，杨成玉.“一带一路”国家战略的国际经济效应研究——基于CGE 模型的分析［J］. 国际贸易问题，2015（10）：4–13.

［16］陈健康，张欢欢. 毛泽东思想政治教育理论中的人本思想［J］. 改革与开放，2010（8）：28–29.

［17］陈娟. 马克思主义文化观与当代中国文化建设［J］. 长春理工大学学报（社会科学版），2012（8）：27–28，126.

［18］陈亮，王彩波. 创造发展型意识形态：国家治理现代化与主流意识形态的逻辑定位和建构路径——基于主流意识形态与社会结构契合性的分析视角［J］. 探索，2015（3）：60–65.

［19］陈亮，王彩波. 国家治理现代化：理论诠释与实践路径［J］. 重庆社会科学，2014（9）：35–42.

［20］陈亮，王彩波. 国家治理现代化进程中主流意识形态的调适性变迁［J］. 行政论坛，2015（4）：1–5.

［21］陈亮. 国家治理现代化的演进逻辑［J］. 重庆社会科学，2015（3）：41–49.

［22］陈平.“一带一路”：文化走出去的途径探究［J］. 人文天下，2015（16）：2–17.

［23］陈石明. 论习近平的国家治理现代化思想［J］. 武汉科技大学学报（社会科学版），2016（1）：1–5.

［24］陈廷湘. 中国文化核心价值观“人”的观念的近代转型［J］. 史学月刊，2008（12）：51–61.

［25］陈伟光，王燕. 共建“一带一路”：基于关系治理与规则治理的分析框架［J］. 世界经济与政治，2016（6）：93–112，158–159.

［26］陈勇兵，李燕，周世民. 中国企业出口持续时间及其决定因素［J］. 经济

研究，2012（7）.

［27］陈章龙. 社会转型时期的价值观与价值导向［J］. 社会科学辑刊，1997（3）：21–25.

［28］陈志杰. 毛泽东政治观的形成与发展［J］. 南通大学学报（社会科学版），2011（6）：27–32.

［29］陈忠. 大学生村官与中国政治生态：意义、问题与趋势——大学生村官的一种政治学分析［J］. 苏州大学学报（哲学社会科学版），2009（4）：1–6.

［30］程娅静. 社会治理现代化视角下德治与法治的关系辨析［J］. 人民论坛，2015（14）：128–130.

［31］储殷，高远. 中国"一带一路"战略定位的三个问题［J］. 国际经济评论，2015（2）：6，90–99.

［32］崔莉萍. 基于"一路一带"推动中华文明在欧亚大陆的再传播［J］. 新闻大学，2014（5）：96–101.

［33］戴安良. 略论我国社会转型时期的价值观［J］. 探索，2006（5）：106–110.

［34］戴云. 影响大学生"村官"可持续发展的因素分析与对策［J］. 科技信息，2011（15）：552–553.

［35］邓俊丽，阎树群. 以人为本视角下国家治理现代化的逻辑建构［J］. 理论与现代化，2016（2）：38–44.

［36］丁春华. "两学一做"：新时期全面加强党建的号角［J］. 福州党校学报，2016（2）：5–7.

［37］丁元竹. 推进社会治理现代化的基本思路［J］. 北京师范大学学报（社会科学版），2016（2）：108–117.

［38］丁志刚. 论国家治理体系及其现代化［J］. 学习与探索，2014（11）：52–57.

［39］董晓芳，袁燕. 企业创新、生命周期与聚集经济［J］. 经济学（季刊），2014（2）：767–792.

［40］杜德斌，马亚华. "一带一路"：中华民族复兴的地缘大战略［J］. 地理研究，2015（6）：1005–1014.

［41］杜飞进. 中国现代化的一个全新维度——论国家治理体系和治理能力现代化［J］. 社会科学研究，2014（5）：37–53.

［42］杜靖. 基于动力机制视角的传统企业创新转型路径选择［J］. 企业经济，2013（6）：37-41.

［43］段立国. 国家治理现代化与社会主义核心价值观的内在关联［J］. 湖北社会科学，2015（4）：157-163.

［44］樊建政. 晚年毛泽东政治行为动因分析［J］. 毛泽东思想研究，2008（4）：25-30.

［45］樊跃发，李晓燕. 全面从严治党与国家治理现代化［J］. 河南理工大学学报（社会科学版），2017（1）：6-11.

［46］范逢春，尤佳. 社会治理现代化：理念、制度与过程的三维重构［J］. 河南社会科学，2015（1）：23-28.

［47］范剑勇，冯猛，李方文. 产业集聚与企业全要素生产率［J］. 世界经济，2014（5）：51-73.

［48］范湘涛，范贤超. 论毛泽东政治哲学及其当代价值［J］. 湖湘论坛，2013（5）：20-26.

［49］冯留建. 马克思主义国家理论与中国国家治理现代化［J］. 马克思主义研究，2014（3）：36-42，159-160.

［50］冯旺舟. 论马克思主义文化观及其现实启示［J］. 理论导刊，2014（12）：79-82.

［51］冯之浚. 生态文明和生态自觉［J］. 中国软科学，2013（2）：1-7.

［52］付建军. 大学生村官角色认同实证研究［J］. 山东省青年管理干部学院学报，2010（4）：44-47.

［53］傅家骥，程源. 知识创新与技术创新［J］. 中国科技月报，1999（8）.

［54］傅永春. 我国社会转型过程中大学生价值观引导问题探讨［J］. 西北民族大学学报（哲学社会科学版），2013（2）：175-181.

［55］高国希. 面对价值观转型的思想政治理论课改革［J］. 思想·理论·教育，2005（3）：26-27.

［56］高慧广. 扎实开展"两学一做"学习教育推进全面从严治党向机关基层党组织延伸［J］. 实践（思想理论版），2016（4）：22-23.

［57］高建生. "两学一做"是党内经常性教育的重大创新——中国共产党党内经常性教育的历史经验与启示［J］. 前进，2016（6）：15-19.

[58] 龚关，胡关亮，陈磊. 国有与非国有制造业全要素生产率差异分析——基于资源配置效率与平均生产率 [J]. 产业经济研究，2015 (1)：93-100.

[59] 龚茜. 马克思主义文化观与社会主义和谐文化建设 [J]. 中共青岛市委党校·青岛行政学院学报，2009 (2)：13-15.

[60] 龚玉池. 公司绩效与高层变更 [J]. 经济研究，2001 (10)：75-82.

[61] 关锋. "国家治理现代化" 对历史唯物主义国家观的推进 [J]. 教学与研究，2016 (11)：27-36.

[62] 郭栋，刘海贵. 文化 "走出去工程" 的政策体系局限与优化思路——"我国文化走出去工程政策研究" 专题研讨会综述 [J]. 新闻大学，2012 (5)：140-143.

[63] 郭凤海. 从价值观转型的历程看社会主义核心价值观建设 [J]. 学习月刊，2014 (17)：23-26.

[64] 郭国仕. 全面从严治党的逻辑内涵与历史必然性探讨——兼论 "两学一做" 学习教育 [J]. 江西理工大学学报，2016 (4)：5-10.

[65] 郭强. 推进中国国家治理现代化的基础、核心和关键——基于马克思国家与社会关系理论的分析 [J]. 湖北行政学院学报，2015 (4)：21-25.

[66] 郭苏建. 中国国家治理现代化视角下的社会治理模式转型 [J]. 学海，2016 (4)：16-20.

[67] 郭小辉. 高校开展 "两学一做" 学习教育的建议及思考 [J]. 科技资讯，2016 (1)：132，134.

[68] 何成学，朱新玲. 中国特色革命理论和中国特色社会主义理论的形成及历史启示 [J]. 攀登，2009 (6)：15-21.

[69] 何庚文. 中国特色社会主义理论体系的鲜明特性 [J]. 攀登，2008 (1)：16-18.

[70] 何增科. 国家治理及其现代化探微 [J]. 国家行政学院学报，2014 (4)：11-14.

[71] 贺贵成. 狠抓 "两学一做" 争当合格党员 [J]. 四川党的建设 (城市版)，2016 (4)：58-59.

[72] 胡鞍钢. 中国国家治理现代化的特征与方向 [J]. 国家行政学院学报，2014 (3)：4-10.

［73］胡春阳. 转型时期社会主义核心价值观认同建构［J］. 中国特色社会主义研究，2015（1）：65–70.

［74］胡倩. 人民币汇率变动对我国对外直接投资影响初探［J］. 改革与开放，2011（16）：22–23.

［75］胡永保，杨弘. 国家治理现代化进程中的政府治理转型析论［J］. 理论月刊，2015（12）：108–113.

［76］胡志平. 国家治理现代化视域下公共服务治理机制的创新［J］. 南通大学学报（社会科学版），2015（5）：118–124.

［77］黄凤平. 扎实开展"两学一做"学习教育，切实履行档案人"为党管档、为国守史、为民服务"的神圣职责［J］. 云南档案，2016（4）：7–11.

［78］黄勤，曾元，江琴. 中国推进生态文明建设的研究进展［J］. 中国人口·资源与环境，2015（2）：111–120.

［79］黄盛. 人民币汇率的影响因素及变化趋势研究［J］. 特区经济，2006（11）：12–14.

［80］简泽，张涛，伏玉林. 进口自由化、竞争与本土企业的全要素生产率——基于中国加入 WTO 的一个自然实验［J］. 经济研究，2014（8）：120–132.

［81］江必新. 国家治理现代化基本问题研究［J］. 中南大学学报（社会科学版），2014（3）：139–148.

［82］姜凌，马先仙. 正确认识人民币汇率稳定的若干问题［J］. 金融研究，2005（8）：53–62.

［83］姜锡润，王曼. 论社会转型时期价值冲突的根源与价值观重建［J］. 武汉大学学报（哲学社会科学版），2005（2）：149–155.

［84］蒋涛涛. 新时期网络和谐文化建设［J］. 山东省青年管理干部学院学报，2008（4）：13–15.

［85］蒋志刚. "一带一路"建设中的金融支持主导作用［J］. 国际经济合作，2014（9）：59–62.

［86］解双双. 论从严治党与国家治理现代化［J］. 大连干部学刊，2015（9）：9–11.

［87］金颖，李亿. 构建和谐世界背景下提升我国文化软实力的思路探索［J］. 改革与开放，2011（10）：191–192.

[88] 康渝生. 毛泽东政治和谐思想的理论底蕴及其当代意义 [J]. 黑龙江社会科学，2009 (5)：8–12.

[89] 珂明. 领会“两学一做”精神实质争做“四讲四有”合格党员 [J]. 求知，2016 (6)：13–17.

[90] 赖传祥. 中国传统价值观的现代转型 [J]. 江汉论坛，1994 (7)：38–43.

[91] 李炳毅，王丽鸽. 文化自觉与文化走出去 [J]. 理论导刊，2012 (8)：66–68，72.

[92] 李春涛，宋敏. 中国制造业企业的创新活动：所有制和 CEO 激励的作用 [J]. 经济研究，2010 (5)：55–67.

[93] 李浩仰. 人民币汇率对我国通胀的影响 [J]. 改革与开放，2011 (12)：111.

[94] 李宏彬，马弘，熊艳艳，徐嫄. 人民币汇率对企业进出口贸易的影响——来自中国企业的实证研究 [J]. 金融研究，2011 (2)：1–16.

[95] 李建. 国家治理现代化内涵阐释与现实考量 [J]. 重庆社会科学，2017 (1)：21–28.

[96] 李建军. 中华文化走出去新视角 [J]. 新疆师范大学学报（哲学社会科学版），2015 (4)：85–91.

[97] 李可心. 理性认识国家治理现代化进程面临的挑战 [J]. 人民论坛，2015 (2)：53–55.

[98] 李敏伦，张存国. 试论毛泽东政治思想和谐观 [J]. 中国地质大学学报（社会科学版），2011 (2)：18–22.

[99] 李裴. 坚持把看齐意识贯穿“两学一做”全过程 [J]. 当代贵州，2016 (11)：34–35.

[100] 李平，许家云. 金融市场发展、海归与技术扩散——基于中国海归创办新企业视角的分析 [J]. 南开管理评论 2011 (2)：150–160.

[101] 李伟荣. 中国文化“走出去”的外部路径研究——兼论中国文化国际影响力 [J]. 中国文化研究，2015 (3)：29–46.

[102] 李文贵，余明桂. 所有权性质、市场化进程与企业风险承担 [J]. 中国工业经济，2012 (12)：115–127.

[103] 李小荣，刘行. CEO VS CFO：性别与股价崩盘风险 [J]. 世界经济

2012（12）：102–129.

［104］李晓，李俊久．“一带一路”与中国地缘政治经济战略的重构［J］．世界经济与政治，2015（10）：30–59，156–157.

［105］李学军．对生态文明建设思想的几点认识［J］．攀登，2009（1）：59–61.

［106］廖小平．社会转型与价值观代际共同体［J］．天津社会科学，2006（1）：34–38.

［107］林乐芬，王少楠．“一带一路”建设与人民币国际化［J］．世界经济与政治，2015（11）：72–90，158.

［108］林毅．试论毛泽东政治思想的理论体系［J］．马克思主义研究，2014（2）：35–41.

［109］令小雄．论析“新常态”视域下的社会治理现代化［J］．毛泽东思想研究，2015（3）：67–72.

［110］刘海霞．论马克思主义对生态文明建设的指导作用［J］．山东省青年管理干部学院学报，2010（6）：11–14.

［111］刘俊杰．推进国家治理体系和治理能力现代化的基本问题［J］．哈尔滨市委党校学报，2014（1）：5–8.

［112］刘丽红．浅议生态文明建设的制度确立［J］．企业经济，2013（4）：155–158.

［113］刘思齐．社会治理现代化语境下的权利话语和关系话语［J］．北京邮电大学学报（社会科学版），2015（1）：75–80.

［114］刘唐宇，彭桂汤，林莉．大学生村官的理性思考［J］．江西农业大学学报（社会科学版），2008（3）：106–110，114.

［115］刘卫东．“一带一路”战略的科学内涵与科学问题［J］．地理科学进展，2015（5）：538–544.

［116］刘先春，柳宝军．国家治理现代化视域中的政党治理［J］．学术探索，2016（5）：21–29.

［117］刘小玄，李双杰．制造业企业相对效率的度量和比较及其外生决定因素 2000~2004［J］．经济学（季刊），2008（3）：843–868.

［118］刘小玄，吴延兵．企业生产率增长及来源：创新还是需求拉动［J］．经济研究，2009（7）：45–54.

［119］刘运国，刘雯. 我国上市公司的高管任期与 R&D 支出［J］. 管理世界 2007（1）：128–136.

［120］柳礼泉，丁蕾. 和谐文化建设与国家文化软实力的提升［J］. 湖南师范大学社会科学学报，2010（3）：50–53.

［121］龙花楼，刘永强，李婷婷，万军. 生态文明建设视角下土地利用规划与环境保护规划的空间衔接研究［J］. 经济地理，2014（5）：1–8.

［122］卢之旺. 人民币汇率波动对出口企业经营状况的影响研究［J］. 宏观经济研究，2015（3）：38–49.

［123］陆金妹. 论“两学一做”的马克思主义立场［J］. 福建省社会主义学院学报，2016（2）：5–9.

［124］吕书良. 新农村视角下大学生村官及其政策考量［J］. 中国农村观察，2008（3）：53–59.

［125］罗嗣亮. 毛泽东延安时期文艺普及思想的政治图解［J］. 现代哲学，2006（5）：39–45.

［126］罗予超. 毛泽东政治哲学与当代中国政治［J］. 湖南师范大学社会科学学报，1997（6）：14–19.

［127］马德峰. 大学生“村官”基层角色定位研究［J］. 中国青年研究，2013（1）：70–74.

［128］马德峰. 大学生村官期满分流及其路径研究——以苏北 Y 县为例［J］. 中国软科学，2013（9）：72–81.

［129］马继斌，马路遥. 和谐文化的时代特征解读［J］. 改革与开放，2010（2）：180–181.

［130］马荔. 新媒体视域下网络舆情与国家治理现代化关系及治理路径——基于博弈论的视角［J］. 江淮论坛，2015（3）：106–109.

［131］马晓红. 对中国特色社会主义理论体系与毛泽东思想关系的再认识［J］. 攀登，2009（2）：11–16.

［132］马振清，孙留萍. 国家治理现代化与以德治国——价值功能定位与有效实现方式［J］. 人民论坛，2015（2）：12–15.

［133］毛明芳. 着力构建生态文明建设的长效机制［J］. 攀登，2009（3）：72–75.

［134］ 毛其淋，盛斌. 中国制造业企业的进入退出与生产率动态演化［J］. 经济研究，2013（4）：16-29.

［135］ 聂辉华，谭松涛，王宇锋. 创新、企业规模和市场竞争：基于中国企业层面的面板数据分析［J］. 世界经济，2008（7）.

［136］ 潘宁，周毅. 推动中国化马克思主义文化观发展的基本方针——对毛泽东“双百”方针的哲学思考［J］. 湖南科技大学学报（社会科学版），2011（1）：7-12.

［137］ 裴长洪，李程骅. 中国特色社会主义理论体系的新发展——习近平总书记系列重要讲话学习体会［J］. 南京社会科学，2014（5）：1-9，19.

［138］ 裴长洪，于燕. “一带一路”建设与我国扩大开放［J］. 国际经贸探索，2015（10）：4-17.

［139］ 彭飞武. 大学生村官之角色重构——对村民自治背景下大学生村官计划的再思考［J］. 内蒙古农业大学学报（社会科学版），2010（2）：277-279，355.

［140］ 戚畅. 论和谐文化与和谐社会的关系［J］. 东北师大学报（哲学社会科学版），2011（3）：11-15.

［141］ 戚序. 论建设社会主义和谐文化［J］. 理论学刊，2006（3）：70-72，129.

［142］ 齐卫平. 中国共产党与国家治理现代化：角色使命和责任担当［J］. 求实，2015（7）：26-31.

［143］ 齐勇锋，蒋多. 中国文化走出去战略的内涵和模式探讨［J］. 东岳论丛，2010（10）：165-169.

［144］ 秦国民，高亚林. 恰适性：推进国家治理现代化的制度建设原则［J］. 中国行政管理，2015（9）：59-63.

［145］ 邱实，赵晖. 国家治理现代化进程中政商关系的演变和发展［J］. 人民论坛，2015（5）：11-15.

［146］ 曲艺. 浅析生态马克思主义对中国生态文明建设的启示［J］. 改革与开放，2011（14）：52-53.

［147］ 任勇. 社会转型与少数民族价值观变迁：以西南地区为例［J］. 新疆社会科学，2012（3）：43-49，141.

［148］ 邵超峰，鞠美庭，赵琼，陈书雪. 我国生态文明建设战略思路探讨［J］. 环境保护与循环经济，2009（2）：44-47.

[149] 邵敏，包群. 地方政府补贴企业行为分析：扶持强者还是保护弱者[J]. 世界经济文汇，2011（1）.

[150] 邵汝军. 我国文化产业“走出去”的路径与策略研究 [J]. 特区经济，2012（11）：183-184.

[151] 施展. 世界历史视野下的“一带一路”战略 [J]. 俄罗斯研究，2015（3）：3-19.

[152] 石小娇. 青年毛泽东政治哲学思想的三个向度 [J]. 西安政治学院学报，2015（4）：5-10.

[153] 史成虎. 国家治理现代化与中国共产党的执政转型 [J]. 中共天津市委党校学报，2016（1）：11-18，30.

[154] 史翔. 浅谈对中国特色社会主义理论体系的认识 [J]. 改革与开放，2009（8）：43.

[155] 宋翠玉.“两学一做”重在“常态化”[J]. 奋斗，2016（4）：53-54.

[156] 宋学增. 社会治理现代化的理论思考：学科渊源、治理体系和理论前沿 [J]. 经济社会体制比较，2016（6）：22-24.

[157] 苏菲. 在“两学一做”学习教育中如何更好地发挥思想政治教育工作作用 [J]. 河北企业，2016（6）：140-141.

[158] 苏海生. 国家治理现代化视角下党的网络治理能力提升研究 [J]. 淮阴师范学院学报（哲学社会科学版），2015（2）：155-159.

[159] 苏海生. 国家治理现代化视角下党的网络治理能力提升研究 [J]. 理论建设，2015（1）：16-20.

[160] 苏毅. 国家文化安全战略下的中国文化走出去战略 [J]. 暨南学报（哲学社会科学版），2014（5）：126-133.

[161] 孙广生，黄祎，田海峰，王凤萍. 全要素生产率、投入替代与地区间的能源效率 [J]. 经济研究，2012（9）：99-112.

[162] 孙洪敏. 国家治理现代化的理论框架及其构建 [J]. 学习与探索，2015（3）：41-51.

[163] 孙灵燕，李荣林. 融资约束限制中国企业出口参与吗？[J]. 经济学（季刊），2011，11（1）.

[164] 孙其昂、屈群苹、孙旭友. 国家治理现代化背景下的政府形象构建

[J]. 东南大学学报（哲学社会科学版），2016（5）：13-18，146.

[165] 谭洪波，郑江淮. 中国经济高速增长与服务业滞后并存之谜——基于部门全要素生产率的研究 [J]. 中国工业经济，2012（9）：5-17.

[166] 谭桔华. 基于国家治理现代化背景下的政府治理 [J]. 云南行政学院学报，2016（1）：118-121.

[167] 唐皇凤. 有效推进我国国家治理现代化的战略路径 [J]. 苏州大学学报（哲学社会科学版），2016（2）：38-46.

[168] 唐雪莲，肖叶飞. 当代中国社会转型与社会主义核心价值观的践行 [J]. 合肥师范学院学报，2014（1）：46-50.

[169] 陶厚勇. 国家治理现代化的背景、原则和发展进路 [J]. 行政与法，2016（6）：20-25.

[170] 陶静静. 马克思主义生态文明观及其当代价值 [J]. 科技信息，2009（7）：552-553.

[171] 田贵平，竟辉. 马克思主义文化观的三维解读 [J]. 华南理工大学学报（社会科学版），2014（1）：42-46，65.

[172] 田贵平，竟辉. 马克思主义文化观的再解读 [J]. 重庆邮电大学学报（社会科学版），2014（4）：57-63.

[173] 童星. 论社会治理现代化 [J]. 贵州民族大学学报（哲学社会科学版），2014（5）：21-26.

[174] 汪宗田，陈作国，谢芳林. 毛泽东政治和谐思想及其时代价值 [J]. 毛泽东思想研究，2014（3）：46-50.

[175] 王国刚. “一带一路”：基于中华传统文化的国际经济理念创新 [J]. 国际金融研究，2015（7）：3-10.

[176] 王海. 践行“两学一做”争当“四有”党员干部 [J]. 清江论坛，2016（2）：5-8.

[177] 王海格. “中国特色社会主义理论体系”命题内涵 [J]. 改革与开放，2010（4）：17-18.

[178] 王海燕，陈国安. 文化转型时期价值观教育的若干思考 [J]. 中国教育学刊，2009（1）：26-29.

[179] 王红领，李稻葵，雷鼎鸣. 政府为什么会放弃国有企业的产权 [J]. 经

济研究，2001（8）：61–70，85–96.

［180］王华，赖明勇，柒江艺. 国际技术转移、异质性与中国企业技术创新研究［J］. 管理世界，2010（12）.

［181］王华杰，薛忠义. 社会治理现代化：内涵、问题与出路［J］. 中州学刊，2015（4）：67–72.

［182］王侃. 党政关系现代化是国家治理现代化的核心内容——基于马克思主义总体方法论的视野［J］. 浙江社会科学，2015（5）：13–20，155.

［183］王可园，李剑秋. 政府社会治理现代化：现实挑战与政策选择［J］. 广州大学学报（社会科学版），2014（10）：30–35.

［184］王可园，齐卫平. 国家治理现代化进程中党的执政方式法治化路径探析［J］. 探索，2014（5）：45–50.

［185］王可园，齐卫平. 国家治理现代化视角下党的执政能力提升研究［J］. 理论与改革，2014（5）：40–44.

［186］王连伟. 国家治理现代化进程中的社会治理创新：非均衡性及其应对［J］. 教学与研究，2015（2）：36–43.

［187］王卫兵，徐涛. 论国家治理现代化视野下中国特色社会主义意识形态的建构［J］. 湖北行政学院学报，2016（2）：11–15.

［188］王卫兵，徐涛. 论国家治理现代化视野下中国特色社会主义意识形态的建构［J］. 中共成都市委党校学报，2016（2）：19–23.

［189］王学俭，王锐. 论国家治理现代化视野下党的建设制度改革［J］. 中国特色社会主义研究，2015（2）：101–106.

［190］王学荣. 马克思“社会有机体”理论畛域下国家治理现代化再探［J］. 理论与现代化，2016（1）：74–77.

［191］王雅坤，耿兆辉. 中国文化走出去的影响因素及路径选择［J］. 河北学刊，2013（3）：208–211.

［192］王义桅，郑栋. “一带一路”战略的道德风险与应对措施［J］. 东北亚论坛，2015（4）：39–47，127.

［193］王永贵，史献芝. 国家治理现代化的价值向度——学习习近平关于国家治理现代化新理念新思想的重要论述［J］. 马克思主义研究，2016（12）：109–117，158.

［194］王玉珏．“四个全面”战略思想：中国特色社会主义理论体系的新发展［J］．四川理工学院学报（社会科学版），2015（2）：1–10.

［195］王允武，王杰．国家治理现代化背景下的民族自治地方社会治理［J］．民族学刊，2015（1）：62–70，113–116.

［196］王志刚，于永梅．大学生村官的择业动机、满意度评价及长效发展机制研究［J］．中国软科学，2010（6）：87–96.

［197］王志勤，谢天振．中国文学文化走出去：问题与反思［J］．学术月刊，2013（2）：21–27.

［198］魏崇辉．当代中国国家治理现代化的理论指导、基本理解与困境应对［J］．理论与改革，2014（2）：5–10.

［199］吴俊儒．浅析人民币汇率变动原因及其影响［J］．黑龙江对外经贸，2008（7）：65–66.

［200］吴宁，马瑞丽．马克思主义文化观对中国文化建设的启示［J］．理论视野，2013（3）：18–21.

［201］吴卫民，石裕祖．中国文化“走出去”路径探析［J］．学术探索，2008（6）：108–114.

［202］吴秀兰．儒家文化对构建社会主义和谐社会的启示［J］．攀登，2006（2）：55–57.

［203］吴延兵．创新的决定因素——基于中国制造业的实证研究［J］．世界经济文汇，2008（2）.

［204］吴延兵．中国哪种所有制类型企业最具创新性？［J］．世界经济，2012（6）.

［205］武燕，伍楠林．人民币汇率对中国物价影响的实证研究［J］．黑龙江对外经贸，2011（5）：37–39.

［206］夏兰芬．浅谈“两课”教师从哲学的视角运用和谐文化培育高职新生［J］．河北旅游职业学院学报，2009（2）：4–7.

［207］萧盈盈．中华文化走出去的现状分析与发展思考［J］．现代传播（中国传媒大学学报），2012（1）：84–86.

［208］谢建平，唐莲英．国家治理现代化视角下党的社会沟通能力提升——以新媒体时代为中心的讨论［J］．探索，2015（5）：39–42.

[209] 徐猛. 社会治理现代化的科学内涵、价值取向及实现路径 [J]. 学术探索，2014 (5)：9-17.

[210] 徐振华. 人民币汇率的演变及其未来政策选择 [J]. 沈阳教育学院学报，2001 (S1)：253-256.

[211] 许尔君. 习近平国家治理现代化重要思想综论 [J]. 观察与思考，2015 (10)：11-21.

[212] 许广智. 正确对待民族传统文化牢固树立马克思主义文化观 [J]. 西藏民族学院学报（哲学社会科学版），2005 (1)：1-9，23-105.

[213] 许家云. CEO 交流的创新效应：来自中国上市公司的微观证据 [J]. 南开经济研究，2017 (1)：111-135.

[214] 许经勇. 国家治理现代化与农村社区建设 [J]. 湖南师范大学社会科学学报，2014 (5)：19-23.

[215] 薛红焰. 中国特色社会主义理论体系的理论特性和创新意义——新中国 60 年的发展和启示 [J]. 攀登，2009 (5)：18-21.

[216] 薛建明，刘富恩. 中国特色社会主义理论体系探源 [J]. 改革与开放，2009 (8)：47.

[217] 薛澜，李宇环. 走向国家治理现代化的政府职能转变：系统思维与改革取向 [J]. 政治学研究，2014 (5)：61-70.

[218] 薛澜. 顶层设计与泥泞前行：中国国家治理现代化之路 [J]. 公共管理学报，2014 (4)：1-6，139.

[219] 严开强. 对国家治理现代化的再思考 [J]. 才智，2014 (36)：297-298.

[220] 严强. 国家治理现代化进程中的社会治理创新 [J]. 阅江学刊，2014 (2)：5-11.

[221] 严小龙. 国家治理现代化的四维结构特征 [J]. 马克思主义与现实，2014 (6)：162-166.

[222] 颜晓峰，吴晓宇. 国家治理现代化与全面从严治党：意义及挑战 [J]. 人民论坛，2015 (21)：11-13.

[223] 羊淑蓉. 毛泽东政治思想与新中国的政治发展 [J]. 学习月刊，2010 (12)：11-12.

[224] 杨晨曦. “一带一路”区域能源合作中的大国因素及应对策略 [J]. 新

视野，2014（4）：124-128.

［225］杨春贵. 中国特色社会主义理论体系的新概括［J］. 中国社会科学，2008（1）：9-12，204.

［226］杨芳，梅荣政. 论中国特色社会主义理论体系与社会主义核心价值体系的内在关系［J］. 思想理论教育导刊，2011（10）：37-41.

［227］杨光斌. 世界政治视野下的中国国家治理现代化［J］. 行政论坛，2015（5）：1-7.

［228］杨广青，杜海鹏. 人民币汇率变动对我国出口贸易的影响——基于“一带一路”沿线 79 个国家和地区面板数据的研究［J］. 经济学家，2015（11）：43-50.

［229］杨汝岱. 中国制造业企业全要素生产率研究［J］. 经济研究，2015（2）：61-74.

［230］杨雪冬. 论国家治理现代化的全球背景与中国路径［J］. 国家行政学院学报，2014（4）：15-21.

［231］杨宜勇，曾志敏. 社会治理现代化的政策设计：着眼“十三五”［J］. 改革，2016（8）：98-111.

［232］杨震. 论国家治理现代化进程中的制度认同——以现代性为分析视角［J］. 社会主义研究，2016（6）：59-70.

［233］姚丽亚. 生态文明——为构建和谐社会添砖加瓦［J］. 现代营销（学苑版），2013（1）：150-151.

［234］姚选民. 中国国家治理现代化向何处去—— 一种政治哲学层面追问［J］. 社会科学论坛，2017（1）：160-174.

［235］叶小文. 中国文化“走出去”［J］. 中央社会主义学院学报，2010（3）：5-9.

［236］亦冬. 生态文明：21 世纪中国发展战略的必然选择［J］. 攀登，2008（1）：73-76.

［237］易昌良. 国家治理现代化进程中的行政文化建设与创新［J］. 经济研究参考，2014（63）：55-61.

［238］易善芝. 论毛泽东政治思想与传统文化的关系［J］. 黑龙江科技信息，2009（3）：191.

[239] 尹德树. 中国特色社会主义文化观是对马克思主义文化观的历史传承与创新 [J]. 探索，2013 (2)：113-116.

[240] 于津平，顾威. “一带一路” 建设的利益、风险与策略 [J]. 南开学报 (哲学社会科学版)，2016 (1)：65-70.

[241] 余淼杰，智琨. 进口自由化与企业利润率 [J]. 经济研究，2016 (8)：57-71.

[242] 余淼杰. 中国的贸易自由化与制造业企业生产率 [J]. 经济研究，2010 (12)：97-110.

[243] 余明桂，李文贵，潘红波. 管理者过度自信与企业风险承担 [J]. 金融研究，2013 (1)：149-163.

[244] 余明桂，李文贵，潘红波. 民营化、产权保护与企业风险承担 [J]. 经济研究，2013，48 (9)：112-124.

[245] 余思新. 国家治理现代化目标下现代政党治理研究 [J]. 昆明理工大学学报 (社会科学版)，2014 (3)：26-31.

[246] 余以胜，周朴雄. 面向企业创新的行业信息服务资源分布配置研究 [J]. 情报理论与实践，2009 (6)：25-27.

[247] 余永定. 从当前的人民币汇率波动看人民币国际化 [J]. 国际经济评论，2012 (1)：4，18-26.

[248] 俞思念. 论马克思主义文化观 [J]. 三峡大学学报 (人文社会科学版)，2012 (3)：1-5.

[249] 虞崇胜，何路社. 论我国国家治理现代化的政治文化转型 [J]. 云梦学刊，2015 (6)：83-90.

[250] 虞崇胜. 科学确立中国国家治理现代化的衡量标准 [J]. 中州学刊，2014 (10)：5-9.

[251] 郁建兴. 新常态下的社会治理现代化 [J]. 今日浙江，2015 (7)：22-24.

[252] 袁芳. 大学生村官成长规律研究——以全国 4252 名大学生村官实证调研为样本 [J]. 西北农林科技大学学报 (社会科学版)，2015 (3)：50-55，65.

[253] 袁堂军. 中国企业全要素生产率水平研究 [J]. 经济研究，2009 (6)：52-64.

[254] 袁志平. 中国特色社会主义理论体系之价值分析 [J]. 攀登，2008 (6)：

20–23.

[255] 曾婕，沈壮海，刘水静. 中华文化“走出去”战略及其实践研究［J］. 江汉论坛，2016（2）：5–14.

[256] 翟崑.“一带一路”建设的战略思考［J］. 国际观察，2015（4）：49–60.

[257] 张殿军. 论中国“文化走出去”［J］. 理论探索，2012（6）：10–13，24.

[258] 张桂珍. 毛泽东政治制度伦理思想与实践研究［J］. 中共南京市委党校学报，2009（5）：21–25.

[259] 张加华. 深刻把握“两学一做”学习教育的重大意义［J］. 群众，2016（5）：33–34.

[260] 张建东，邓倩. 思想政治教育治理：国家治理现代化的重要维度［J］. 思想理论教育，2016（2）：46–51.

[261] 张杰，李勇和刘志彪. 出口与中国本土企业生产率——基于江苏制造业企业的实证分析［J］. 管理世界，2008（11）：50–64.

[262] 张杰，芦哲，郑文平，陈志远. 融资约束、融资渠道与企业 R&D 投入［J］. 世界经济，2012（10）.

[263] 张丽娜. 论社会转型时期多元价值观的整合与引导［J］. 兰州交通大学学报，2009（5）：107–110.

[264] 张丽晓. 以“两学一做”教育为契机做好新时期党建工作［J］. 新丝路（下旬），2016（5）：8–9.

[265] 张连国. 论社会主义和谐社会之生态文明内涵及历史定位［J］. 山东省青年管理干部学院学报，2005（3）：8–11.

[266] 张璐. 论中国特色社会主义理论体系与马克思主义毛泽东思想之间的关系［J］. 改革与开放，2010（12）：22.

[267] 张明亮. 发展中国家进口自由化初析［J］. 国际贸易，1993（1）：6，13.

[268] 张诺夫，徐彬. 毛泽东政治动员思想论析［J］. 党史研究与教学，2009（4）：33–40.

[269] 张钦亚. 论中国特色社会主义理论体系的开放性［J］. 改革与开放，2009（6）：32，35.

[270] 张少华，蒋伟杰. 中国全要素生产率的再测度与分解［J］. 统计研究，2014（3）：54–60.

[271] 张翔，何平，马菁蕴. 人民币汇率弹性和我国货币政策效果 [J]. 金融研究，2014（8）：18–31.

[272] 张志洲. 文化外交与中国文化“走出去”的动因、问题与对策 [J]. 当代世界与社会主义，2012（3）：12–16.

[273] 赵建春，毛其淋. 进口自由化如何影响中国制造业企业的创新活动？[J]. 世界经济研究，2015（12）：78–88，125–126.

[274] 赵建春，许家云，毛其淋. CEO 交流是否促进了企业的全要素生产率提升？[J]. 世界经济文汇，2015（4）：22–43.

[275] 赵建春.“大学生村官”人生价值实现问题探析 [J]. 改革与开放，2010（4）：98.

[276] 赵建春. 领导干部在“两学一做”中要强化四种思维 [J]. 理论探索，2016（5）：46–50.

[277] 赵孟营. 社会治理现代化：从政治叙事转向生活实践 [J]. 西北师范大学学报（社会科学版），2016（4）：117–122.

[278] 赵微. 毛泽东政治社会化思想探析 [J]. 毛泽东思想研究，2008（3）：11–16.

[279] 赵文胜，张屹山. 货币政策冲击与人民币汇率动态 [J]. 金融研究，2012（8）：1–15.

[280] 赵曜. 论中国特色社会主义理论体系 [J]. 中国特色社会主义研究，2008（2）：4–10.

[281] 郑丽平. 制度现代化视阈下的国家治理现代化 [J]. 探索，2015（5）：66–71.

[282] 郑强. 破解大学生“村官”流失困境的路径探析——以威海市大学生“村官”流失问题为个案 [J]. 中国青年研究，2012（9）：64–68.

[283] 郑世林，葛珺沂. 文化体制改革与文化产业全要素生产率增长 [J]. 中国软科学，2012（10）：48–58.

[284] 郑祥福. 从马克思主义文化观审视大众文化 [J]. 浙江社会科学，2008（2）：81–87，128.

[285] 李兰等. 新常态下的企业创新：现状、问题与对策——2015·中国企业家成长与发展专题调查报告 [J]. 管理世界，2015（6）：22–33.

［286］钟桂荔. 外部环境影响大学生村官成长的实证研究［J］. 西北农林科技大学学报（社会科学版），2015（3）：56–65.

［287］钟哲明. 马克思主义文化观的当代意义［J］. 思想理论教育导刊，2012（11）：28–35.

［288］锺党. “两学一做”的基础和关键［J］. 党史文苑，2016（9）：46–49.

［289］周起帆，秦端茜. 马克思主义文化观与文化软实力建设［J］. 科教导刊（中旬刊），2012（4）：221–222.

［290］朱国庆，刘娜，刘露. 民族地区农村生态文明建设探析——以湖北省五峰土家族自治县为例［J］. 特区经济，2012（11）：166–167.

［291］邹嘉龄，刘春腊，尹国庆，唐志鹏. 中国与“一带一路”沿线国家贸易格局及其经济贡献［J］. 地理科学进展，2015（5）：598–605.

［292］左乐平. 试论毛泽东政治伦理思想及其当代价值［J］. 中共南昌市委党校学报，2008（3）：9–12.

［293］Adams R. B.，H. Almeida and D. Ferreira. Powerful CEOs and Their Impact on Corporate Performance［J］. Review of Financial Studies，2005（18）：1403–1432.

［294］Aghion P.，C. Harris and J. Vickers. Competition and Growth with Step–by–step Innovation：An Example［J］. European Economic Review，1997，41（3–5）：771–782.

［295］Aghion P.，C. Harris，P. Howitt，and J. Vickers. Competition，Imitation and Growth with Step–by–Step Innovation［J］. Review of Economic Studies，2001，68（3）：467–492.

［296］Aghion P.，N. Bloom，R. Blundell，R. Griffith，and P. Howitt. Competition and Innovation：An Inverted–U Relationship［J］. Quarterly Journal of Economics，2005，120（2）：701–728.

［297］Almeida P.，B. Kogut. The Geographic Localization of Ideas and the Mobility of Patent Holders［C］. presented at the Small and Medium–Sized Enterprises and the Global Economy：Trends and Patterns in Foreign Direct Investment，Seminar，CIBER，University of Maryland，1995.

［298］Amiti M.，and J. Konings. Trade Liberalization，Intermediate Inputs，and

Productivity: Evidence from Indonesia [J]. American Economic Review, 2007, 97 (5): 1611-1638.

[299] Amiti M., J. Konings. Trade Liberalization, Intermediate Inputs, and Productivity: Evidence from Indonesia [J]. American Economic Review, 2007, 97 (5): 1611-1638.

[300] Amiti M., S. Wei. Service Offshoring, Productivity, and Employment: Evidence from the United States [J]. The World Economy, 2009, 32 (2): 203-220.

[301] Andersson S., I. Wictor. Innovative Internationalisation in New Firms. Born Globals—the Swedish Case [J]. Journal of International Entrepreneurship, 2003 (1): 297-311.

[302] Andersson S., J. Gabrielsson and I. Wictor. International Activities in Small Firms: Examining Factors Influencing the Internationalization and Export Growth of Small Firms [J]. Canadian Journal of Administrative Sciences, 2004, 21 (1): 22-34.

[303] Ansgar Zerfass, Dejan Verčič, Markus Wiesenberg. Managing CEO Communication and Positioning [J]. Journal of Communication Management, 2016, 20 (1).

[304] Artur Golban. Total Factor Productivity Approach in Competitiveness Determination of the Enterprises from the Horticultural Sector of the Republic of Moldova [J]. Agriculture and Agricultural Science Procedia, 2016 (10).

[305] Aw B. Y., X. M. Chen, and M. J. Roberts. Firm-level Evidence on Productivity Differentials and Turnover in Taiwanese Manufacturing [J]. Journal of Development Economics, 2001, 66 (1): 51-86.

[306] Baggs J., E. Beaulieu and L. Fung. Firm Survival, Performance, and the Exchange Rate [J]. Canadian Journal of Economics, 2009, 42 (2): 393-421.

[307] Baldwin J. R., W. Gu. Plant Turnover and Productivity Growth in Canadian Manufacturing [R]. Analytical Studies Branch Research Paper Series, No.193, 2003.

[308] Barker V., G. Mueller. CEO Characteristics and Firm R&D Spending [J]. Management Science, 2002, 48 (6): 782-801.

[309] Begley T. M., D. P. Boyd. Psychological Characteristics Associated with Performance in Entrepreneurial Firms and Smaller Businesses [J]. Journal of Business

Venturing, 1987, 2 (1): 79-93.

[310] Bennedsen M., F. Perez-Gonzalez and D. Wolfenzon. Do CEOs Matter? [R]. Working Paper, Columbia University, 2008.

[311] Bernard A., J. Jensen. Why Some Firms Export [J]. Review of Economics and Statistics, 2004 (86): 561-569.

[312] Bertrand M., A. Schoar. Managing with Style: The Effect of Managers on Firm Policies [J]. Quarterly Journal of Economics, 2003 (118): 1169-1208.

[313] Bhide A. How Entrepreneurs Craft Strategies That Work [J]. Harvard Business Review, 1994, 72 (2): 150-161.

[314] Bloodgood J. M., H. J. Sapienza and J. G. Almeida. The Internationalization of New High-potential US Ventures: Antecedents and Outcomes [J]. Entrepreneurship Theory and Practice, 1996 (20): 61-76.

[315] Bloom N., B. Eifert, A. Mahajan, D. McKenzie and J. Roberts. Does Management Matter? Evidence from India [J]. The Quarterly Journal of Economics, 2013, 128 (1): 1-51.

[316] Braga H., and L. Willmore. Technological Imports and Technological Effort: An Analysis of their Determinants in Brazilian Firms [J]. Journal of Industrial Economics, 1991, 39 (4): 421-432.

[317] Broadberry S., N. Crafts. Competition and Innovation in 1950's Britain [R]. Economic History Working Paper No.22381, 2000.

[318] Brown J. R., G. Martinsson and B. C. Peterson.Do Financing Constraints Matter for R&D? [J]. European Economic Review, 2011, 56 (8): 1512-1529.

[319] Cem Nalbantoglu. One Belt One Road Initiative: New Route on China's Change of Course to Growth [J]. Open Journal of Social Sciences, 2017, 5 (1).

[320] Chandler G. N., E. Jensen. The Founder's Self-assessed Competence and Venture Performance [J]. Journal of Business Venturing, 1992, 7 (3): 223-236.

[321] Christopher S. P. Tong. Total Factor Productivity Growth and Its Spatial Disparity across China's Township and Village Enterprises [J]. Journal of Contemporary China, 2001, 10 (26).

[322] Clayton M., J. Hartzell and J. Rosenberg. The Impact of CEO Turnover

on Equity Volatility [J]. Journal of Business, 2005, 78 (5): 1779-1808.

[323] Coles J., N. Daniel and L. Naveen. Managerial Incentives and Risk-Taking [J]. Journal of Financial Economics, 2006, 79 (2): 431-468.

[324] Conyon M., A. Florou. Top Executive Dismissal, Ownership and Corporate Performance [J]. Accounting and Business Research, 2002, 32 (4): 209-225.

[325] Conyon M. Directors Pay and Turnover: An Application to a Sample of Large U. K. Firms [J]. Oxford Bulletin of Economics and Statistics, 1998, 60 (4): 485-507.

[326] Coughlan A., R. Schmidt. Executive Compensation, Management Turnover, and Firm Performance: An Empirical Investigation [J]. Journal of Accounting and Economics, 1985, 7 (1-3): 43-66.

[327] Daft R. L., K. E. Weick. Toward a Model of Organizations on Interpretation Systems [J]. Academy of Management Review, 1984, 9 (2): 284-295.

[328] Dahya J., J. McConnell and N. Travlos. The Cadbury Committee, Corporate Performance, and Top Management Turnover [J]. Journal of Finance, 2002, 57 (1): 461-483.

[329] Faccio M., M. Marchica, and R. Mura. Large Shareholder Diversification and Corporate Risk-Taking [J]. Review of Financial Studies, 2011 (11): 3601-3641.

[330] Faccio M., M. T. Marchica and R. Mura. CEO Gender, Corporate Risk-Taking, and the Efficiency of Capital Allocation [R]. SSRN Working Paper, 2011.

[331] Falk M., R. Falk. Do Foreign-Owned Firms Have a Lower Innovation Intensity Than Domestic Firms? [R]. Austrian Institute of Economic Research Working Paper, 2006.

[332] Farida C. Khan. Import Liberalization in a Developing Country with Import Intensive Industry: The Case of Bangladesh [J]. International Economic Journal, 1994, 8 (1).

[333] Farida C. Khan. The Incidence of Import Liberalization with and without a Value Added Tax: An Application to Bangladesh [J]. Journal of Economic Policy Reform, 1996, 1 (4).

[334] Freedman L., B. Graubard and A. Schatzkin. Statistical Validation of In-

termediate Endpoints for Chronic Diseases [J]. Statistics in Medicine, 1992, 11 (2): 167-178.

[335] Gary J., A. G. Z. Hu, X. Guan and X. Yu. Ownership, Performance, and Innovation in China's Large-and medium-size Industrial Enterprise Sector [J]. China Economic Review, 2003, 14 (1): 89-113.

[336] Gayle P. G. Market Concentration and Innovation: New Empirical Evidence on the Schumpeterian Hypothesis [R]. Center for Economic Analysis, University of Colorado, Working Paper No.01-14, 2001.

[337] Girma S., D. Greenaway and R. Kneller. Does Exporting Increase Productivity? A Microeconomic Analysis of Matched Firms [J]. Review of International Economics, 2004 (12): 855-866.

[338] Goldberg P. K., A. K. Khandelwal, N. Pavcnik and P. Topalova. Trade Liberalization and New Imported Inputs [J]. American Economic Review, 2011, 99 (2): 494-500.

[339] Goldberg P. K., A. K. Khandelwal, N. Pavcnik, and P. Topalova. Imported Intermediate Inputs and Domestic Product Growth: Evidence from India [J]. Quarterly Journal of Economics, 2010, 125 (4): 1727-1767.

[340] Gorodnichenko Y., J. Svejnar, and K. Terrell. Globalization and Innovation in Emerging Markets [R]. IZA Discussion Paper No.3299, 2008.

[341] Grimm C. M., K. G. Smith. Management and Organizational Change: A Note on the Railroad Industry [J]. Strategy Management, 1991, 12 (7): 557-562.

[342] Guangxi Cao. Time-Varying Effects of Changes in the Interest Rate and the RMB Exchange Rate on the Stock Market of China: Evidence from the Long-Memory TVP-VAR Model [J]. Emerging Markets Finance and Trade, 2012, 48 (sup2).

[343] Gulamhussen M. A., S. F. Santa and B. D. Portugal. Women in Bank Boardrooms and Their Influence on Performance and Risk-taking [R]. SSRN Working Paper, 2010.

[344] Hambrick D. C., G. D. Fukutomi. The Seasons of a CEO'S Tenure [J]. Academic Management, 1991, 16 (4): 719-742.

[345] Hambrick D. C., P. A. Mason. Upper Echelons: The Organization as a

Reflection of Its Top Managers [J]. Academy of Management Review, 1984, 9 (2): 193–206.

[346] Heckman J. J.Sample Selection Bias as a Specification Error [J]. Econometrica, 1979, 47 (1): 153–161.

[347] Hermalin B., M. Weisbach. Endogenously Chosen Boards of Directors and Their Monitoring of the CEO [J]. American Economics Review, 1998 (88): 96–118.

[348] Hess W., M. Persson. The Duration of Trade Revisited: Continuous–time Versus Discrete–time Hazards [J]. Empirical Economics, DOI: 10.1007/s00181–011–0518–4, 2011.

[349] Ilmakunnas P. and S. Nurmi. Dynamics of Export Market Entry and Exit [J]. Scandinavian Journal of Economics, 2010, 112 (1): 101–126.

[350] Jota Ishikawa, Hodaka Morita, Hiroshi Mukunoki. Trade Liberalization and Aftermarket Services for Imports [J]. Economic Theory, 2016, 62 (4).

[351] Kang J., A. Shivdasani. Firm Performance, Corporate Governance, and Top Executive Turnover in Japan [J]. Journal of Financial Economics, 1995, 38 (1): 29–58.

[352] Kaplan S., B. Minton. Appointments of Outsiders of Japanese Boards: Determinants and Implications for Managers [J]. Journal of Financial Economics, 1994, 36 (2): 225–258.

[353] Kaplan S. Top Executive Rewards and Firm Performance: A Comparison of Japan and the United States [J]. Journal of Political Economy, 1994, 102 (3): 510–546.

[354] Katrak H.Imports of Technology, Enterprise Size and R&D–based Production in a Newly Industrializing Country: The Evidence from Indian Enterprises [J]. World Development, 1994, 22 (10): 1599–1608.

[355] Klenow P. J., A. Rodriguez–Clar. Quantifying Variety Gains from Trade Liberalization [R]. Mimeo, 1997.

[356] Leonard K. Cheng. Three Questions on China's "Belt and Road Initiative" [J]. China Economic Review, 2016, 40 (C).

[357] Lin C., P. Lin, F. Song and C. Li. Managerial Incentives, CEO Charac–

teristics and Corporate Innovation in China's Private Sector [J]. Journal of Comparative Economics, 2011, 39 (2): 176-190.

[358] Ling Jiang, Ze-kai He, Wei Wei. The Stability of RMB Exchange Rate and Its Perfection of Present Exchange Rate Mechanism [J]. Management Science and Engineering, 2007, 1 (1).

[359] Martin Jones, Mark Goodwin, Rhys Jones. State Modernization, Devolution and Economic Governance: An Introduction and Guide to Debate [J]. Regional Studies, 2005, 39 (4).

[360] May Hu, Yunfeng Li, Jingjing Yang, Chi-Chur Chao. Actual Intervention and Verbal Intervention in the Chinese RMB Exchange Rate [J]. International Review of Economics and Finance, 2016 (43).

[361] McDougall P. P., B. M. Oviatt and R. C. Shrader. A Comparison of International and Domestic New Ventures [J]. Journal of International Entrepreneurship, 2003 (1): 59-82.

[362] McDougall P. P., S. Shane and B. M. Oviatt. Explaining the Formation of International New Ventures [J]. Journal of Business Venturing, 1994 (9): 469-487.

[363] Megginson W. L. The Economics of Bank Privatization [J]. Journal of Banking & Finance, 2005, 29 (8-9): 1931-1980.

[364] Melitz M. J. The Impact of Trade on Intra-Industry Reallocations and Aggregate Industry Productivity [J]. Econometrica, 2003, 71 (6): 1695-1725.

[365] Michele Imbruno. China and WTO Liberalization: Imports, Tariffs and Non-tariff Barriers [J]. China Economic Review, 2016 (38).

[366] Miller D., C. Droge. Psychological and Traditional Determinants of Structure [J]. Administrative Science Quarterly, 1986 (31): 539-560.

[367] Miller D.Stale in the Saddle: CEO Tenure and the Match between Organization and Environment [J]. Management Science, 1991, 37 (1): 34-52.

[368] Olley S., A. Pakes. The Dynamics of Productivity in the Telecommunications Equipment Industry [J]. Econometrica, 1996, 64 (6): 1263-1297.

[369] Pamukcu T. Trade Liberalization and Innovation Decisions of Firms: Lessons from Post-1980 Turkey [J]. World Development, 2003, 31 (8): 1443-1458.

[370] Parameswaran M. International Trade and R&D Investment: Evidence from Manufacturing Firms in India [R]. Working Paper, 2011.

[371] Qingcheng Zeng, Grace W. Y. Wang, Chenrui Qu, Kevin X. Li. Impact of the Carat Canal on the Evolution of Hub Ports under China's Belt and Road Initiative [J]. Transportation Research Part E, 2017 (5).

[372] Qingsong Ruan, Bingchan Yang, Guofeng Ma. Detrended Cross-correlation Analysis on RMB Exchange Rate and Hang Seng China Enterprises Index [J]. Physica A: Statistical Mechanics and its Applications, 2017 (468).

[373] Renee B. Kim, Y. J. Kim, Michele Veeman. Adjustments in the South Korean Beef Import Market under Beef Import Liberalization Policies [J]. Agribusiness, 2004, 20 (2).

[374] Richard Harris, John Moffat. Total Factor Productivity Growth in Local Enter prise Partnership Regions in Britain, 1997-2008 [J]. Regional Studies, 2015, 49 (6).

[375] Rodrik D. Closing the Productivity Gap: Does Trade Liberalization Really Help? [J]//Helleiner, G. K. (ed.) Trade Policy, Industrialization and Development: New Perspectives, Clarendon Press, Oxford, UK, 1992: 155-175.

[376] Ruwei Hu, Ruging Liu, Nan Hu. China's Belt and Road Initiative from a Global Health Perspective [J]. The Lancet Global Health, 2017, 5 (8).

[377] Schneider S. C., De. A. Meyer. Interpreting and Responding to Strategic Issues: The Impact of National Culture [J]. Strategic Management Journal, 1991 (12): 307-320.

[378] Schor A. Heterogeneous Productivity Response to Tariff Reduction: Evidence from Brazilian Manufacturing Firms [J]. Journal of Development Economics, 2004, 75 (2): 373-396.

[379] Sobel M. Direct and Indirect Effects in Linear Structural Equation Models [J]. Sociological Methods Research, 1987, 16 (1): 155-176.

[380] Teshima K.Import Competition and Innovation at the Plant Level: Evidence from Mexico [R]. Columbia University Working Paper, 2009.

[381] Thomas A. S., R. J. Litschert and K. Ramaswamy. The Performance Impact of Strategy-manager Coalignment: An Empirical Examination [J]. Strategic Man-

agement Journal, 1991, 12 (7): 509-522.

[382] Upward R., Z. Wang, J. H. Zheng. Weighing China's Export Basket: The Domestic Content and Technology Intensity of Chinese Exports [J]. Journal of Comparative Economics, 2013, 41 (2): 527-543.

[383] Weisbach M. Outside Directors and CEO Turnover [J]. Journal of Financial Economics, 1988 (20): 431-460.

[384] Westhead P., M. Wright and D. Ucbasaran. The Internationalization of New and Small Firms: A Resource-based View [J]. Journal of Business Venturing, 2001 (16): 333-358.

[385] Xiang Kong, Robert E. Marks, Guang Hua Wan. Technical Efficiency, Technological Change and Total Factor Productivity Growth in Chinese State-Owned Enterprises in the Early 1990s [J]. Asian Economic Journal, 2002, 13 (3).

[386] Yiping Huang. Understanding China's Belt & Road Initiative: Motivation, Framework and Assessment [J]. China Economic Review, 2016, 40 (C).

[387] Young-Tae Jung. Politics of Free Trade in South Korea: Focusing on Import Liberalization of Agricultural Products [J]. Pacific Focus, 1996, 11 (2).

[388] Yu M. J. Processing Trade, Tariff Reductions, and Firm Productivity: Evidence from Chinese Firms [J]. Economic Journal, 2013, forthcoming.

[389] Zhang Y., N. Rajagopalan. When the Known Devil Is Better than An Unknown God: An Empirical Study of the Antecedents and Consequences of Relay CEO Succession [J]. Academy of Management Journal, 2004, 47 (4): 483-500.